BASTEI
LÜBBE

Olga Kharitidi wurde in Sibirien in der früheren Sowjetunion geboren und hat in einer großen staatlichen neurologischen Klinik bei Nowosibirsk als Psychiaterin gearbeitet. Auf ihren Studienreisen in Sibirien, Usbekistan und Kasachstan erforschte sie die Überlieferungen des geheimen Wissens, das sich von Sibirien über Zentralasien bis nach Tibet und zum Himalaja ausgebreitet hat. Die Autorin lebt heute mit ihrem Ehemann und ihrer Tochter in Albuquerque, New Mexiko.

Olga Kharitidi

Das weisse Land der Seele

Aus dem Amerikanischen von
Sabine Schulte

BASTEI
LÜBBE

BASTEI LÜBBE TASCHENBUCH
Band 14 783

1. Auflage: September 2002
2. Auflage: November 2003
3. Auflage: August 2004

Vollständige Taschenbuchausgabe

Bastei Lübbe Taschenbücher ist ein Imprint der Verlagsgruppe Lübbe

Die amerikanische Originalausgabe erschien unter dem Titel
ENTERING THE CIRCLE bei HarperSan Francisco
(HarperCollins Publishers Inc.), San Francisco

Lizensausgabe: Verlagsgruppe Lübbe GmbH & Co. KG,
Bergisch Gladbach
Einbandgestaltung: Gisela Kullowatz
Titelfoto: Ernie Brundhobel
Satz: hanseatenSatz-bremen, Bremen
Druck und Verarbeitung: GGP Media GmbH, Pößneck
Printed in Germany
ISBN 3-404-14783-9

Anmerkung der Autorin

Dieses Buch ist ein wahrheitsgemäßer autobiographischer Bericht über einen Abschnitt meines Lebens. Eine merkwürdige Verkettung von Umständen führte mich damals fort von meiner Arbeit in einer psychiatrischen Klinik in Nowosibirsk, Sibirien, hin zu einer Reihe von schamanischen Erfahrungen und Offenbarungen in die von alters her geheimnisvolle Gegend des Altaigebirges. Die Ereignisse haben sich, mit geringfügigen Ausnahmen, so zugetragen, wie sie in diesem Buch geschildert werden. Ich habe nur wenige Veränderungen vorgenommen, um die Intimsphäre von Familienmitgliedern und Freunden zu schützen. Alle kursiv gesetzten, im Präsens verfaßten Passagen stammen direkt aus meinen Tagebüchern. Die Dialoge habe ich mir eingeprägt und dann später so wahrheitsgetreu wie möglich niedergeschrieben.

Die Zeichnungen im Buch geben – stilisiert – Tätowierungen auf einer Mumie wieder, die in einem uralten Grab im Altaigebirge gefunden wurde, und zeigen andere Kunstgegenstände aus eben diesem Grab.

Olga Kharitidi

Wenn es in unserem Universum jemals etwas gegeben hat
Wenn in den Winden,
In den Bäumen oder Büschen etwas war,
Das aussprechbar war und das die Tiere einst mitanhörten,
Laß dieses heilige Wissen zu uns zurückkehren.

ATHARWAWEDA
(VII-66)

Die Überlieferung besagt, daß diese Hymne als Sühne vorgetragen wurde von jenen, die glaubten, heiliges Wissen unter unrechten Bedingungen weitergegeben zu haben.

Prolog

Endlich hörte der Regen auf, und die Wolken zogen weiter, fortgeweht von kräftigen Ostwinden. Draußen hatte sich der Straßenlärm gelegt, und es war schon fast dunkel. Durch die offene Balkontür trug der frische Wind den angenehmen Geruch von nassen Blättern und feuchtem Asphalt in meine Wohnung.

Ich schaltete das Licht aus und trat auf den Balkon, um einen letzten Blick auf den Abendhimmel zu werfen. Die ganze Stadt lag vor mir und sah aus wie ein ungeheuer großes Passagierschiff, dessen Bullaugen hell erleuchtet waren. In Wirklichkeit war diese riesige, funkelnde Stadt jedoch nur ein kleiner Erdensplitter, ihre Lichter ein Nichts gegenüber den Tausenden von glitzernden Sternen, die über mir in der klaren, friedlichen Nacht erstrahlten.

Als ich dort am Geländer meines schmalen Balkons stand und die milde, duftende Luft einatmete, sah ich, daß ein Stern plötzlich größer und heller wurde als alle anderen. Der Himmel schien aufzureißen, in einem gewaltigen Wirbel, so, als würde der Trichter eines riesigen Tornados auf mich zurasen, bis er mein Gesichtsfeld ausfüllte.

Ich spüre, wie sich mir eine ungeheure, unbekannte Kraft nähert, und ich weiß, daß ich wieder einmal an einen anderen Ort, in eine andere Zeit gerufen werde. Es ist zu spät, um zu fliehen oder Angst zu empfinden. Das Ungewöhnliche ist mir inzwischen allerdings auch so vertraut, daß ich mich vielleicht selbst dann nicht fürchten würde, wenn ich Zeit dazu hätte.

Augenblicklich verändert sich die Szenerie. Eben noch war der klare Nachthimmel über mir, jetzt füllt helles Sonnenlicht mein Gesichtsfeld aus. Ich schwebe hoch über der Erde, über einem Ort, den ich noch nie gesehen habe. Mein Verstand arbeitet jetzt anders, als wäre ich ein neuer Mensch und hätte keine Erinnerung an die Vergangenheit. Ich habe keine Angst, ich bin aufmerksam und empfänglich. Ich weiß daß ich aus einem bestimmten Grund hierhergebracht wurde. Diesem Wissen vertraue ich und warte.

Als ich mich dem Erdboden nähere, sehe ich eine grasbewachsene Ebene unter mir. Das Gras ist frühlingsgrün, es steht hoch, ist voll von jungem Leben und neigt sich im Wind. Ich rieche den Duft der Wiese, und diese rein körperliche Wahrnehmung hilft mir, alle anderen Gedanken fallenzulassen und mich auf das Hier und Jetzt zu konzentrieren.

Plötzlich erregt lautes Trommeln rechts von mir meine Aufmerksamkeit. Mein Geruchssinn hat mir bereits einen Zugang zu diesem mir unbekannten Ort geschaffen, jetzt verdichtet mein Gehörsinn das Wahrnehmungsnetz. Mein Körper bewegt sich mühelos in der Luft, ich wende mich nach rechts und folge dem Klang der Trommelschläge. Die Szene, die sich mir darbietet, ist so phantastisch, daß ich sie mir niemals hätte ausdenken können.

Zehn Männer im Alter zwischen fünfundzwanzig und

vierzig Jahren tanzen unter mir im Kreis. Sie tragen das Haar zu langen Pferdeschwänzen zusammengebunden. Ihre Kleidung erscheint mir fremdartig: gedämpfte, weiche Erdtöne, verziert mit geometrischen Mustern, noch nie habe ich etwas Derartiges gesehen. Das Trommeln geht ununterbrochen weiter. Die Bewegungen der Männer sind anmutig, und doch liegt in ihrem Tanz eine unverkennbare Dringlichkeit. Als ich mich nähere, um sie besser sehen zu können, erkenne ich, daß in der Mitte des Kreises eine junge Frau liegt. Die Männer bewegen sich im Tanz um sie herum, umkreisen sie mit einem Ausdruck höchster Konzentration auf den Gesichtern. Außer dem gleichmäßigen Klang der Trommel ist kein Geräusch zu hören.

Zuerst verstehe ich nicht, warum die Männer mir so ungewöhnlich erscheinen. Als ich dann aber die Einzelheiten der Szene wahrnehme, wird mir klar, daß ihre Gesichter eine Bewußtheit und eine Verbundenheit mit dem Geschehen ausdrücken, die die Menschen in unserer modernen Welt verloren haben. Ich begreife, daß sie Geschöpfe einer längst vergangenen Zeit sind, ich weiß, daß ich etwas miterlebe, das vor vielen tausend Jahren geschehen ist.

Immer noch schwebe ich über dem Kreis der Tänzer, bewege mich nun langsam abwärts, um herauszufinden, warum ich hier bin. Während ich hinunterschwebe, wird die Frau, um die sich Tanz und rhythmisches Trommeln drehen, deutlicher sichtbar. Ihre leblose Gestalt ist unglaublich schön. Die Einfachheit ihres gelbgrauen Gewandes steht im Gegensatz zu dem üppigen Schmuck, der ihren Hals und das Oberteil ihres Kleides ziert. Die Ketten sind zwar primitiv gearbeitet, aber die Edelsteine, die darin glitzern, sind von erlesener Qualität. Ich weiß, daß die Frau gerade erst gestorben ist.

Ich versuche, mir ein Bild von dem zu machen, was hier vor sich geht und was ich hier tun soll, und sehe mich um. Mein Blick wird von einer alten Frau angezogen. Sie sitzt auf einer kleinen Holzkiste neben einem jurteähnlichen Zelt mit einem Spitzdach aus Grasgeflecht. Sie raucht Pfeife und blickt ständig zwischen dem Kreis der Tänzer und dem Himmel hin und her. Ihre Aufmerksamkeit ist überall gleichzeitig. Man würde ihr physisches Alter auf etwa hundert Jahre schätzen, ihre Erscheinung jedoch ist alterslos. Die Haut der Frau ist dunkel und von Falten gezeichnet, gefärbtem Pergament vergleichbar, das viele Leben lang ständiger Sonne ausgesetzt gewesen ist. Ihre Augen sind schmal, wie die vieler Mongolen. Sie verengen sich zu Schlitzen, wenn die Alte blinzelnd an ihrer Pfeife zieht.

Ihre Rolle in dieser Zeremonie ist unabhängig von den körperlichen Bewegungen der anderen. Der Rhythmus, den ihr Wesen ausstrahlt, ist viel langsamer als der der Tänzer. Sie atmet ruhig, und manchmal hebt sie den Kopf langsam zum Himmel, als würde sie etwas erwarten. In dem Augenblick, als ich das denke, blickt sie mich an, und ich weiß, daß sie mich gesehen hat. Es liegt eine Kraft darin, von dieser Frau erkannt zu werden, und es ruft eine eigenartige Mischung aus Freude und Furcht in mir hervor.

Ich schwebe noch immer in geringer Höhe über dem Erdboden. In meinem Kopf bildet sich eine Frage, während ich spüre, wie diese Frau mich fixiert. ›Wer bin ich, und warum bin ich hier?‹ Da bricht der Trommelrhythmus ab, und die Männer beenden ihren Tanz. Alle blicken gleichzeitig zu mir empor und beginnen eine Art Sprechgesang. Ihre Sprache ist mir unbekannt, dennoch dringen die Worte: »Weiße Göttin! Die Weiße Göttin ist da!« zu mir durch. Ich erkenne diese Worte nicht etwa, weil ich ihre Sprache verstehe. Die Bedeutung der Worte wird mir *von dem durchdringenden Blick der alten Frau eingeflößt. Wellen durchströmen meinen Körper.*

Meine Aufmerksamkeit kehrt zu den Männern zurück, die den Kreis um die schöne Frau nun vergrößert haben, so daß ich mühelos neben ihr einen Platz einnehmen kann. Die Männer sehen mich an, den Kopf in den Nacken gelegt, und ich spüre ihre Erwartung. Nichts von all dem erstaunt mich. Sollte mich das Staunen überkommen, dann erst später, wenn ich mich auf meinem Balkon wiederfinden würde.

Der Körper, in dem ich schwebe, ist ein riesiger Frauenkörper, der zehnmal so groß ist wie ich. Weiß und schwerelos bin ich, wie eine Wolke. Ich weiß zuinnerst, daß ich hierhergebracht wurde, um diese tote Frau wieder zum Leben zu erwecken.

Ich lasse mich auf den Boden nieder. Als ich ihrem Körper nahe genug bin, berühre ich die dicken schwarzen Zöpfe, die ihr zartes, goldbraunes Gesicht umrahmen. Ich kann sehen, daß sie auf der Grenze zwischen Leben und Tod schwebt, und ich weiß, daß es in meiner Macht steht, sie aus diesem Schwebezustand zurück ins Leben zu bringen. Ich nehme ihren schlaffen Rumpf in die Arme und hebe sie in eine sitzende Position. Irgendwie weiß ich, daß ich sie in dieser Stellung festhalten muß, damit der Strom des Lebens in ihren Körper zurückfließt. Wenn sie allein aufrecht sitzen kann, wird sie ganz zurückgekehrt sein.

Meine Hände bewegen sich um ihren Kopf und ihre Brüste. Sie führen diese Gesten von selbst aus, im Takt eines alten Rituals, und mir ist bewußt, daß dieselben Handgriffe vor Tausenden von Jahren von anderen ausgeführt worden sind. Die Bewegungen rufen die Energie der jungen Frau zurück und bringen sie ins Gleichgewicht, und als ich das Gefühl habe, daß sie gestärkt ist, lasse ich sie los. Jetzt kommt sie langsam von selbst zurück, vorübergehend schwimmt sie zwischen Bewußtlosigkeit und Bewußtsein. Ihr Körper heilt sich selbst, unterstützt von einer unbekannten Kraft, die mit meiner Hilfe zur Verfügung gestellt wird.

Nachdem ich meine Arbeit beendet habe, werde ich von einer unsichtbaren Energie emporgetragen und schwebe wieder über dem Schauplatz. Höher und höher fliege ich. Gerade als die Szene unter mir in der Ferne verschwimmt, sehe ich noch einmal die Augen der alten Frau. Ihr Blick ist immer noch auf mich gerichtet, immer noch raucht sie Pfeife, und sie weiß, daß ich hier bin und wer ich bin. Ich lese Dankbarkeit in ihrem Gesicht. Im Augenblick der Rückkehr, als alles sich auflöst, erkenne ich in der alten Frau Umaj wieder, meine alte Freundin und Lehrerin, in einer anderen Erscheinungsform.

Ich stehe auf meinem Balkon, über mir der strahlende Nachthimmel. Der Übergang von meiner Reise in die ›Realität‹ – falls eines tatsächlich realer ist als das andere – vollzieht sich schnell und vollständig. Obwohl ich eine Frau bin, die in der modernen Welt des zwanzigsten Jahrhunderts lebt, habe ich inzwischen gelernt, diese Erlebnisse, die mir früher so fremd waren, zu akzeptieren.

Plötzlich höre ich in meinem Kopf die Worte: ›Diese Menschen lebten in ferner Vergangenheit. Mit ihren Ritualen und Zeremonien, die sie vor vielen Tausenden von Jahren praktizierten, vermochten sie die Schranken von Raum und Zeit zu überwinden. Sie konnten die Energien von zukünftig lebenden Menschen erreichen und diese Energien in ihre Zeremonien integrieren.‹

Ich erinnere mich, wie der Trichter im Himmel zu Beginn meiner Reise aussah und wie mein Erleben sich verändert hatte, als ich mich über diesem uralten Land schwebend wiederfand. Ich höre dieselbe Stimme noch einmal: ›Sie wußten, wie man auf Belowodjes Schiffen reist‹, und ganz kurz sehe ich einen kleinen Lichtpunkt, der schnell über den dunklen Himmel zieht. Nach wenigen Sekunden ist er verschwunden. Als er fort ist, verweilt mein Blick bei den Tausenden von Sternen, die jetzt noch ein Geheimnis mehr bergen.

Die Reise ist abgeschlossen, und ich befinde mich wieder in meiner kleinen Wohnung mitten in Sibirien. Hier hat alles begonnen, vor mehr als einem Jahr, als ich an einem scheinbar ganz normalen Wintermorgen aufwachte und zur Arbeit fuhr, nicht ahnend, daß sich mein ganzes Leben verändern sollte. Ich erinnere mich so deutlich an diesen Tag, als sei es erst gestern gewesen.

1. Kapitel

An diesem Morgen klingelte mein Wecker, wie an fast jedem Morgen, um Punkt sechs. Der Bus, der mich in die psychiatrische Klinik bringen würde, in der ich arbeitete, fuhr genau in einer Stunde von der U-Bahn-Station ein paar Straßen weiter ab. Es war der letzte Bus, mit dem ich rechtzeitig zu Dienstbeginn ankommen würde, ich konnte mir nicht leisten, ihn zu verpassen.

Heute fiel es mir besonders schwer aufzustehen. In meiner Wohnung war es kälter als gewöhnlich, draußen war es noch dunkel, schwere Schneewolken verdeckten die Sterne, die sonst vielleicht die Nacht erhellt hätten. Die bittere Kälte in meinem Zimmer war ein sicheres Zeichen dafür, daß etwas mit der Zentralheizung nicht stimmte, und das wiederum bedeutete, daß ich möglicherweise noch Tage ohne Heizung würde auskommen müssen. Solche Gedanken im Kopf, kroch ich aus meinen warmen Dekken und bereitete mich auf einen langen Arbeitstag vor. Nach einem schnellen Frühstück, das aus geröstetem Brot und Kaffee bestand und mehr dem Aufwärmen als der Nahrungszufuhr diente, erledigte ich die morgendliche Hausarbeit.

Mit einem Seufzer schloß ich meine Wohnungstür, ich

dachte an die lange Fahrt, die ich jeden Morgen durchstehen mußte, um zu meiner geliebten Arbeit zu gelangen. Ich trat auf die glatte, vereiste Straße hinaus, und mein kalter Atem hing wie Streifen vor mir in der frostigen Luft. Es hatte die ganze Nacht geschneit, und der Hausmeister hatte sich noch nicht in den kalten Morgen hinausgewagt, um die Berge von verwehtem Schnee von den Fußwegen um das Mietshaus wegzuschaufeln. Die Schneewehen und eisige Böen erschwerten das Vorwärtskommen. Ein kalter Schauer durchlief mich, ausgelöst von Wind und Schnee und der trüben, unfreundlichen Stimmung dieses Morgens. Die hohen Mietshäuser um mich herum wirkten wie riesige, dunkle, leblose Ungeheuer. Von den vielen Fenstern waren nur wenige erleuchtet, jedes davon ein Zeichen menschlichen Lebens in diesem sibirischen Steindschungel.

Die U-Bahn-Station war fünfzehn Minuten von meiner Wohnung entfernt. Ich ging schnell, mit gesenktem Kopf, um mich so gut wie möglich vor dem Wind zu schützen. Der Schnee sah zwar weich und schön aus, aber als er mein Gesicht, meine Hände und meinen Mantel bedeckte und dann seinen Weg auf die nackte Haut meines Halses fand, durchlief mich wieder ein eisiges Frösteln.

Im Takt meiner eiligen Schritte sang ich mein übliches Wintermorgenlied. Ich murmelte die Worte vor mich hin, in dem Singsangrhythmus der Priester und Zauberer. »Heute will ich einen Sitzplatz. Heute will ich einen Sitzplatz.« Zu dieser Jahreszeit gehörte sehr viel Glück dazu, im Bus einen Sitzplatz zu bekommen, und ich sehnte mich so sehr nach dem Nickerchen, das ich halten würde, wenn ich die Gelegenheit dazu bekäme.

Ich bekam sie nicht. An der Haltestelle wartete bereits

eine lange Schlange von Menschen, gespensterhafte Gestalten mit weißen, verschneiten Umrissen. Die Flocken glitzerten im matten Licht der Straßenlaternen und der roten Rücklichter von vorbeigleitenden weißen Erscheinungen, die wie Autos geformt waren und deren Motorengeräusche vom Wind verschluckt wurden. Als ich mich an diesem Morgen der Menschenmenge näherte, verschmolz sie zu einer einzigen Atemwolke, die einem langen, geschmeidig gewundenen Drachen ähnelte, der Tabakrauch ausspie und laut über den kalten Wind und den verspäteten Bus fluchte.

Ich hätte wissen müssen, daß ich mir zu dieser Jahreszeit keine Hoffnung auf einen Sitzplatz oder ein Schläfchen zu machen brauchte, weil viele Männer aus der Stadt hinaus an den zugefrorenen Fluß zum Fischen fuhren. Mein Bus überquerte jeden Tag den Ob, einen der größten Flüsse Sibiriens. Der mächtige, breite Strom teilte meine Stadt, Nowosibirsk, in zwei Teile. Drei weitgespannte Brücken waren gebaut worden, um die verschiedenen Stadtteile miteinander zu verbinden. Nach dem Bau der ersten Brücke, gegen Ende des letzten Jahrhunderts, hatte das Bevölkerungswachstum in der Stadt eingesetzt. Im Winter ist der Ob von einer dicken Eisschicht bedeckt, und die Männer, die mit Begeisterung fischen, können bis auf die Mitte des Flusses hinausgehen, um dort ihre runden Löcher ins Eis zu schlagen. Da sitzen sie dann mit ihren Kameraden auf dem kalten Eis zusammen und erzählen sich stundenlang Geschichten und Klatsch, während sie darauf warten, daß ein hungriger Fisch anbeißt. Die Busroute führte fast bis zum Krankenhaus am Ufer des Ob entlang, und heute, wie an fast jedem Wintertag, nahmen die früh aufgestandenen Fischer mit ihrer unhandlichen Ausrüstung das ganze Fahrzeug ein, saßen in ihren langen dunklen Wintermänteln auf den besten Plätzen, sprachen mit lauten, heiseren Stimmen und fluchten hin und wieder.

Ich arbeitete in einem großen psychiatrischen Krankenhaus. Es lag außerhalb der Stadt, weil man es schon immer für sicherer gehalten hatte, solche Kliniken in einiger Entfernung von bewohnten Gegenden zu errichten. Es kam mir so vor, als hätte ich an diesem Morgen mehr als zwei Stunden in dem eiskalten, ungeheizten Bus gestanden, schwankend, aber bewegungsunfähig in der Menge eingekeilt. Endlich erreichten wir meine Haltestelle am Krankenhaus. Ich stieg aus und schritt kräftig voran, um wieder Gefühl in meine tauben Beine zu bekommen.

Jeden Tag begrüßte mich das gleiche düstere Bild: dreizehn einstöckige Gebäude, alte, hölzerne, kasernenähnliche Baracken, gelblichgrün gestrichen, mit schweren, stark verrosteten Eisengittern vor den winzigen Fenstern. An diesem Ort verbrachte ich die meiste Zeit meines Lebens. Das war meine Klinik.

Als ich über den Hof ging, sah ich, wie etwa zwanzig Menschen das Gebäude verließen, in dem die Küche untergebracht war. Sie trugen große Metallbehälter, die das Frühstück für die Patienten enthielten, und beeilten sich, zu ihren Stationen zurückzukommen, in der vergeblichen Hoffnung, den Morgentee und den Brei warm durch die Kälte zu retten. Ich konnte sie kaum sehen, es war noch immer dunkel, aber auf dem Schnee war das Knirschen ihrer Schritte zu hören, und, begleitet vom Geklapper der Gefäße, schlugen sie verschiedene Wege zu den jeweiligen Gebäuden ein. Jeden Tag wurde der gleiche Brei serviert. Etwas anderes bekamen wir nicht. Die großen Gefäße mit zwei Metallgriffen und einem flachen Dekkel erinnerten mich immer an Essensbehälter in Gefängnissen.

Es gab ein paar Patienten, deren Gesundheitszustand es zuließ, daß sie einfache Arbeiten auf dem Klinikgelände verrichteten. Diese wenigen Privilegierten trugen identische, langärmelige graue Pullover, auf dem Rücken war in großen Ziffern die Nummer ihrer jeweiligen Station aufgedruckt. Die Frauen hatten sich warme Kopftücher umgebunden; den Männern hatte man die Schädel kahlgeschoren. Einige waren lange Zeit meine Patienten gewesen. Obwohl es noch dunkel war, erkannten mich viele und riefen mir freundliche Begrüßungsworte zu. Andere, die neu waren und die mich nicht kannten, schwiegen.

Ich kam auf meine Station und bereitete mich auf die tägliche Besprechung am Morgen vor. Bis zu diesen Besprechungen war ich immer leicht angespannt. Die Krankenschwestern informierten mich über die Ereignisse der vergangenen Nacht, und ich mußte auf alles gefaßt sein. Heute war das nicht anders, und ich ertappte mich dabei, wie ich mir die vielen Probleme ausmalte, die möglicherweise aufgetaucht waren.

Als erstes teilte mir die Nachtschwester in ihrem Bericht mit, daß sich ein Pfleger, der erst vor einem Monat von mir eingestellt worden war, betrunken hatte; er hatte im Rausch einen harmlosen, senilen Patienten zusammengeschlagen, der sich lediglich geweigert hatte, einen unbedeutenden Auftrag auszuführen. Der Pfleger hatte den Greis mehrmals mit seinen schweren Militärstiefeln getreten, so daß der alte Mann mit einer Milzruptur als Notfall in die chirurgische Klinik eingeliefert werden mußte.

Ich hoffte, daß der arme Mann überleben würde. Irgendwie fühlte ich mich für den Vorfall verantwortlich, doch ich wußte, daß dem nicht so war. Die meisten Männer, die bereit waren, als Pfleger zu arbeiten, hatten im Gefängnis gesessen, und häufig brachten sie ihre Drogensucht und ihren Alkoholismus mit. Sie wechselten ständig. Wenn einer nach einem kriminellen Vorfall entlassen wurde, nahm ein anderer seinen Platz ein, mit den gleichen, vom Alkohol abgestumpften Gesichtszügen und dem gleichen Zynismus – keine guten Voraussetzungen für die Patienten in ihrer Obhut. Ich konnte mir nicht aussuchen, wen ich einstellte, und das Wissen, daß es mir nicht möglich war, meine Patienten besser zu schützen, erleichterte mir die Sache zumindest. In diesem Moment wurde der alte Mann gerade operiert, und ich sprach schnell ein stilles Gebet für ihn.

Dann berichtete die Krankenschwester von einem neuen Patienten, der um drei Uhr morgens von der Polizei ins Krankenhaus eingeliefert worden war. Ich las den Polizeibericht:

›Der Patient wurde im Wald gefunden, 25 Kilometer außerhalb der Stadt. Er lief auf den Eisenbahngleisen einem herannahenden Zug entgegen. Nach seiner Festnahme konnte er keinerlei Erklärung für sein Verhalten abgeben. Er beantwortete keine Fragen und fand sich in seiner Umgebung nicht zurecht. Ihm war nicht einmal klar, daß wir ihn festgenommen hatten. Kleidung: Soldatenuniform, schmutzig und zerrissen. Papiere: Bescheinigung, Soldat der Sowjetarmee.
Er führt Selbstgespräche. Seinen Worten kann entnommen werden, daß er um sich herum überall Außerirdische aus einem UFO sieht.‹

Ich war neugierig auf diesen Mann, aber es war Zeit für meine Morgenvisite auf der Männerstation. Ich würde ihn später besuchen müssen.

Auf der Station waren achtzig geisteskranke Männer in von blauen Deckenlampen schwach erleuchteten Zimmern untergebracht. Sie trugen alle die gleichen verschmutzten, weiten grauen Hosen mit schwarzen Längsstreifen. Jeder Raum beherbergte fünf bis zehn Patienten. Sie hatten keine Privatsphäre, es gab keine Türen. Im großen Saal der Langzeitpatienten lagen mehr als zwanzig Männer. Weibliche Hilfskräfte bemühten sich, die Station sauberzuhalten, aber es war unmöglich, den stechenden Gestank von menschlichem Schweiß und Urin, Medikamenten und unangenehmer Stickigkeit zu beseitigen. Das war der übliche Geruch meiner Arbeit, und ich war seit langem daran gewöhnt.

Meine Patienten waren mir alle vertraut, sie waren fast so etwas wie meine Familie. Ich kannte alle Lebensgeschichten, von der frühesten Kindheit an bis zu dem Punkt, an dem eine Geisteskrankheit Erwartungen, Karriere und Familie – ein ganzes Leben – zerstört hatte und sie in die Isolation dieses sogenannten ›Irrenhauses‹ getrieben hatte.

Jeder Patient reagierte anders. Einer bat mich während der Visite, sein Medikament geringer zu dosieren, weil er sich viel besser fühle. Ein anderer hörte mich nicht einmal kommen, weil in seinem Kopf ausschließlich Raum für seine inneren Stimmen war. Wieder ein anderer lachte ununterbrochen in einer Ecke still vor sich hin. Allen gemeinsam war nur das blasse, fast geisterhafte Aussehen, die dunklen Ringe unter den Augen. Diese Männer sahen nie den Himmel und atmeten nie frische Luft.

Ich ging von einem Patienten zum anderen, achtete auf Veränderungen des Gesundheitszustandes, gab den Krankenschwestern die täglichen Anweisungen für die Behandlung und beantwortete Fragen. Meine Gedanken kehrten kurzfristig zu dem neuen Patienten zurück. ›Ein Soldat‹, überlegte ich, ›sehr interessant. Könnten die Schrecken des Soldatenlebens diesen Mann dazu gebracht haben, eine Geisteskrankheit vorzutäuschen?‹

Geisteskrank zu spielen war ein bekannter Trick, mit dem viele Männer versuchten, aus der Armee entlassen zu werden. Normalerweise wurden die jungen Männer mit achtzehn, sofort nach Schulabschluß, zum Wehrdienst eingezogen. Sie kamen aus der Geborgenheit ihrer Familien und waren überhaupt nicht auf die schrecklichen Erlebnisse vorbereitet, die sie erwarteten. Sie wurden von den älteren Soldaten verspottet, gedemütigt und sogar geschlagen. Das war das ungeschriebene Gesetz der Armee. Alles, was man den anderen nicht antat, wurde einem selbst angetan. Viele Männer konnten das nicht akzeptieren. Manche, die damit nicht zurechtkamen, wurden tatsächlich psychisch schwer krank und mußten in geschlossene Anstalten eingeliefert werden. Andere, die das sahen, zogen daraufhin die relative Sicherheit einer psychiatrischen Klinik der Armee vor und täuschten deshalb Krankheit vor.

Ich betrat das Zimmer für die Neuaufnahmen. Auf den ersten Blick war mir klar, daß dieser Soldat wirklich krank war. Er saß in der Ecke, starr vor Angst, und glich eher einem verängstigten Tier als einem Menschen. Seine Körperhaltung drückte eine unglaubliche Anspannung aus. Ich frage mich immer wieder, woher die Geisteskranken diese ungeheure Energie bezogen. Wie erzeugten ihre Körper diese Kräfte?

Die gleiche Energie, die den Soldaten in diesem Moment in der Erstarrung festhielt, konnte auch die Quelle von Gewalttaten sein, die häufig dazu führten, daß Patienten sich selbst oder andere verletzten. Ich hatte bei vielen Patienten Variationen dieses Krankheitsbildes gesehen. Der arme Kerl trug noch die schmutzige, zerrissene Uniform, die auch der Polizeibericht erwähnte. Der Nachtschicht war es nicht gelungen, sie zu wechseln – sie hätten mehr Schaden angerichtet als genützt –, deshalb würde die Tagesschicht diese Aufgabe erledigen müssen. Auch jetzt noch riß der unruhige Mann, der auf dem Fußboden saß, an seiner Kleidung. Sie war aus starkem Tuch gefertigt, das die harten Bedingungen des Soldatenlebens aushalten sollte, und in normaler geistiger Verfassung hätte er sie unmöglich zerfetzen können.

Während ich ihn beobachtete, fuhr der junge Mann fort, den Rest seiner Habseligkeiten zu zerstören. Mit leeren hellblauen Augen starrte er ins Nichts. Unsere Station mochte seinen Körper festhalten, aber er selbst war irgendwo anders.

Seine Lippen flüsterten unverständliche Worte. Ich stellte ihm die üblichen Fragen, ohne Antworten zu erwarten. Ich hatte keinen Zugang zu seiner ›Realität‹, wie immer sie gerade aussehen mochte, also dachte ich über die Dosierung des Medikamentes nach, das ich ihm spritzen wollte. Ich wußte, daß er mir später, wenn er bei klarem Verstand wäre, von dem, was er jetzt sah und erlebte, erzählen würde.

Er hieß Andrej, und ich schätzte ihn auf siebzehn oder achtzehn. Er war sehr mager. Vielleicht hatte er bei der armseligen Kost, die beim Militär üblich war, abgenommen. Sein hellbraunes Haar war beim Eintritt in die Armee kurzgeschoren worden und bedeckte seinen Kopf etwa streichholzlang. Dadurch wirkte sein Gesicht verletzlich und offen. Es hatte immer noch viel von einem Kindergesicht, in dem jetzt die nackte Angst stand. Er war noch ein Junge, sein Verstand war von den traumatischen Erlebnissen, die ihn nun wahrscheinlich sein ganzes Leben lang verfolgen würden, überwältigt worden. Im Moment würde eine mittlere Dosis Haloperidol, intravenös verabreicht, wohl ausreichen, um ihn zu beruhigen und seine Rückkehr in die Realität einzuleiten.

Mein nächster Patient war Sergej, ein hübscher, junger, kräftig gebauter Mann, der nach außen hin wirkte, als könne er bald nach Hause. Er sah fröhlich aus, sprach offen mit mir und berichtete kritisch von seinen Erfahrungen während seiner Krankheit. Bei der Arbeit auf der Station war er eine große Hilfe. Aber vielleicht war alles ein wenig zu schön, zu fröhlich, zu offenherzig. Er wollte leidenschaftlich gern nach Hause zu seiner jungen Frau, aber ich wußte, daß seine Psychose überwiegend mit seiner pathologischen Eifersucht zusammenhing.

Wie immer bei potentiell gefährlichen Patienten war der Chefarzt der Klinik um ein Gutachten gebeten worden. Er hatte eine Kombination von Medikamenten verordnet, die Sergejs bewußten Willen unterdrücken und ihn zwingen sollten, die Wahrheit zu sagen. Ich hatte ihm diese Präparate noch nicht gegeben, obwohl sie mir sicherlich seine tatsächlichen Absichten seiner Frau gegenüber verraten hätten.

Derartige Entscheidungen stürzten mich immer in das gleiche moralische Dilemma. Wie würde ich mich an Sergejs Stelle fühlen, wenn jemand ohne meine Einwilligung mit Hilfe von Medikamenten in meine Psyche eindringen würde, um Antworten auf alle Fragen zu erhalten, die ihm gerade in den Sinn kommen? Meine negative Einstellung zu dieser Methode war unverändert, und ich war immer beunruhigt, wenn solche Medikamente verschrieben wurden.

Hoffentlich konnte ich einen anderen Weg finden, um Sergejs Fall zu klären. Jedenfalls wußte ich bereits, daß ich mich mit seiner Frau treffen und darauf bestehen mußte, daß sie sich scheiden ließen. Ich mußte ihr klarmachen, daß sie so weit wie möglich von ihm entfernt leben mußte. Seine Krankheit würde immer gefährlich bleiben, und die Gefahr, daß er in einem Anfall eifersüchtiger Wut sie oder jemand anders umbrachte, war zu groß. Das tragische Ende solcher und ähnlicher Konstellationen hatte ich schon zu oft erlebt.

Als ich meine Überlegungen zu Sergejs Fall vorläufig beendet hatte, hörte ich, wie die Krankenschwester mich in mein Büro zurückrief. Die Mutter meines neuen Patienten, des jungen Soldaten Andrej, war soeben eingetroffen. Sie war von der Armeeverwaltung benachrichtigt worden und hatte sich sofort auf den Weg gemacht. Meistens erschienen die Verwandten nicht so schnell im ›Irrenhaus‹, auch die Mütter nicht.

Sie hatte eine typisch russische Art. Sie und ihr Sohn ähnelten sich sehr, hatten das gleiche einfache, offene, derbe Gesicht. Auch die nervösen Bewegungen ihrer Hände, als sie vor mir stand, ihr dunkles Winterkleid zerknitterte und sich nicht traute, ohne meine Aufforderung Platz zu nehmen, erinnerten mich an ihren Sohn. Aus Andrejs Unterlagen wußte ich, daß sie mit ihrem Mann und ihren beiden Söhnen, von denen sich einer nun in dieser Klinik befand, in einem Dorf in der Nähe lebte.

Es war offensichtlich, daß sie noch nie in einer psychiatrischen Klinik gewesen war. Sie verstand noch nicht, was ihrem Ältesten zugestoßen war. Sie schien froh darüber, daß er den Militärdienst so schnell beendet hatte, und war dankbar für seine wohlbehaltene Rückkehr. Sie meinte, sich die nächsten zwei Jahre, die sie mit seiner Abwesenheit gerechnet hatte, keine Sorgen mehr um ihn machen zu müssen. Ihr war der Unterschied zwischen Schizophrenie und Grippe noch nicht klar.

Ihre erste Frage war die einer besorgten Mutter: »Sagen Sie mir, Frau Doktor, wann ist er wieder gesund?«

Wenn ich ihr gleich die volle Wahrheit gesagt hätte, hätte ich geantwortet: »Niemals.« Statt dessen sagte ich: »Es wird wahrscheinlich zwei Wochen dauern, bis sein Zustand sich normalisiert hat.« Ihr Gesicht strahlte plötzlich vor Glück. Später würde ich ihr erklären müssen, daß ich damit meinte, er sei dann von seiner derzeitigen akuten Psychose genesen.

In jedem Fall aber würde er ein anderer sein als vorher, wenn er zu ihr zurückkehrte. Zuerst vielleicht nur ein wenig anders, aber im Lauf der Zeit würden sich seine Persönlichkeit und sein Verhalten weiter verändern. Er würde nie wieder so sein, wie sie ihn in Erinnerung hatte. Wie konnte ich ihr sagen, daß ein Übel, das ohne Ansehen der Person Geist und Seele der Menschen zerstört, sich bereits in ihm eingenistet hatte? Aus Erfahrung wußte ich, daß die Schizophrenie eine Kralle war, aus deren Griff man niemanden vollständig befreien konnte.

Ebenso sagte mir meine Erfahrung, daß mir diese Mutter zunächst nicht glauben würde. Sie würde hoffnungsvoll darauf warten, daß ihr Sohn aus der Klinik zurückkehrte und sich mit der liebevollen Unterstützung seiner Familie wieder ganz erholte. Sie und sein Vater würden von ihm erwarten, daß er auf ihrem kleinen ländlichen

Anwesen wieder bei der Arbeit half. Eine Weile würde er vielleicht fast normal wirken, bis dann eines Tages die Kralle wieder zupackte und ihn auf anderen Bahngleisen einem anderen fahrenden Zug entgegenjagte. Irgend etwas dieser Art würde bestimmt geschehen, und von da an sähe die Mutter angstvoll dem Tag entgegen, an dem ihr anderer Sohn, ihr Kleiner, zum Militärdienst eingezogen würde. Für heute hatte sie genug gehört, und sie verließ mich, um ihrem Mann und zweiten Sohn die gute Nachricht zu bringen, daß Andrej in zwei Wochen zu ihnen zurückkehren würde.

Das Gefühl von Hilflosigkeit, von professioneller Unzulänglichkeit, von meiner fehlenden Allmacht als Ärztin, gehörte zu den schwierigsten Aspekten meiner Arbeit. Ich konnte mich nicht an die Tatsache gewöhnen, daß ich mich angesichts der Krankheiten, die ich bekämpfte, häufig teilweise oder sogar ganz geschlagen geben mußte. Ich wußte nicht, ob Fachärzte anderer Disziplinen in der Regel ebenso empfanden, für Psychiater jedenfalls war es ein wohlbekanntes Berufsrisiko. Um den geistigen Zustand eines Patienten wieder zu normalisieren, gab es keine Drogen, keine Medikamente und keine schnellen chirurgischen Eingriffe, wie für so viele andere Krankheiten. Ich nahm mir einen Moment Zeit, schloß die Augen, atmete tief durch und versuchte, meinen Kopf freizubekommen. Als ich die Augen wieder öffnete, klopfte es.

Dankbar für die Unterbrechung rief ich: »Herein!« Mein Freund Anatolij trat ein, und ich war froh, daß mich jemand besuchte, mit dem ich mich gern unterhielt. »Hallo!« sagte er. »Wollen wir Mittag essen und eine Tasse Tee trinken?«

Der Vormittag war schnell vergangen, und ich hatte nicht bemerkt, daß es bereits Mittag war. Die Mittagspause war beim Krankenhauspersonal sehr beliebt, denn während dieser Zeit konnten wir uns gegenseitig auf unseren Stationen besuchen, plaudern und gemeinsam essen, was wir uns von zu Hause mitgebracht hatten. Normalerweise gab es Butterbrote oder Salate, dazu eine Tasse starken Kaffee oder Tee. Nur zu besonderen Anlässen, wie zu Geburtstagen oder landesweiten Feiertagen, brachten wir unsere Lieblingsspeisen oder auch Kaviar mit, denn solche Dinge regelmäßig zu kaufen war zu teuer.

Ich mochte Anatolij. Er war jung, gut durchtrainiert und hatte braunes Haar und blaue Augen. Aufgrund seiner außergewöhnlichen Kreativität, Intelligenz und Sensibilität war er einer unserer besten Ärzte. Wir sprachen häufig über ihn. Seine Professoren und Kollegen hatten erwartet, daß er in der Psychiatrie Karriere machen würde, aber bislang war das nicht der Fall. Ich hatte oft daran gedacht, ihn einmal darauf anzusprechen, aber der Zeitpunkt war mir nie richtig erschienen. Heute beschloß ich, ihn danach zu fragen.

Er saß mit der traditionellen Tasse Tee vor mir auf dem Sofa, bekleidet mit dem obligatorischen weißen Krankenhauskittel. Seine Augen waren wie gewöhnlich hinter einer dunklen Brille verborgen.

»Weißt du, Anatolij, viele glauben, daß du ein psychiatrisches Genie bist. Darf ich fragen, warum sich das noch nicht in deiner Karriere bemerkbar gemacht hat?«

Mit sichtlichem Vergnügen faßte er meine Frage als Kompliment auf. »Ich mache doch steil Karriere«, erwiderte er. Dann fügte er mit einem ironischen Grinsen hinzu: »Aber ich nehme an, du weißt, daß das hier kein psychiatrisches Krankenhaus ist?«

An seine Wortspielereien gewöhnt, ließ ich mir meine Verwunderung nicht anmerken.

»Das hier ist keineswegs ein Krankenhaus. Es ist ein riesiges Irrenschiff, und wir, die Besatzung, glauben tatsächlich, daß wir als Ärzte hier arbeiten. Wir glauben sogar, daß wir die Leute behandeln und heilen können. Aber ich halte es für keine so gute Idee, auf einem Irrenschiff Karriere machen zu wollen. Wir können schließlich nichts weiter tun, als blind auf dem Ozean der Realität zu navigieren, und das in dem Glauben, wir wüßten, was wir tun. Wir werden weiter in Richtungen steuern, die uns unbekannt sind, weil wir nicht anhalten können. Jeder von uns hier hat sich entschieden, auf diesem Schiff durch die Realität zu treiben, und jetzt können wir es nicht mehr verlassen. Weil es der sicherste Ort für uns ist, glauben wir, wir seien Ärzte und dazu in der Lage, Menschen zu helfen, die angeblich verrückt sind.«

»Glaubst du, daß es überhaupt kein Entkommen für uns gibt?« fragte ich, denn ich durchschaute die List, mit der er einer ernsthaften Antwort auf meine Frage auswich.

»Na, vielleicht gibt es doch ein Fahrzeug, mit dem wir fliehen können. Du kannst es von hier aus sehen. Schau her!«

Mit boshaftem Grinsen zeigte er aus dem Fenster. Ich sah die vertrauten Umrisse des großen, alten Straßenbahnwracks, das draußen im Hof vor unserem Gebäude stand. Es hatte keine Räder mehr, und von der rostzerfressenen Karosserie ragten metallene Stromabnehmer sinnlos auf zum Himmel, streckten sich nach Leitungen, die es nicht mehr gab. Niemand wußte, warum man diesen Straßenbahnwaggon mitten auf dem Krankenhausgelände hatte stehen lassen.

Anatolij lachte. Er hatte mir immer noch keine direkte Antwort auf meine Frage nach seiner beruflichen Karriere gegeben, und seine Augen funkelten mephistophelisch.

»Vielen Dank für den Tee und das Gespräch. Und jetzt muß ich wieder an die Arbeit und noch ein paar Fallgeschichten von Passagieren – pardon, ich meine von Patienten – fertigschreiben.«

2. Kapitel

Als ich später in meinem Büro die Schreibarbeiten erledigte und mich vor der langen Busfahrt zurück zu meiner kleinen Wohnung fürchtete, klingelte das Telefon. Ich nahm ab, und jemand sagte: »Hallo, Olga.« Ich erkannte Anna sofort an ihrer Stimme. Anna war Internistin, und wir waren seit vielen Jahren eng befreundet. Mittlerweile war ich sehr geübt darin, aus dem Klang und dem Rhythmus ihrer Stimme die vielen verschiedenen Stimmungslagen ihrer komplexen Persönlichkeit herauszuhören. Heute klang sie müde und besorgt.

Wie üblich plauderten wir eine Weile über Gott und die Welt. Hätte jemand unsere Unterhaltung zufällig mit angehört, hätte er sie trivial gefunden, aber jedesmal, wenn wir miteinander sprachen, auch wenn es um unwesentliche Dinge ging, empfand ich erneut, wie wichtig mir unsere Freundschaft war. Es gab immer einen Satz, ein Gefühl oder einfach eine Schwingung zwischen uns, die bei mir eine freudige und lebhafte Stimmung hinterließ. Ich wußte, daß es ihr genauso ging.

Warum sie eigentlich anrief wurde mir klar, als sie mich fragte, ob ich es zeitlich einrichten könne, ihren Nachbarn zu untersuchen, der befürchtete, unter einer schweren geistigen Störung zu leiden. Ich mochte ihr die Bitte nicht abschlagen, und so bat ich sie, ihn am nächsten Tag um drei zu mir ins Büro zu schicken. Da Anna mich noch nie im Krankenhaus besucht hatte, beschrieb ich ihr den Weg und notierte mir den Termin in meinem Kalender. Wir verabredeten uns für einen der nächsten Tage und verabschiedeten uns.

Am folgenden Tag um Punkt drei führte eine Krankenschwester einen jungen Mann in mein Büro. Zögernd blieb er in der Tür stehen.

»Guten Tag, Frau Doktor. Ich bin Nikolaj. Ihre Freundin, Anna Anatoljewna, hat mich an Sie verwiesen.«

Nikolaj war ein junger Sibirier mit einem hübschen mongolischen Gesicht. Mit zunehmendem Alter werden Gesichter wie seines von einer harten, maskulinen Strenge beherrscht. Dieser Mann war jedoch noch jung genug, um Anzeichen von Schüchternheit und Empfindsamkeit erkennen zu lassen, und im Moment war beides besonders auffällig. Es war ihm offensichtlich peinlich und unangenehm, im Sprechzimmer einer Psychiaterin zu stehen.

Der junge Sibirier, der vor mir stand, war nervös, sah aber keineswegs geisteskrank aus. Trotzdem, so dachte ich in diesem Augenblick, mußte er das Gefühl haben, in ernsthaften Schwierigkeiten zu sein, da er Anna ins Vertrauen gezogen hatte und dann aus freien Stücken hergekommen war. Aus Erfahrung wußte ich, daß sehr wenige Menschen bereit waren, von sich aus psychiatrische Hilfe zu suchen. Geistiger Anomalität, so gering sie auch sein mochte, haftete ein ungeheures Stigma an. Das hielt die Leute nicht nur davon ab, Hilfe zu suchen, sondern führte auch dazu, daß Menschen, die Hilfe in Anspruch nahmen, ihr Möglichstes taten, um es zu verheimlichen. Wenn ihre Situation bei Freunden oder Kollegen bekannt wurde, hatte das unweigerlich gesellschaftliche Diskriminierung zur Folge.

Nikolaj trat ein und blieb mitten in meinem kleinen Büro stehen, er wirkte nach wie vor verlegen und unsicher. Ich bat ihn, sich zu setzen, und bot ihm den Stuhl vor meinem Schreibtisch an. Ich beobachtete ihn, während er Platz nahm. Er sah aus wie ein Fabrikarbeiter. Er trug einen ordentlichen dunkelgrauen Anzug, ein weißes Hemd und eine schwarze Krawatte. Offenbar betrachtete er unser Treffen als ein hochoffizielles Ereignis. Nervös saß er auf der Stuhlkante. Ich drängte ihn nicht, sondern wartete einfach darauf, daß er seine Geschichte erzählte. Er schwieg kurz, um seine Gedanken zu ordnen, und begann schließlich:

»Vielen Dank, daß Sie sich Zeit für mich nehmen. Die Geschichte, wegen der ich hier bin, hat vor ungefähr einem Monat angefangen.«

Er sprach Russisch mit einem leichten, angenehmen Akzent, der verriet, daß er aus den Bergen stammte. Anna hatte mir bereits erzählt, daß er aus dem Altai kam, einer isolierten, ethnisch eigenständigen Bergregion mit einer eigenen Sprache. Es überraschte mich nicht, daß er mir einen typisch russischen Namen genannt hatte. An alle Angehörigen anderer Volksgruppen wurden routinemäßig russische Namen vergeben, wenn sie in der Sowjetunion einen Paß beantragten. Mit dieser boshaften Maßnahme bezweckte man, die Zerstörung ihrer Kulturen zu beschleunigen, indem man bewußt das Erbe auslöschte, das in den Namen weiterlebte.

Nikolaj sah mich nicht an, wenn er sprach. Es war klar, daß er immer noch sehr verlegen war, sich aber selbst versprochen hatte, mit mir zu reden, und entschlossen war, dieses Versprechen zu halten. Zweifellos fiel es ihm schwer, sich einer Fremden anzuvertrauen, und er fürchtete meine Reaktion auf seine Geschichte.

»Die Sache fing damit an, daß meine Mutter mich bat, nach Hause in mein Dorf im Altai zu kommen.« Seine Miene verriet, daß er nur widerwillig über sein Dorf sprach. Das war normal. Viele junge Leute, die zum Arbeiten in die Stadt kamen, verheimlichten ihre ländliche Herkunft aus Angst, ausgelacht zu werden. Zögernd fuhr Nikolaj fort:

»Mein Onkel Mamusch war sehr krank geworden, und ich sollte meiner Mutter helfen, ihn zu pflegen. Wir waren seine einzigen Verwandten, und er hatte allein gelebt, außerhalb der Dorfgemeinschaft. Ich hatte nie mit ihm zusammensein wollen, aber ich konnte meiner Mutter die Bitte nicht abschlagen. Mir blieb nichts anderes übrig, als unbezahlten Urlaub zu nehmen und nach Hause zu fahren.

Ich war zehn Tage dort. Mein Onkel starb am fünften Tag. Er war vierundachtzig und wußte, wie die meisten seiner Altersgenossen in unserem Dorf, daß seine Zeit gekommen war, und war gar nicht darauf aus, noch länger zu leben. In unserem Dorf glauben wir, daß Menschen in seinem Alter ihr Leben vollendet haben und sterben wollen. Ich habe meinen Onkel nie besonders gemocht, daher lag mir nichts daran, etwas an seiner Situation zu verändern, außer es hätte ihm geholfen, sein Ziel schneller zu erreichen. Denn ich wollte zu meinem Leben in der Stadt zurückkehren.«

Während Nikolaj erzählte, begann seine Stimme zu zittern, und er machte immer längere Pausen. Dauernd betonte er, daß er seinem Onkel nie sehr nahegestanden hatte. Ich fragte mich unwillkürlich, warum er immer noch so nervös war. Sein sensibler Charakter allein genügte nicht als Erklärung für seine tiefe Betroffenheit über den Tod eines betagten Verwandten, den er noch dazu kaum gekannt hatte. Seine Geschichte ergab noch keinen Sinn, aber ich stellte keine Fragen und unterbrach ihn nicht. Meine Aufgabe bestand im Moment nur darin, zuzuhören und ihn fortfahren zu lassen.

Nikolaj kam vom Hundertsten ins Tausendste, erzählte mir, wie schwierig es für seine Mutter gewesen war, den sterbenden Onkel zu versorgen, und was er getan hatte, um ihr zu helfen. Dann sprach er mit mir darüber, welche Krankheit sein Onkel wohl gehabt hatte, und wechselte von einer Erklärung zur nächsten. Ich sah ihm an, daß seine Ängste seinem Wunsch nach Heilung im Weg standen und daß er versuchte, den Mut aufzubringen, zum eigentlichen Kern seiner Geschichte vorzudringen.

Schließlich entschied ich mich, ihn zu unterbrechen und so zu versuchen, ihn an den eigentlichen Grund seines Besuches bei mir zu erinnern. »Nikolaj, Sie haben angedeutet, daß das, worüber Sie mit mir sprechen wollen, etwa vor einem Monat angefangen hat.«

Er nickte, ohne mich anzusehen.

»Was ist nach dem Tod Ihres Onkels passiert?«

»Das ist eine merkwürdige Geschichte ...«

»Ich habe schon viele merkwürdige Geschichten gehört. Was ist an Ihrer so merkwürdig?«

»Glauben Sie an Schamanen?« fragte er vorsichtig.

In diesem Moment wurde mir klar, daß möglicherweise ich, nicht er, in Schwierigkeiten geraten war. Ich wußte so gut wie nichts über Schamanismus. Der Begriff ›Schamane‹ rief in unserer Gesellschaft nur negative Assoziationen wach, er war ein Symbol für unangebrachte primitive kulturelle und spirituelle Überzeugungen. Ich mußte mit meiner Antwort sehr vorsichtig sein.

»Leider weiß ich nur, daß Schamanismus etwas mit der alten Religion der sibirischen Völker lange vor dem Christentum zu tun hat. Mehr weiß ich nicht. Aber ich glaube an die Existenz von Menschen, die als Schamanen bezeichnet werden.«

Allmählich, immer noch ohne mich anzusehen, schien Nikolaj zu begreifen, daß ich ihm zuhörte, ohne seine Aussagen zu bewerten. Seine Anspannung ließ nach, und seine Stimme klang ruhiger.

»Mein Onkel war Schamane«, fuhr er fort. »Deswegen war ich nicht gern mit ihm zusammen. Er lebte ganz für sich allein am Rand des Dorfes. Viele Dorfbewohner glaubten, daß er starke schamanische Kräfte besaß, aber niemand war sicher, ob er diese Kräfte nur für gute Zwekke einsetzte. Und vielleicht hatten sie recht. Die Leute hatten Angst vor ihm und gingen ihm aus dem Weg; sie sprachen ihn nur dann an, wenn sie bei Problemen und Krankheiten seine Hilfe brauchten.

Ich selbst habe mich nie für diese Dinge interessiert. Von Kindheit an hatte ich nur den einen Wunsch, meinen Onkel und auch mein Dorf so schnell wie möglich zu verlassen. Auf dem Land gibt es nichts zu tun, vor allem im Winter nicht. Es ist kalt und langweilig. Ich hatte immer vor, gleich nach dem Schulabschluß in die Stadt zu gehen. Ich wollte zum Militär, wurde aber aus gesundheitlichen Gründen ausgemustert. Ich sehe furchtbar schlecht. Vielleicht verstehen Sie jetzt, wie froh ich war, als ich hier Arbeit fand. Ich arbeite jetzt seit fast einem Jahr, und für nächstes Jahr wurde mir schon eine Wohnung versprochen. Es ist selten, daß das so schnell geht. Im Moment wohne ich natürlich noch in einem Wohnheim.«

Ich wußte, daß die Namen der jungen Männer und Frauen, die Arbeit in einer Fabrik fanden, sofort auf eine Warteliste für eine eigene Wohnung gesetzt wurden. Manchmal dauerte es bis zu zwanzig Jahren, bis ein Name ganz oben auf der Liste stand. Gelegentlich gingen sogar Namen verloren, und die Betroffenen kamen nie in den Genuß einer eigenen Wohnung. Diese armen Leute mußten ihr ganzes Arbeitsleben in Wohnheimen verbringen, in denen sich normalerweise drei bis vier Bewohner ein kleines Zimmer teilten. Manchmal gab es für fünfzehn bis zwanzig solcher Zimmer zusammen eine kleine Küche, eine Dusche und eine Toilette. Ich verstand, wieviel es Nikolaj bedeuten mußte, daß man ihm schon so bald eine Wohnung versprochen hatte.

Er fuhr fort: »Ich habe eine Freundin, und wir wollen heiraten. Eigentlich könnten die Träume meines Lebens jetzt allmählich in Erfüllung gehen. Und nun fürchte ich, daß alles verloren ist. Ich brauche wirklich Ihre Hilfe, Frau Doktor. Ich bin zu allem bereit, ich werde jedes Medikament nehmen, um meine Gesundheit wiederherzustellen. Meine geistige Gesundheit.«

Nikolaj sah mich verzweifelt und hoffnungsvoll zugleich an, ein Blick, der mir bei meinen Patienten selten begegnete. Ich konnte mir immer noch kein Bild von seiner Geschichte machen. Sein Onkel, der Schamane, war gestorben, und jetzt fürchtete er, daß er geisteskrank war. Sein Problem war mir nicht klar. Ich wollte noch nicht gleich auf eine Psychose schließen, auch wenn das, was ich bis jetzt von seiner Geschichte gehört hatte, diesen Schluß nahelegte.

Zögernd setzte er seine Erzählung fort: »Am Tag nach dem Tod meines Onkels wurde ich krank. Auf dem Sterbebett hatte er mich gebeten, die Zeit mit ihm allein zu verbringen. Die Vorstellung gefiel mir gar nicht, aber ich gab nach, weil es sein letzter Wunsch war. Er lebte in einem kleinen, finsteren Haus ohne Elektrizität. Dort hatte er eine Sammlung von sehr merkwürdigen Dingen: halbtote Pflanzen, Steine – manche davon bemalt –, seine Trommel, zerlumpte Kleider. Alles in seinem Häuschen war ungewöhnlich. Ich hatte Angst, aber auch das Gefühl, daß mir nichts anderes übrigblieb, als in seinen letzten Tagen bei ihm zu bleiben.

Dann begann mein Onkel, mit mir über Kraft zu sprechen – über schamanische Kraft. Das erste Mal sprach er mehr als zwei Stunden darüber. Ich hörte kaum zu. Für mich waren das Phantasien eines Sterbenden, ich versuchte also einfach höflich zu sein. Viele weitere Gespräche folgten. Ich erinnere mich kaum noch daran, nur an die letzte Unterredung.

Es war spät in der Nacht. Sein Zustand hatte sich zusehends verschlechtert, trotzdem wollte er niemanden außer mir sehen. Sein Atem ging schnell und schwer. Er sprach stockend und schien verwirrt zu sein. Ich wußte, daß er nicht mehr lange leben würde. Schließlich forderte er mich auf, zu ihm an sein Bett zu kommen. Das Zimmer war dunkel. Nur die Ecke, in der sein hohes, schmales Holzbett stand, wurde von einer Kerze erhellt, die auf einem kleinen Tisch zwischen seltsamen Amuletten und getrockneten Kräutern stand.

Mein Onkel lag unter einer warmen, bunten Flickendecke. Als ich an sein Bett trat, packte er mit seinen heißen, trockenen Händen meine linke Hand. Aus unerfindlichem Grund klang seine Stimme plötzlich kräftig und klar. Er sah mich durchdringend an. Sein Zustand hatte sich so drastisch verändert, daß ich einen Augenblick lang tatsächlich glaubte, er hätte seine Krankheit besiegt.

Langsam und mit großer Konzentration, ungefähr so, als würde er versuchen, mich zu hypnotisieren, sagte er:

›Schamanische Kräfte wohnen mit uns in dieser Welt, und sie müssen in dieser Welt zurückgelassen werden. Ich liege im Sterben, und meine Kraft wird mir dahin, wohin ich gehe, nicht folgen. Ich übertrage sie dir, denn so haben die Geister es bestimmt.‹

Während er sprach, spürte ich einen heftigen Krampf in der Hand, die er so verzweifelt umklammerte. Es fühlte sich an, als ob Flammen in meinem Körper loderten. Ich war so überrascht, daß ich erst später merkte, daß mein Onkel genau in diesem Moment gestorben war. Mein Geisteszustand war mir völlig fremd. Ich konnte nicht genau sagen, was passiert war, und ich kann es immer noch nicht. Ich weiß zwar, daß das vielleicht nötig ist, damit Sie eine Diagnose stellen können, aber ich weiß nicht, was ich sonst noch sagen soll. Ich habe versucht, Licht in die Sache zu bringen, indem ich Bücher über Psychiatrie gelesen habe, aber ich mußte damit aufhören. Es war viel zu schwierig für mich, den Sinn der Worte zu verstehen.«

Während seiner Schilderung hatte Nikolaj die Situation nahezu noch einmal durchlebt. Seine linke Hand schien sich zu verkrampfen, während er über den Tod seines Onkels sprach. Schweiß trat auf sein Gesicht, und er wirkte, als hätte er die Stimme seines toten Onkels wieder gehört, während er mir davon erzählte.

»Lassen Sie uns für eine Weile über etwas anderes als Ihren Onkel sprechen. Vielleicht können Sie mir ein bißchen mehr von Ihrem Leben in der Stadt erzählen?«

Mit sichtlicher Erleichterung ging er auf meinen Vorschlag ein. »Was soll ich Ihnen denn erzählen?«

»Erzählen Sie von Ihrer Arbeit; von Ihren Kollegen in Ihrer Fabrik. Wie ist Ihr Verhältnis zu ihnen?«

»Gut. Sehr gut.«

Ich betrachtete ihn schweigend. Er saß reglos und sehr

gerade auf der Stuhlkante. Die Haltung verriet seine starke Anspannung.

»Es sind gute Menschen, aber sie sind ganz anders als die Leute in meinem Heimatdorf.«

»Wo liegen die Unterschiede?«

»Das ist schwer zu sagen. Ich habe noch nie richtig darüber nachgedacht. Ich spüre es nur. Sie trinken viel, sogar bei der Arbeit. Die Leute in meinem Dorf trinken auch gern Wodka, aber sie würden nach ein paar Gläsern nie so ausfallend werden und selbst nach vielen Gläsern nicht.«

Ich stellte mir diesen sensiblen jungen Mann unter seinen rauhbeinigen Arbeitskollegen vor. Sein Traum vom Leben in der Stadt war zumindest zum Teil nicht so in Erfüllung gegangen, wie er es erwartet hatte.

»Versuchen Sie, so zu sein wie Ihre Kollegen?«

»Nein, ich glaube nicht. Mir ist klargeworden, daß ich mich daran gewöhnen muß, hier zu sein. Es war mein Wunsch, in einer großen Stadt zu leben, aber ich habe mir viel mehr davon versprochen. Möglicherweise erwarte ich immer noch zuviel. Ich muß mich eben daran gewöhnen. Und ich muß gesund sein.«

Nach einer kurzen Pause, die ihm zu helfen schien, seine Kräfte zu sammeln, fuhr er mit seiner Geschichte fort: »Nach dem Tod meines Onkels hatte ich fünf Tage lang sehr hohes Fieber. Ich habe nicht gegessen, ich habe nicht gesprochen. Ich wußte nicht einmal mehr, wer ich war. Im Delirium sah ich ihn die ganze Zeit. Einem Bezirksarzt, der einen Hausbesuch machte und mir ein paar Spritzen gab, verdanke ich, daß das Fieber zurückging. Ich vergaß alles, was mir während meiner Krankheit durch den Kopf gegangen war, und obwohl ich mich noch sehr schwach fühlte, kehrte ich zu meiner Arbeit zurück.

Körperlich ging es mir von Tag zu Tag besser, aber

gleichzeitig passierte etwas mit meinem Verstand. Ich begann die Stimme meines Onkels zu hören, und er verlangte von mir, daß ich mich an meine Träume erinnere. Inzwischen überfällt mich seine Stimme ohne Vorankündigung, jederzeit, überall. Es passiert, wenn ich mich mit jemand unterhalte oder im Bus zwischen Fremden sitze. Es macht mir jedesmal Angst, und ich weiß, daß ich wirken muß, als wäre ich verrückt. Ich gerate in Panik und würde am liebsten weglaufen. Es ist inzwischen so schlimm, daß ich Angst habe, meine Arbeit zu verlieren.« Nach einem langen, tiefen Seufzer fragte er, ob er rauchen dürfe.

Normalerweise erlaubte ich es Patienten nicht, in meinem Büro zu rauchen. In Nikolajs Fall beschloß ich aber, eine Ausnahme zu machen. Ich hatte das Gefühl, daß es ihm helfen würde, sich zu entspannen und zu öffnen. Er nahm eine Packung filterlose Zigaretten aus seiner Jacke und suchte dann verzweifelt nach Streichhölzern, seine Hände griffen in alle Anzugtaschen, ohne Erfolg.

Ich stand auf und ging in die gegenüberliegende Ecke des Zimmers. Dort nahm ich die Streichhölzer und die Untertasse, die gelegentlich als Aschenbecher diente, vom Kühlschrank und reichte ihm beides.

An die kleine Luftklappe oben in meinem Fenster reichte ich mit der Hand nicht heran, deshalb benutzte ich eine lange hölzerne Stange, um sie ein wenig zu öffnen, bevor ich wieder zu meinem Schreibtisch zurückging. Am Ende der Stange befand sich ein geschnitzter Menschenkopf. Vor ein paar Jahren hatte ein älterer Patient ihn für mich angefertigt, der zwanzig Jahre lang geglaubt hatte, er sei Gott, und der unablässig versucht hatte, Menschen aus Holz zu erschaffen. Im letzten Jahr war er gestorben, alt und einsam, wie so viele unserer Patienten. Es gab keine Verwandten, die ihn beerdigt hätten, daher schickte die Klinik seine Leiche der medizinischen Fakultät, wo sie zu anatomischen Studien diente.

Ich erinnerte mich, daß das Sezieren der Leichen von dünnen, häufig abgemagerten alten Menschen am Anfang meines Medizinstudiums zu den Dingen gehört hatte, die ich emotional am schwersten verkraftete. Schließlich blieb mir nichts anderes übrig, als sie als wissenschaftliche Hilfsmittel zu betrachten und dabei möglichst zu vergessen, daß es einmal Menschen gewesen waren, die einsam gestorben waren ohne irgend jemanden, der sie in der Stunde ihres Todes getröstet hätte. Auch an der Universität, wo sie im Namen der Wissenschaft zu Objekten wurden, wurde ihren leblosen Körpern jeglicher Respekt versagt.

Eiskalte Luft strömte durch die schmale Fensterklappe in mein Büro. Nikolaj rutschte mit seinem Stuhl von meinem Schreibtisch weg und rauchte in tiefen Zügen.

›Was mache ich bloß mit diesem Mann?‹ fragte ich mich. Ich wußte, daß mir alles zur Verfügung stand, was ich brauchte, um eine psychiatrische Diagnose zu stellen und eine effektive Behandlung einzuleiten. Wenn Nikolaj ein offizieller, legal eingewiesener Patient gewesen wäre, wäre ich mehr oder weniger gezwungen gewesen, eine Reihe von Labortests anzuordnen, die mir gezeigt hätten, ob er unter den Nachwirkungen einer fiebrigen Erkrankung unbekannten Ursprungs litt, die als residuale hirnorganische Psychose mit episodischen Anfällen in Erscheinung traten. Aber in seinem Fall konnte ich flexibler sein und beschloß deshalb, zuerst etwas anderes auszuprobieren. Ich würde tun, was ich in Nikolajs Fall für richtig hielt. Je nach Ergebnis konnte ich dann immer noch auf eine der üblichen psychiatrischen Therapien zurückgreifen.

Ich fragte ihn, ob er zu einem Experiment bereit wäre. Er nickte, und ich fuhr fort: »Glauben Sie, daß Sie die Stimme Ihres Onkels auch in meiner Gegenwart hören könnten?«

Er inhalierte tief, und es war offensichtlich, daß es ihm nach der Zigarette besser ging. »Es kann schon sein, aber ich weiß nicht, ob ich das selbst steuern kann. Die Stimme kommt von allein, ohne daß ich Einfluß darauf habe.«

»Vielleicht schaffen wir es zusammen.«

»Ich bin mit einem Versuch einverstanden.«

Ich trat auf den versteckten Knopf auf dem Fußboden neben meinem Schreibtisch und gab damit der Krankenschwester das Zeichen, in mein Büro zu kommen. Die Anlage war ursprünglich für Notsituationen mit gewalttätigen Patienten installiert worden, aber normalerweise verwendeten wir sie für die interstationäre Kommunikation im Krankenhaus.

Als die Schwester eintrat, bat ich sie, Nikolaj in den Hypnotherapieraum zu begleiten und dort auf mich zu warten. Er drückte seine Zigarette aus, stand auf und nahm seinen kurzen, schwarzen Schaffellmantel, den die Krankenschwester ihm reichte.

Vom Fenster aus beobachtete ich, wie die beiden durch den Schnee zum Hypnotherapieraum gingen. Sie sprachen miteinander, und ich fragte mich, worüber. Die Krankenschwester war eine erfahrene Fachkraft. Sie war vor einigen Monaten in Rente gegangen, hatte sich dann aber entschlossen, wieder zu arbeiten, um ihre drei Töchter finanziell zu unterstützen. Es war üblich, daß Eltern sich auch dann noch am Unterhalt ihrer Kinder beteiligten, wenn diese schon arbeiteten. Die Krankenschwester, die gewissenhaft und sparsam war, schaffte es, ungefähr alle zwei Monate neue Kleider für ihre Töchter zu kaufen. Manchmal kostete sie das mehr als die Hälfte ihres Lohnes, aber sie tat es gern. Ich war froh, daß sie wieder bei uns war.

Ich war gerade mit dem Ausfüllen und Unterzeichnen von Formularen fertig und wollte zum Hypnotherapieraum gehen, als der diensthabende Arzt mich aus der Aufnahme anrief. »Olga«, sagte er, »ich schicke dir einen sehr schweren Fall auf die Frauenstation. Sie kommt seit zwanzig Jahren regelmäßig zu uns. Die Diagnose lautet Schizophrenie. Das letzte Mal wurde sie vor zwei Jahren in unsere Klinik eingewiesen. Diesmal ist sie im letzten Stadium der Kachexie (physische Auszehrung). Anscheinend hat sie aufgrund ihrer geistigen Verwirrung mehr als einen Monat nicht richtig gegessen. Ich bereite die Medikationspläne für die Krankenschwestern heute nacht vor, aber ich hätte gern, daß du dir die Patientin und ihren Mann ansiehst, bevor du heute gehst.«

»Wann kommt sie auf die Station?« erkundigte ich mich.

»In anderthalb Stunden«, erwiderte er.

Ich erklärte mich bereit, sie zu untersuchen, und war erleichtert, daß mir vorher noch die Zeit blieb, mit Nikolaj zu arbeiten.

Der Hypnotherapieraum war aufgrund der Eigeninitiative aller hier angestellten Ärzte entstanden. Als ich meine Arbeit an der Klinik begann, war er bereits gebaut, und es war ein Wunder, daß er überhaupt existierte. Immer wieder hatte ich die legendären Geschichten von den engagierten Ärzten gehört, die Ausstattung, Baumaterialien, Möbel und Teppichboden organisiert hatten, um diese wichtige Einrichtung ins Leben zu rufen. Über Regierungskanäle wäre das nie möglich gewesen. Der Hypnotherapieraum war wichtig für meine Arbeit, und ich fühlte mich dort immer wohl.

Leise betrat ich den verdunkelten Raum und bewegte

mich lautlos auf dem weichen Teppichboden. Eine kleine rote Lampe stand auf dem Fußboden in jeder Ecke des Raumes. Die Stille und der schwache rote Schein der Lampen halfen mir, geistig und emotional von den Geräuschen und Bildern der Außenwelt Abstand zu gewinnen.

Die Krankenschwester hatte Nikolaj schon vorbereitet. Er saß, nur noch mit seinem weißen Hemd und der Hose bekleidet, zurückgelehnt in einem weichen, tiefen Sessel in der Mitte des Raumes. Seine Anzugjacke, die Krawatte und die Stiefel hatte die Schwester in ein anderes Zimmer gebracht, wo am Ende der Sitzung alles für ihn bereitliegen würde. Er sah entspannt aus und bemerkte nicht einmal, daß ich den Raum betrat. Leise ging ich zu ihm hinüber und ließ langsam die Rückenlehne seines Sessels herunter.

»Wir können jetzt anfangen, Nikolaj. Es ist wichtig, daß Sie meine Fragen ehrlich und so genau wie möglich beantworten. Wenn Ihnen nichts einfällt, versuchen Sie nicht, sich etwas auszudenken. Unser Erfolg hängt nicht davon ab, wie viele Fragen Sie beantworten. Er hängt von etwas anderem ab. Und wir müssen nicht darüber sprechen, was das ist, sondern wir können darauf vertrauen in dem Wissen, daß es bereits gegenwärtig und für uns wahr ist und daß wir uns davon führen lassen können.« Meine Rede war absichtlich etwas obskur, denn ich mußte Nikolajs Gedanken verwirren, um für meine Worte einen Zugang zu seinem Unbewußten zu schaffen.

Nikolaj schloß die Augen, seine Gesichtsmuskeln entspannten sich, während ich zu ihm sprach und meine Stimme tiefer und tiefer und mit jedem Wort langsamer und leiser werden ließ.

»Ich werde Ihrem Körper jetzt eine Frage stellen, die Sie nicht zu beantworten brauchen, Nikolaj. Sie müssen nicht einmal zuhören. Ich brauche von Ihrem Körper eine Zusage, daß er dazu beitragen wird, Sie während unserer Arbeit vor Streß zu schützen. Ich spreche jetzt direkt mit Ihrem Körper und bitte ihn, zu Ihrem Schutz mit uns zusammenzuarbeiten. Und ich warte auf eine Antwort.« Seine linke Hand zitterte ein wenig, und aus Erfahrung wußte ich, daß das ein Zeichen der Zustimmung war.

»Danke«, erwiderte ich daraufhin.

Dann fuhr ich fort: »Nikolaj, in der Vergangenheit habe ich oft versucht, mich an etwas Wichtiges zu erinnern, dann aber festgestellt, daß es mir nicht gelang. Je mehr ich mich konzentrierte, desto weniger zugänglich wurde mein Gedächtnis, und ich versuchte es immer wieder, bis ich völlig erschöpft war. Dann gab ich auf und entspannte mich. Kurz darauf tauchte das Bild, das ich suchte, aus dem Unbewußten auf. Dieses Phänomen brachte mich dazu, die Kraft des Unbewußten zu verstehen und zu erkennen, daß es hilfreich sein kann, wenn wir lernen, mit ihm in Verbindung zu treten.

Wenn ich jetzt mit Ihnen spreche, verstehen Sie manches vielleicht nicht. Machen Sie sich deswegen keine Sorgen. Es ist nicht nötig, daß Ihr Bewußtsein die Bedeutung meiner Worte versteht, stören Sie daher den ruhigen und entspannten Zustand, der sich in Ihrem Geist und in Ihrem Körper ausbreitet, nicht mit dem Versuch verstehen zu wollen. Ihr Unbewußtes wird verstehen. Ich möchte die Unterstützung der Kraft gewinnen, die zu Ihnen gesprochen hat, um Ihnen etwas Wichtiges zu erschließen. Das ergibt für Sie im Moment vielleicht noch keinen Sinn, aber ich will Ihnen helfen zu verstehen.

Erinnern Sie sich an das letzte Mal, als Sie die Stimme Ihres Onkels hörten? Antworten Sie bitte mit ›ja‹, indem

Sie die linke Hand bewegen, oder mit ›nein‹, indem Sie die rechte bewegen. War es am Montag?«

Nikolajs rechte Hand bewegte sich schwach. »Dienstag?« Nein. »Mittwoch ...«

Als ich bei Freitag ankam, bewegte sich seine linke Hand. »Versetzen Sie sich an den Ort, wo es passierte. Ist es dunkel dort, wo Sie sind?«

Nein.

»Sie befinden sich an einem gut beleuchteten Ort. Ich glaube, es ist Ihr Arbeitsplatz. Sie sprechen mit einem Kollegen.« Aufmerksam beobachtete ich die Reaktion seiner Linken und fuhr fort, wenn sie sich zustimmend bewegte. »Jetzt ist der Zeitpunkt gekommen, gleich wird Ihr Onkel sprechen. Sie können ruhig und entspannt bleiben, denn wir haben diese Erfahrung unter Kontrolle, und es kann nichts Schlimmes passieren.

Sie sind in Ihrer Erinnerung an dem Punkt angelangt, an dem Sie die Stimme Ihres Onkels hören können. Niemand an Ihrem Arbeitsplatz bemerkt etwas. Die Kollegen, mit denen Sie gerade gesprochen haben, gehen fort, lösen sich in Nichts auf. Ihre Aufmerksamkeit wandert von den Kollegen zur Stimme Ihres Onkels.«

Seine Gesichtsmuskeln spannten sich an. Er atmete tiefer und schneller. Ich beugte mich vor, legte meine Hand auf seine Brust und sagte: »Meine Hand atmet jetzt zusammen mit Ihren Lungen, und wir können diesen Rhythmus langsamer werden lassen, langsam und ruhig – ganz allmählich, gemeinsam.«

Er beruhigte sich und sagte leise, fast flüsternd: »Ich höre ihn ...«

»Hören Sie auf alles, was seine Stimme zu Ihnen sagt. Seien Sie ruhig, und lassen Sie sich nicht einschüchtern. Meine Hand ist hier bei Ihrem Atem, und Sie können Hilfe von mir bekommen oder aufhören, wann Sie wollen. Aber Sie werden nicht aufhören müssen, denn Sie sind sicher und geborgen.«

Nikolaj sprach leise: »Jetzt macht er mir keine angst mehr. Er ist anders als früher.«

»Hören Sie auf zu sprechen, Nikolaj. Sie sind nicht zum Reden hier. Sie sind hergekommen, um zuzuhören. Tun Sie das jetzt. Ich weiß zu schätzen, was Sie mir sagen, aber jetzt ist nicht der richtige Zeitpunkt dafür. Das machen wir später. Versuchen Sie im Moment nur, sich alles zu merken, was Ihr Onkel sagt, und seien Sie offen dafür.«

Eine halbe Stunde lang stand ich über den jungen Mann im Liegesessel gebeugt, mit meiner Hand auf seiner Brust. Es war ziemlich dunkel im Raum, aber ich konnte sein Gesicht sehen. Er war entspannt, und zuerst schien es, als würde er schlafen. Allmählich, als er begann, seine Erinnerung noch einmal zu durchleben, wurde sein Mienenspiel aktiver. Seine Augen bewegten sich schnell unter den geschlossenen Lidern. Zweifellos sah er intensive Bilder. Alle Gefühle, die er durchlebte, spiegelten sich in seinen Zügen; zu Anfang sah ich ihn staunen, entdeckte Neugier in seinem Gesicht; dann tiefe Traurigkeit, und ich dachte, daß er vielleicht anfangen würde zu weinen. Ich spürte, daß er sehr weit fort war und in seiner Erinnerung etwas Wichtiges durchlebte. Ich steuerte seinen Atem mit meiner Hand, verlangsamte ihn und war darauf vorbereitet, ihn zu wecken, wenn sein emotionaler Zustand mir gefährlich erscheinen sollte. Sonst würde ich ihn von selbst zurückkehren lassen, wenn er fertig war.

Schließlich atmete er lange und tief ein und erklärte: »Ich habe meine Reise beendet und bin jetzt bereit, zurückzukommen.«

Seine Stimme klang kraftvoller und selbstsicherer als zuvor. Ich sprach wieder mit ihm.

»Jetzt bitte ich Sie, mir aufmerksam zuzuhören, Nikolaj. Stück für Stück werden Sie sich daran erinnern, wie wir uns heute Nachmittag kennengelernt haben, als Sie ins Krankenhaus kamen. Sie werden sich jetzt wahrscheinlich ganz anders fühlen, weil Sie eine neue Erinnerung in sich tragen. Wenn Sie von Ihrer Reise zurückkehren und wieder in mein Büro kommen, werden Sie diese Veränderungen bemerken. Dann werden Sie sich daran erinnern, was mit Ihnen geschehen ist, und Sie werden mir davon erzählen. Wenn ich jetzt meine Hand von Ihrer Brust nehme, öffnen Sie die Augen und sind wieder ganz hier.«

Ich bemerkte, daß seine linke Hand die Armlehne umklammerte, und ich berührte sie sanft, um ihm zu helfen, sich zu entspannen. Ich trat zur Wand, schaltete das Deckenlicht ein und drückte den Knopf, um die Schwester hereinzurufen. Die roten Lampen schalteten sich automatisch aus.

Jetzt konnte ich die Gemälde sehen, die die Sibirische Galerie der Schönen Künste dem Krankenhaus geschenkt hatte. Es erschien mir immer wie ein kleines Wunder, daß so herrliche Bilder ihren Weg ausgerechnet hierher gefunden hatten.

Ein paar schöne Landschaften hingen an den Wänden, aber mein Lieblingsbild war das in Öl gemalte Porträt einer jungen Frau, deren Haar in der Mitte gescheitelt war und die prunkvolle spitzengesäumte Kleidung aus einem vergangenen Jahrhundert trug. Sie hatte ein freundliches, beruhigendes Gesicht, und wenn ich hier arbeitete, hatte ich bisweilen das Gefühl, daß sie mich bei meiner Arbeit unterstützte.

Die Krankenschwester half Nikolaj aufzustehen und

seine Jacke anzuziehen. Ich warf mir meinen Pelzmantel über die Schultern und machte mich auf den Weg zurück in mein Büro. Ich war recht zufrieden mit der Sitzung. Sie war sehr gut verlaufen, und ich hielt es für richtig, daß ich versucht hatte, Nikolajs inneren Konflikt ohne pharmazeutische Mittel zu lösen. Ich hoffte, daß dieses Erlebnis sich als das erweisen würde, was er brauchte, um diese Familienbeziehung zu klären, die ihm so mythologisch-religiös erschienen war.

Nikolaj sah ernst und irgendwie verändert aus, als er mein Büro betrat. Ein Teil seiner Verwandlung bestand darin, daß er jetzt völlig entspannt wirkte, so als würde er sich nicht mehr so viel aus seiner äußeren Erscheinung machen. Er hatte seine Krawatte in der Hand und saß gelassen auf demselben Stuhl, auf dem er vorher so nervös herumgerutscht war.

»Ich möchte Ihnen für Ihre Hilfe danken. Ich habe eine sehr wichtige Botschaft bekommen. Sie hat viel an meiner Einstellung verändert.«

Ich hörte aufmerksam zu und merkte gleichzeitig, wie mein Selbstwertgefühl wuchs. Mir kam der Gedanke, daß ich mich als Therapeutin glücklich schätzen konnte, solche Worte so oft von meinen Patienten zu hören.

»Es freut mich, daß ich Ihnen helfen konnte. Ich hoffe, daß Ihr Leben dadurch leichter wird und Ihnen gelingt, was Sie vorhaben.«

»Aber alles hat sich verändert, Frau Doktor. Ich glaube, ich muß Schamane werden.«

Ich war fassungslos. Erstarrt saß ich auf meinem Stuhl und versuchte, mit keiner Regung meinen inneren Aufruhr zu verraten, während ich ihm zuhörte. Doch mein Selbstwertgefühl sank tiefer und tiefer, es verwandelte sich in Beschämung. Wie hatte ich das geschehen lassen können? Dieser Mann war zu mir gekommen, weil er Hilfe suchte, doch ich hatte mich unprofessionell verhalten und seine Wahnvorstellungen nur verstärkt. Ich hatte ihn im Stich gelassen, und plötzlich tat es mir für uns beide leid.

Nikolaj begann zu erklären: »Ich habe wirklich mit meinem Onkel kommuniziert. Ich hatte überhaupt nicht das Gefühl, daß er gestorben war. Er schien durch und durch lebendig zu sein, und er sprach mit mir wie ein normaler Mensch. Er diskutierte mit mir, und ich merkte, daß ich dem, was er sagte, in keinem Punkt etwas entgegenzusetzen hatte. Am Ende überredete er mich.

Ich weiß nicht wie, aber er führte mir die vollständige Geschichte unseres Volkes vor Augen, so, wie ich sie noch nie betrachtet hatte. Mir wurde klar, wie schwer es für die Angehörigen meines Volkes ist, in Sibirien zu leben. Ich sah, wie sie unter dem ungeheuren Druck von außen und unter dem Einfluß böser Geister aus den eigenen Reihen ihre Religion und ihre Kraft verloren. Ich sah ein paar von meinen Freunden, die sich zum Kommunismus bekennen mußten, um Arbeit zu finden. Ich sah, wie ihre Seelen sie verließen und wie sie zu Werkzeugen des Bösen wurden.

Immer wieder ging ich mit meinem Volk auf die Reise, von Winter zu Winter, ohne Hoffnung, ohne Freude, ständig voller Furcht. Sie hatten sogar Angst, still zu ihren Ahnen und Beschützern zu beten, denn sie liefen Gefahr, ins Gefängnis gesteckt zu werden, wenn jemand es bemerkte. Frau Doktor, diese Vision, die Sie mir ermöglicht haben, hat etwas in mir geöffnet, das mir bisher verschlossen war. Jetzt habe ich einen Zugang dazu.

Mein Onkel hat mir keine Wahl gelassen. Er hat gesagt, daß ich unbedingt Schamane werden muß. Wenn ich das nicht tue, wird meine Krankheit furchtbar werden. Er sagt, daß ich der Einzige bin, der dazu in der Lage ist, und daß dann die Zeit des verlorenen Glaubens für mein Volk enden wird. Es ist meine Bestimmung, für mein Volk auf dieses Ziel hinzuarbeiten. Ich weiß immer noch nicht, was ich davon halten soll. Ich weiß nichts darüber, was es heißt, ein Schamane zu sein. Aber gleichzeitig spüre ich, daß es die richtige Lebensweise für mich ist. Ich werde Zeit brauchen, um genau zu erkennen, was meine Aufgabe ist.«

Es war seltsam, daß mir seine Worte nicht angst machten, denn sie waren sehr gefährlich. Noch in nicht allzu ferner Vergangenheit hätten wir dafür beide ins Gefängnis kommen können. Selbst jetzt, im Zeitalter von Perestrojka und Neuem Denken, konnten wir immer noch in große Schwierigkeiten geraten, wenn seine Worte dem Falschen zu Ohren kamen.

Aber ich hatte keine Angst. Ich merkte, daß ich mit vielem von dem, was er erzählte, etwas anfangen konnte. Ich wußte nicht viel über die Unterdrückung der verschiedenen Volksgruppen, aber ich wußte, was es hieß, seinen Glauben verleugnen zu müssen. Meine Großmutter in Kursk hatte mich heimlich in der russisch-orthodoxen Kirche taufen lassen, und ich war oft damit konfrontiert gewesen, daß ich der starken Anziehungskraft, die die Lehren Jesu Christi auf mich ausübten, keinen Ausdruck verleihen durfte. Mein Alltagsleben bot mir keine Gelegenheit, zur Kirche zu gehen oder mich mit frommen Menschen zu unterhalten. Niemandem war es gestattet, religiöse oder esoterische Literatur irgendwelcher Art, auch nicht die Bibel, zu besitzen. Hielt man sich nicht daran, brachte man die Sicherheit des eigenen Zuhauses in Gefahr.

Während ich Nikolajs starke Gefühle mitempfand, veränderten sich meine eigenen. Es ging mir nicht mehr darum, an Nikolajs Behandlung meine ärztlichen Fähigkeiten zu beweisen. Ich spürte, daß etwas Bedeutsames geschehen war, und alles, was ich mir wünschte, war, es zu verstehen.

Nikolaj unterbrach meine Gedanken, indem er sagte: »Mein Onkel hat mich gebeten, Ihnen eine Botschaft zu übermitteln.«

Der Gedanke erschien mir so verrückt, daß ich nicht antwortete.

»Mamusch hat zu mir gesagt: ›Sage dieser Frau, daß sie sehr bald dem Geist des Todes begegnen wird. Sag' ihr, daß sie keine Angst haben soll.‹«

Diese Botschaft gefiel mir überhaupt nicht. Für Weissagungen hatte ich noch nie etwas übrig gehabt, und schon gar nicht für so schreckliche wie diese. Ich starrte auf Nikolajs Kleidung. Auch wenn sein Hemd inzwischen oben aufgeknöpft war und er keine Krawatte mehr trug, half mir dieser Anblick, mich daran zu erinnern, daß er kein Orakel war, sondern nur ein Fabrikarbeiter, der mit meiner Freundin befreundet war.

Meine Erfahrung sagte mir, daß unsere Sitzung im Grunde vorbei war, und außerdem fiel mir ein, daß ich mich noch um die neu eingelieferte Patientin kümmern mußte. Ich beschloß, das Gespräch mit Nikolaj schnell zu beenden. »Von einer Botschaft Ihres Onkels weiß ich nichts, Nikolaj, aber ich möchte Ihnen Erfolg wünschen, wozu auch immer Sie sich entschließen. Ich bin überzeugt, daß Sie in der Lage sind, die richtigen Entscheidungen zu treffen, aber wenn Sie weitere Hilfe brauchen, können Sie sich ruhig an mich wenden. Jetzt allerdings muß ich zu einem Notfall, der gerade eingewiesen worden ist.«

Nikolaj schien ebenfalls bereit zu sein, seinen Besuch zu beenden. »Ist gut, Frau Doktor«, erwiderte er. »Ich bedanke mich für Ihre Zeit und Ihre Hilfe. Vielleicht sehen wir uns wieder. Für heute verabschiede ich mich erst einmal.«

Sobald er mein Büro verlassen hatte, durchquerte ich eilig das kleine Zimmer, um das Fenster zu schließen, durch das immer noch eiskalte Luft hereinströmte. Einen Augenblick lang stand ich still am Fenster und sah auf das Krankenhausgelände hinunter. Meine Sitzung mit Nikolaj war ungewöhnlich gewesen, und ich würde Zeit brauchen, um sie zu verstehen und in meine bisherigen Erfahrungen einzuordnen. Ich beobachtete Nikolaj, wie er über das Gelände zur Bushaltestelle ging. Seine schnellen und entschiedenen Schritte deuteten auf einen Mann hin, der sich seiner Sache sicher war. Ich schloß das Fenster wieder mit der Stange, an deren einem Ende sich der von ›Gott‹ geschnitzte Menschenkopf befand.

3. Kapitel

Ich war für die Behandlung von zehn Patientinnen auf der Frauenstation verantwortlich, und es gehörte zu meinen Pflichten, jeder von ihnen alle zwei Tage einen Besuch abzustatten. Ich konnte mich nie entscheiden, ob ich lieber mit Frauen oder mit Männern arbeitete. Die Unterschiede waren immens.

Während meine männlichen Patienten oft interessante Menschen waren und manche im Rahmen der Arzt-Patient-Beziehung sogar zu Freunden wurden, gab es unter ihnen auch viele Kriminelle, deren Geisteszustand ausführlich beurteilt und in langen Berichten für das Gericht zusammengefaßt werden mußte. Das erforderte unverhältnismäßig viel bürokratische Schreibarbeit, die mir noch nie Spaß gemacht hatte. Obwohl ich die Notwendigkeit einsah, ärgerte ich mich darüber, daß dieser Papierkram mir viel Zeit raubte, die ich lieber mit meinen Patienten verbracht hätte.

Bei Frauen war die Abwicklung einfacher, aber meine natürliche Neigung, sie als Ehefrauen und Mütter zu sehen und mich in sie hineinzuversetzen, erschwerte es mir, den beruflich notwendigen inneren Abstand zu gewinnen. Ich merkte, daß die Arbeit mit Frauen meine innere Harmonie viel stärker bedrohte und ein viel stabileres emotionales Gleichgewicht erforderte.

Als ich die Frauenstation betrat, rief eine meiner Patientinnen nach mir. Sie hatte gerade ein Foto von ihrer Tochter aus dem Waisenhaus erhalten, in dem das Kind lebte, und ich sollte sehen, wie schön ihr kleines Mädchen war. Sie selbst war wahrscheinlich früher genauso schön gewesen, bevor die Krankheit ihr Zerstörungswerk begonnen hatte. Ich bedankte mich bei der Patientin und sagte ihr, daß ich mir das Foto später genauer ansehen würde, denn heute hätte ich viel zu tun.

Auf dem Flur der Station standen die Frauen für ihre tägliche Medikamentenration an, sie trugen langweilige, düstere Baumwollkleider, die von Patientin zu Patientin weitergegeben wurden, Jahr für Jahr. Die Krankenschwester gab jeder Frau die verordneten Pillen und achtete darauf, daß alles geschluckt wurde. Viele Patientinnen wollten nicht glauben, daß sie krank waren, und versuchten die Medikamente zu verstecken, anstatt sie einzunehmen. Die Schwester durfte sie keinen Moment aus den Augen lassen, und gelegentlich schrie sie die Frauen an, sie sollten sich beeilen oder den Mund weiter öffnen, damit sie nachkontrollieren und sich dann um die nächste Patientin kümmern konnte.

Einige Langzeitpatientinnen lagen auf ihren Betten im Gang. Es war normal, daß das Krankenhaus überfüllt war. Während ich durch den Flur ging, wollte mir fast jede Patientin etwas sagen. Ich begrüßte sie alle, konnte aber aus Zeitmangel leider nicht stehenbleiben, um mit ihnen zu sprechen. Mein Arbeitstag war fast vorüber, und ich wußte nicht, wie lange mich die neue Patientin in Anspruch nehmen würde.

Als ich mich der Notaufnahme näherte, hörte ich Geschrei von der Station, auf der die gewalttätigen Patientinnen untergebracht waren. »Ich weiß, wer du bist! Niemand weiß das außer mir! Aber ich weiß, wer sich hinter der Ärztin verbirgt!«

Die Frau, die so herumschrie, war noch sehr jung, trotzdem war sie eine der Patientinnen, die mit am längsten bei uns waren. Seit ihrer Kindheit war sie krank, und sie wurde mindestens zweimal im Jahr in die Klinik eingeliefert. Erst vor wenigen Tagen war sie wiedergekommen. Ich hatte sie noch nicht gesehen, weil ein anderer Arzt sie behandelte. Ich wußte, daß sie wieder schwanger war, vermutlich, weil sie die bedauerliche Angewohnheit besaß, sich auf Bahnhöfen herumzutreiben. Der Arzt, der sie behandelte, hatte beschlossen, die Schwangerschaft ohne ihre Zustimmung abzubrechen, nicht zum erstenmal in ihrem pathologisch gestörten Leben. Es bestand keine Aussicht, daß sie jemals in der Lage sein würde, ein Kind großzuziehen.

Wenn geisteskranke Frauen bereits Mütter waren, wurde das Sorgerecht für die Kinder normalerweise einer der Jugendhilfeorganisationen übertragen. Immer, wenn so etwas veranlaßt werden mußte, versuchte ich, mich davon emotional zu distanzieren, aber es gelang mir nicht immer. Ich dachte dann oft an eine meiner früheren Patientinnen, die wie ich Olga geheißen hatte. Wenn sie geistig in normaler Verfassung war, war sie eine engagierte, liebevolle Mutter. Sie hatte ein sanftes, schönes, sehr weibliches Gesicht, und es war immer schwer, sie sich als das schreckliche, destruktive Wesen vorzustellen, in das sie sich in ihren psychotischen Phasen verwandelte. Während ihrer psychotischen Schübe bestand durchaus die Gefahr, daß sie ihre Kinder verhungern ließ oder sie zu Tode prügelte, wenn sie auf die Stimmen in ihrem wahnsinnigen Hirn hörte.

Ihre beiden Kinder, ein vierjähriger Junge und ein neunjähriges Mädchen, waren ihr vom Gericht fortgenommen worden, eine Entscheidung, die auf dem Gutachten einer psychiatrischen Kommission beruhte. Danach saß meine Patientin in einer Ecke auf dem Stationsflur und weinte still vor sich hin. Ich hatte der Kommission angehört, und obwohl ich vollkommen überzeugt war, daß unsere Entscheidung richtig gewesen war, konnte ich mich der Schuldgefühle nicht erwehren, die mich immer peinigten, wenn ich Olga so verzweifelt in ihrer Ecke weinen sah.

Ich ging zur Station der gewalttätigen Patientinnen und sah durch das Fenster der halbverglasten Eingangstür die schreiende junge Frau. Sie stand auf der anderen Seite der Tür und klammerte sich mit beiden Händen oben an der Kante fest. Ihr kurzes schwarzes Haar war zerzaust. Ihre großen dunklen Augen hatten einen kranken Glanz. Sie hatte sich Lippen und Wangen mit einem leuchtendroten Lippenstift bemalt und wirkte erregt und außer sich. Ich hatte sie in der Vergangenheit mehrmals behandelt und wußte deshalb, daß sie nicht gefährlich war. »Katja! Ich möchte, daß du dich beruhigst. Du brauchst hier nicht so herumzuschreien.« Sofort wurde sie passiv und lächelte mich ironisch an, während sie sich in die Ecke des Zimmers neben ihr Bett zurückzog. Dort drehte sie sich um und hatte das letzte Wort:

»Na gut, Frau Doktor. Spielen wir Verstecken. Aber ich weiß, wer Sie sind.«

Die neue Patientin, wegen der ich gekommen war, lag in unserer Notaufnahme. Drei Krankenschwestern umringten ihr Bett und versperrten mir die Sicht, als ich eintrat. Sie war bereits an eine Infusionsflasche angeschlossen, die über ihr hing.

»Wie geht's, Frau Doktor?« fragte eine Schwester, als sie zur Seite trat, um mich zu der Patientin zu lassen.

»Guten Abend. Wie geht es ihr?«

»Frau Doktor, sie stirbt«, sagte eine fremde Stimme. Ich wandte mich um und sah einen Mann, der sich in der Zimmerecke aus der Hocke erhob. Er war groß und schlank und hatte offensichtlich mehrere Tage lang nicht geschlafen. Sein Gesicht war blaß, mit dunkelgelben Ringen um die Augen. Er war glattrasiert und trug einen Anzug, aber sein gepflegtes Äußeres konnte seine Angst und seine Qual nicht verbergen.

Eine der Krankenschwestern beeilte sich, mir flüsternd die Situation zu erklären. »Bitte nehmen Sie es uns nicht übel, Frau Doktor, daß wir ihm erlaubt haben dazubleiben.« Es gab eine Vorschrift, die Verwandten den Zutritt zur Notaufnahme untersagte, und sie wurde selten verletzt. »Er hat uns angefleht, bleiben zu dürfen, und er war so verzweifelt, daß wir es ihm nicht verweigern konnten.«

»Würden Sie bitte in meinem Büro warten?« fragte ich ihn. Seinem bekümmerten Gesicht war abzulesen, daß es ihm widerstrebte, das Zimmer zu verlassen. Er litt sehr und schien den Tränen nahe zu sein.

»Bitte, Frau Doktor«, flehte er mich an. »Erlauben Sie mir hierzubleiben. Sie stirbt ...«

»Das glaube ich nicht. Ich muß Ihre – ist sie Ihre Frau? – untersuchen.«

»Ja, sie ist meine Frau.«

»Ich muß Ihre Frau untersuchen, und dann unterhalten wir uns. Bitte, warten Sie in meinem Büro auf mich.«

Ich war erleichtert, als er ohne weitere Diskussion einwilligte, und bat eine der Schwestern, ihn zu begleiten.

Jetzt konnte ich meine Aufmerksamkeit ganz der Frau

zuwenden. Mein erster Eindruck war besorgniserregend. Von ihr war nicht viel mehr übrig als ein Skelett, das von schlaffer gelber Haut überzogen war. Ihre geschlossenen Augen lagen tief in den Höhlen. Ihr Atem ging flach und schnell. Neben dem Schlüsselbein steckte eine große Nadel in ihrer Haut, und die flüssige Nahrung tropfte langsam aus der Flasche über ihrem Kopf in einen durchsichtigen Schlauch in ihren Körper. Im Laufe der nächsten drei oder vier Tage sollte der ausgezehrte Körper durch diese Infusion einen Teil seiner Lebenskraft zurückerhalten. Die Patientin lag regungslos da, aber ich spürte, daß sie bei Bewußtsein war und ihre Umgebung wahrnahm.

Ich trat näher an ihr Bett und nahm ihre Hand. Sie war heiß und trocken. Ihr Puls war etwas höher als normal, abgesehen davon aber stark und rhythmisch. Ich untersuchte sie. Von ihrer physischen Erschöpfung durch die Unterernährung abgesehen, schien keine Lebensgefahr für sie zu bestehen. Ihre Organe wirkten so kräftig, daß sie bei sorgfältiger Behandlung wieder völlig genesen würde.

»Ich weiß, daß Sie mich hören können«, sagte ich zu ihr, während ich ihre Hand berührte. »Und ich bin sicher, daß es Ihnen bald viel besser gehen wird. Wir werden unser Bestes tun, um Ihnen zu helfen.«

Die Patientin reagierte, indem sie die Augen aufschlug und mit erschreckender Feindseligkeit zu mir emporsah. Ihre Augen waren von einem schönen tiefen Blau, doch sie blickten so haßerfüllt, daß ihr Gesicht zu einer Grimasse verzerrt war. Sie sagte kein Wort. Lange Zeit sah sie mich einfach nur an, und aus ihren Augen traf mich dieser Blick, der aus einer anderen Welt zu kommen schien. Es war kein menschlicher Blick, sondern wieder einmal ein Aufflackern der Krankheit, die meine Patienten vom Hellen ins Dunkel, vom Leben in die Nichtexistenz stürzte. Mir war die körperliche Berührung mit ihr unangenehm geworden, und ich zog meine Hand schnell zurück, als sie die Augen schloß.

Die Medikamente, die der diensthabende Arzt ihr verordnet hatte, schienen mir angemessen, daher wies ich die Krankenschwestern an, die Medikation beizubehalten.

Auf dieser Station teilte ich das Büro mit einem anderen Psychiater, der heute bereits gegangen war. Sein Büro war größer und nicht so gemütlich wie mein eigenes auf der Männerstation. In diesem Raum saß der Ehemann meiner neuen Patientin, als ich eintrat, und es schien, als befände er sich in tiefer Trance. Er starrte unverwandt auf ein Bild in einem kleinen, dunklen Holzrahmen, das er so in Händen hielt, daß ich es nicht sehen konnte.

Angesichts seines Kummers begann ich das Gespräch, indem ich sein verzweifeltes Bedürfnis ansprach, an der Seite seiner Frau zu bleiben. Wir trafen Vorkehrungen, damit er die Nacht bei ihr in der Notaufnahme verbringen konnte.

Er bedankte sich und bat mich dann, mir das Bild anzusehen. »Ich möchte gern, daß Sie das Bild aus der Zeit vor ihrer Krankheit sehen«, erklärte er. »Vielleicht hilft es, wenn ich Ihnen von meiner Ehe mit dieser Frau erzähle, die ich mehr als alles andere in meinem Leben liebe.«

Ich nahm das Bild entgegen, während er schnell weitersprach. Er redete ohne Pause, in einem langen, scheinbar nie endenden Atemzug. Er erzählte mir von Dingen, über die er vermutlich noch nie gesprochen hatte und die ihm bis dahin vielleicht nicht einmal selbst ganz klar gewesen waren. Er redete immer weiter, aus jener extremen emotionalen Verfassung heraus, in der Selbstreflexion und Stolz, die sonst hemmend wirken, vollkommen vergessen sind. Es war, als wäre er von einer Strömung ergriffen, die Menschen nur wenige Male im Leben mit sich reißt.

»Wissen Sie, meine Kollegen machen sich meistens über mich lustig. Weil ich eine verrückte Frau habe. Klar. Sie fragen mich nie nach ihr, sagen nie etwas Beleidigendes, aber ich spüre tagtäglich ihre Einstellung. Zum Glück bin ich ein ausgezeichneter Mathematiker und genieße ein gewisses Ansehen. Ich bin Leiter eines großen Labors, und ich liebe meine Arbeit. Die einzigen Dinge, die mir im Leben wichtig sind, sind meine Frau und meine Arbeit.

Als wir jung waren und sie noch gesund war, hatten wir eine herrliche Zeit zusammen. Wir nannten es Liebe, aber inzwischen sehe ich das anders. Ich glaube, Liebe ist etwas ganz anderes als die Anziehungskraft der Jugend. Letztere vergeht so schnell, aber Liebe ist etwas, das wir uns ewig bewahren können. Während der vielen Jahre ihrer Krankheit habe ich nie mit ihr darüber gesprochen, aber ich weiß, daß sie mich nicht geliebt hat. Ich glaube sogar, daß sie mich irgendwann gehaßt hat. Sie hat immer wieder versucht, sich umzubringen, auf jede nur erdenkliche Art.

Die Ärzte haben mir gesagt, daß ihr diese Selbstmordversuche von Stimmen in ihrem Kopf eingeredet werden, aber ich glaube, es war ihr eigener Wille. Ich verstehe nichts davon. Sie sind die Expertin. Vielleicht haben Sie eine wissenschaftliche Erklärung für mich. Ich glaube einfach, daß meine Frau sich an irgendeinem Punkt gegen das Leben entschieden hat und daß sie versucht, diese Entscheidung mit unüberwindbarer Energie in die Tat umzusetzen.«

Eine hübsche, junge blonde Frau sah mich aus der alten Fotografie an. Sie hatte eine altmodisch hoch aufgetürmte Frisur und trug ein weit ausgeschnittenes Kleid, das ihren schönen Hals frei ließ. Sie sah aus wie ein Filmstar aus den sechziger Jahren. Die einzige entfernte Ähnlichkeit zwischen dieser Frau und dem Skelett in der Notaufnahme bestand in der leuchtend blauen Energie, die die Augen ausstrahlten, auf dem Foto fehlte allerdings die kalte Wut in ihrem Blick.

»Iwan Sergejewitsch!« sagte ich unwillkürlich. »Warum sind Sie nicht eher in die Klinik gekommen? Ihre Frau hat über einen Monat nichts gegessen, aber Sie haben keine Hilfe geholt. Warum nicht?«

»Es war ihr Wunsch.« Er sprach jetzt sehr leise. »Sie hat mir nicht erlaubt, Hilfe zu holen. Sie wollte sterben.«

»Warum haben Sie sie dann jetzt doch noch hergebracht? Warum haben Sie sie nicht zu Hause sterben lassen?«

»Es tut mir sehr leid, Frau Doktor. Sehr leid. Ich hätte nicht so lange warten sollen, und ich sehe ein, daß ich an ihrem Zustand schuld bin. Es ist mir immer schwergefallen, gegen ihren Willen zu handeln. Es tut mir wirklich leid.« Iwan wirkte, als würde er gleich zusammenbrechen.

Ich hatte ein schlechtes Gewissen, weil ich diese Schuldgefühle bei ihm ausgelöst hatte, zumal ich nicht glaubte, daß sein Zögern sich als todbringend erweisen würde. Ich war sicher, daß seine Frau körperlich und vielleicht auch geistig bald wieder hergestellt wäre.

»Machen Sie sich keine Sorgen, Iwan Sergejewitsch. Ich bin sicher, daß Ihre Frau wieder gesund wird. Glücklicherweise haben wir alle notwendigen Medikamente auf der Station.«

Er machte sich nicht einmal die Mühe, so zu tun, als ob

er mir glaubte. Er stand auf, denn er hatte es eilig, zu seiner Frau zurückzukehren, und ich ließ ihn gehen.

Ich nahm alle relevanten Daten ihrer Krankheit und ihrer Behandlungsgeschichte in ihre Krankenhausakte auf. Es war ein langer anstrengender Tag gewesen, und ich freute mich auf mein Zuhause. Beim Verlassen der Station sah ich Iwan durch die offene Tür der Notaufnahme. Er war so mit seiner Frau beschäftigt, daß er mich überhaupt nicht bemerkte. Er drehte sie um und rieb ihren Rücken mit einem alkoholgetränkten Wattebausch ab, um das Wundliegen zu verhindern. Er wußte, wie sie zu betreuen war, und das wäre während ihres Aufenthaltes eine große Hilfe für unser Pflegepersonal.

Wie immer stand mein Heimweg in einem angenehmen Kontrast zu meiner morgendlichen Busfahrt. Das Krankenhaus war eine der ersten Haltestellen, und ich konnte mir in dem fast leeren Bus einen Sitzplatz aussuchen. Wie so häufig schaukelte mich die geruhsame Fahrt durch die Landschaft am Ende eines langen Arbeitstages schnell in den Schlaf.

Bald darauf ging ich denselben Weg, den ich am Morgen gekommen war, zurück zu meiner kleinen Einzimmerwohnung und kochte mir ein einfaches Abendessen, bestehend aus Bratkartoffeln und einem Stück Fisch aus unserem Fluß Ob, das ich einem der Fischer, die mich jeden Morgen im Bus begleiteten, auf dem Markt abgekauft hatte. Ich hätte zu dem Fisch und den Kartoffeln gern noch Gemüse gegessen, aber das war im Winter nicht erhältlich.

Nach meinem bescheidenen Mahl ging ich ins Bett und schlief schnell ein. Mitten in der Nacht erwachte ich plötzlich voller Angst aus einem Alptraum, der so intensiv gewesen war, daß er mir realer vorkam als meine

Wahrnehmung in wachem Zustand. Der Traum war so hartnäckig, daß er mich auch noch verfolgte, als ich mich im Bett aufgesetzt und das Licht angeknipst hatte. Noch immer konnte ich die kalte, ferne Stimme des unbekannten orientalischen Mannes hören, der mir erschienen war.

Wieder und wieder sagt er: »Ich will, daß du ihre Reise siehst!« Was er sagt, ergibt überhaupt keinen Sinn für mich, doch das bringt ihn nicht zum Schweigen. Dann verändert sich das Kräftefeld. Ich sehe eine Frau, meine neue Notfallpatientin, Iwans Frau. Ihre schöne weiße Gestalt steht in krassem Gegensatz zu dem beängstigenden, dunklen, leeren Raum, in dem sie schwebt. Sie bewegt sich langsam und anmutig und fliegt dabei höher und höher hinauf. Langsam wendet sie sich mir zu. Ihr Gesicht ist so schön wie früher. Ihr Körper ist normal und gesund mit einer lebendigen, fraulichen Figur, an der man keine Anzeichen von Krankheit erkennen kann.

Ich versuche dieser Vision zu entkommen, aber der Traum geht unaufhaltsam weiter. Der geheimnisvolle orientalische Mann steuert die Szenerie, die mit jedem Augenblick beängstigender wird. Jetzt sieht die Frau mich direkt an, ihr Blick ist triumphierend und höhnisch. Er hypnotisiert mich. Mir ist, als ob sie sich meines Willens bemächtigte.

»Sie ist eine ungewöhnliche, starke Frau«, sagt der Orientale mit heiserer Stimme. »Sie hat alles, was ihr aufgetragen war, ohne zu zögern und schnell getan. Sie hat getan, was alle hier tun, aber sie ist ehrlicher und tapferer als die meisten.«

Ich sehe zu, wie die Frau eine kniende Haltung einnimmt, einer großen weißen Gestalt zugewandt, die plötzlich über ihr erschienen ist. Ihr Gesicht nimmt einen ekstatischen, tranceähnlichen Ausdruck an. Jetzt sieht sie dem Foto aus ihrer Jugend sehr ähnlich. Die weiße Gestalt senkt sich langsam auf sie herab und bedeckt ihren jetzt auf dem Boden ausgestreckt liegenden Körper zur Gänze.

Das Gefühl, das beim Nacherleben dieser Vision entstand, war so intensiv, daß es allmählich den Einfluß, den der Traum auf mich hatte, verdrängte. Ich versuchte, mich so schnell wie möglich davon zu befreien. Um ganz wach zu werden und mich wieder unter Kontrolle zu bringen, wandte ich bewußt die stärksten Mittel an, die ich kannte. Ich führte mir vor Augen, daß alles nur ein Traum gewesen war und daß die Frau, die ich im Traum gesehen hatte, in Wirklichkeit in ihrem Krankenhausbett schlief, wo ich sie zurückgelassen hatte. Ich sagte mir, daß ich in letzter Zeit einfach zu erschöpft war und daß ich bald etwas dagegen würde unternehmen müssen.

Diese trickreichen Versuche, mich zu beruhigen, konnten meine Ängste allerdings nicht völlig vertreiben. Ich wurde das aus Faszination und Furcht gemischte Gefühl nicht los, das mich befallen hatte, als ich die eindrucksvolle Erscheinung der riesigen, fließenden weißen Gestalt sah, die meine Patientin bedeckt und verschlungen hatte.

Der Versuch, nach dem Traum noch einmal einzuschlafen, blieb ohne Erfolg. Ich konnte den Tagesanbruch kaum erwarten und nahm am Morgen den ersten Bus zur Arbeit. Ich wollte so schnell wie möglich die Arbeit im Krankenhaus wieder aufnehmen, denn ich hoffte, auf diese Weise die starken Widerhaken zu lockern, die der Traum in mein Bewußtsein getrieben hatte. Auf dem Weg in die

Klinik bemühte ich mich, nicht daran zu denken, und konzentrierte mich statt dessen darauf, in Gedanken wieder und wieder die Schritte bis zur Station zu gehen. Die Station wäre ein sicherer Hafen, wo sich mein Alptraum endlich verflüchtigen und ich meine normale, furchtlose Gemütsverfassung zurückgewinnen würde.

Endlich stand ich vor der Stationstür. Oben auf dem Treppenabsatz wandte ich mich zur Seite, öffnete die Tür und trat ein. Die ersten Atemzüge in dieser Luft mit ihrer vertrauten Geruchsmischung aus Urin, Schweiß und Medikamenten waren mir heute nahezu willkommen, sie signalisierten mir den Eintritt in meinen geregelten Arbeitsalltag. Gleich würde ich mit anderen Menschen zusammensein. Ich wäre gezwungen, meinen Verstand zu gebrauchen. Ich würde die Ärztin sein, die Psychiaterin, diejenige, die alles in der Hand hatte und für die seltsamen Stimmen und Bilder der Nacht unerreichbar war.

Es war sehr früh am Morgen. Meine Patientinnen schliefen noch in ihren Zimmern, und auf dem Gang brannte das blaue Nachtlicht. Alles war ruhig und friedlich und erschien mir nach meiner Aufregung fast unwirklich. Ich sah, daß die Tür zur Notaufnahme geschlossen war. Vielleicht hatte der arme Iwan während der Nacht ein wenig Schlaf gefunden.

Während ich zwischen meinen schlafenden Patientinnen entlangging, deren Gesichter sogar im Traum von den Krankheiten gezeichnet waren, war ich sehr erleichtert. Ich war auf meiner vertrauten Station. Alles war normal und unter Kontrolle.

Die diensthabende Schwester saß in ihrem Büro und schrieb ihren Bericht. Ich überlegte, wie ich ihr mein frühes Erscheinen erklären sollte. Da blickte sie auf, und ich sah sofort, daß sie ängstlich und bestürzt war.

»Frau Doktor! Warum hat man sie geweckt? Sie ist so unerwartet und so schnell gestorben! Ihre Leiche ist schon im Leichenkeller. Ich hatte sie gebeten, Sie nicht vor dem Morgen anzurufen. Es gibt für Sie nichts zu tun, was Sie nicht auch noch später erledigen können. Ach, Frau Doktor, es tut mir so leid, daß man sie geweckt hat.«

Ich lief zur Notaufnahme und stieß die Tür auf. Vor mir stand ein leeres Bett mit verknüllten Laken. Die Unordnung im Zimmer zeugte von den verzweifelten Versuchen der Nachtschicht, jemanden am Leben zu erhalten, der sterben wollte. Das Reanimationsgerät stand da, gebrauchte Spritzen, leere Pipetten lagen herum. Maschinen und moderne Medizin waren dem Geheimnis des Todes nicht gewachsen gewesen und hatten den Wettlauf verloren.

Verzweifelt klammerte ich mich an den Metallrahmen des Bettes, als die Schwester hinter mir eintrat. »Es kam völlig unerwartet. Zuerst eine Arrhythmie, dann ganz schnell Herzstillstand. Wir haben alles versucht, vergeblich. Ich verstehe das überhaupt nicht, Frau Doktor.«

Ich fühlte mich kraftlos und nickte nur, gedankenlos, um zu verstehen zu geben, daß ich ihre Worte gehört hatte. Ich wünschte mir, eine Weile in Ruhe gelassen zu werden, um meine Gedanken ordnen zu können. Ich verließ die Notaufnahme und machte mich langsam auf den Weg in mein Büro. Von dem, was um mich herum vor sich ging, nahm ich kaum etwas wahr. Ich schlug automatisch die richtige Richtung ein, wie jemand, der einen Weg schon tausendmal zurückgelegt hat.

Als ich mein Büro betrat, fragte eine Krankenschwester freundlich: »Frau Doktor, möchten Sie eine Tasse Kaffee?«

»Ja, bitte.« Eine Vase mit sieben Rosen stand auf meinem Schreibtisch. So schöne Blumen waren im Winter ungewöhnlich. In der nüchternen Umgebung meines Büros wirkten sie fehl am Platze.

»Ich habe etwas Zucker in das Wasser getan, damit die Blumen länger frisch bleiben«, sagte die Schwester, als sie mir die Tasse Kaffee brachte. »Sie sind von Iwan Sergejewitsch. Er ist zu einem Bestattungsunternehmen gefahren und mit diesen Blumen wiedergekommen. Er hat mich ausdrücklich gebeten, sie Ihnen zu geben. Können Sie sich vorstellen, wo er sie mitten im Winter aufgetrieben hat?«

Ich begriff, daß Iwan mir mit diesen Rosen sagte, daß er mir am Tod seiner Frau keine Schuld gab, trotzdem war ich von ihrem Tod noch zutiefst erschüttert. Meine merkwürdige Begegnung mit Nikolaj war gerade erst einen Tag her. Jetzt war ich nicht nur mit dem völlig unerwarteten Tod von Iwan Sergejewitschs Frau konfrontiert, sondern zusätzlich mit meinem geheimnisvollen und beängstigenden Traum, einer weiteren Dimension dieses Ereignisses. Den Obduktionsbefund der Frau erhielt ich ein paar Tage später, doch er erklärte nichts. Er enthielt keine plausible Todesursache, was mich sowohl erleichterte als auch erschreckte.

Es dauerte mehrere Wochen, bis diese Ereignisse allmählich in meiner Erinnerung verblaßten. Bis dahin füllte ich mein Leben mit den üblichen Alltagsangelegenheiten, die so überaus hilfreich sind, wenn es darum geht, unsere Zweifel und Traumata zu vergessen. Doch ich spürte, daß meine früheren Erfahrungen in der materiellen Welt – meine Ausbildung, mein rationaler Verstand – möglicherweise nicht alles waren, was das Leben ausmachte. Etwas Neues war hinzugetreten, aber ich konnte es nicht benennen. Es faszinierte mich, und es gefiel mir. Rational konnte ich es nicht erfassen, daher ließ ich es einfach existieren und versuchte, mein Leben so normal wie möglich weiterzuführen.

4. Kapitel

Wenige Wochen später rief Anna eines Tages an und lud mich für den Abend zu sich nach Hause ein. Obwohl wir uns mindestens zweimal in der Woche trafen, hatte ich bisher mit ihr noch nicht über Nikolaj gesprochen. Anna hatte einmal erwähnt, daß es ihm gut zu gehen schien und daß er mir sehr dankbar für meine Hilfe war.

Wir trafen uns gleich nach der Arbeit und saßen wie gewöhnlich auf dem alten, schmalen Sofa in ihrer Einzimmerwohnung. Ich blätterte in der neuesten Ausgabe einer Filmzeitschrift, las Kritiken über neue Filme und überlegte, ob wir heute abend nicht einmal ausgehen sollten, statt in der Wohnung zu sitzen und zu reden. Anna rauchte zuviel und schien nervös zu sein. Ich spürte, daß etwas sie bedrückte. Seit ein paar Monaten wußte ich, daß sie gesundheitliche Probleme hatte. Ihre Menstruation war schmerzhaft und unregelmäßig, mehrmals im Monat hatte sie Blutungen, und das schwächte sie. Anfangs hatte es nicht nach einer ernsthaften Störung ausgesehen, und ich war sicher gewesen, daß man sie schnell von ihren Beschwerden befreien würde. Wir stammten beide aus Arztfamilien, und ich wußte, daß ihre Eltern für sie Termine mit den besten Fachärzten der Stadt vereinbart hatten.

Schließlich sah Anna mich direkt an und sagte, die Ärzte hätten immer noch nicht herausgefunden, was ihr fehlte. Sie hatten ihr eröffnet, daß eine weitere Reihe von Tests notwendig sei und daß sie mit einer Behandlung erst dann beginnen könnten, wenn sie genau wüßten, worin ihr Problem bestand.

In der Zwischenzeit hatte sich Annas Zustand sichtlich verschlechtert. Sie war blaß und sah manchmal nahezu verhärmt aus, sie schenkte ihrem Aussehen keinerlei Beachtung mehr. Ihr kurzes Haar war ungekämmt, ihre hellblauen Augen wurden nicht wie sonst durch sorgfältig aufgetragenes Make-up betont, und ihre Haut wirkte unrein und ungesund. Sogar in den wenigen Tagen, in denen ich sie nicht gesehen hatte, hatte sich ihr Zustand verschlimmert. Sie sprach davon, wie unendlich müde sie war und wie schwer es ihr fiel, morgens aufzustehen und zur Arbeit zu gehen.

Ich konnte mir nicht vorstellen, daß Anna noch viel länger auf eine gezielte Behandlung warten wollte, daher empfahl ich ihr, schnell etwas zu unternehmen. Ich riet ihr, ins Krankenhaus zu gehen, wo sie nicht nur unter professioneller Beobachtung stehen würde, sondern sich auch richtig ausruhen könnte.

Anna war auch der Meinung, daß sofort etwas geschehen müßte, allerdings wollte sie nicht ins Krankenhaus. Sie fragte mich: »Erinnerst du dich an Nikolaj, den jungen Mann, den du mir zuliebe behandelt hast?«

Ich nickte. Selbstverständlich erinnerte ich mich an ihn.

Sie fuhr fort: »Vielleicht erinnerst du dich auch daran, daß er mein Nachbar ist. Gestern habe ich ihn auf der Treppe getroffen. Er hat mich gefragt, wie es mir geht, und ich habe ihm alles erzählt. Ich war sehr niedergeschlagen wegen meiner Beschwerden und ich glaube, er hat es gespürt. Er reist bald ab, um in sein Dorf im Altaigebirge zurückzukehren, und hat mich eingeladen, ihn zu begleiten. Er hat vorgeschlagen, daß ich mich dort um Heilung bemühe. Wahrscheinlich werden wir im April reisen, in ein paar Wochen, wenn der schlimmste Winter vorbei ist.

Jemand aus dem Altai hat ihm von einer Heilerin erzählt. Es heißt, sie könne jeden heilen. Ich verliere allmählich das Vertrauen in meine Ärzte und ich frage mich, ob diese Frau mir vielleicht helfen kann. Nikolaj hat mir erzählt, daß sie auch Geisteskranke geheilt hat, deswegen habe ich gedacht, daß du auch interessiert sein könntest. Vielleicht können wir ja zusammen hinfahren. Kommst du mit? Das wäre eine große Beruhigung für mich.«

Ich sah Anna überrascht an, als sie zu sprechen begann, und mit jedem Satz staunte ich mehr. Ins Altaigebirge zu fahren erschien mir verrückt. Ohnehin plante ich, meinen Urlaub im Sommer in der warmen Sonne am Schwarzen Meer zu verbringen, nicht im April in einem entlegenen sibirischen Dorf, das wahrscheinlich noch unter Eis und Schnee begraben lag. Ich sagte Anna, daß ich unter keinen Umständen mitfahren könnte, daß sie es aber tun sollte. Bestenfalls konnte die Frau ihr helfen. Schlimmstenfalls würde sie aus der Stadt herauskommen und mit einem Freund eine Reise machen.

Doch als wir dann über andere Dinge sprachen, merkte ich, daß der Gedanke an die Reise mich nicht mehr losließ. Zuinnerst spürte ich eine leise Sehnsucht, diese Frau kennenzulernen, die Menschen heilte. Je mehr ich mich bemühte, nicht mehr daran zu denken, desto öfter kehrten meine Gedanken zu dieser Idee zurück. Eine Stimme in meinem Inneren sagte mir, daß diese Einladung ins Altaigebirge eine Tür zum Verständnis der seltsamen, unerklärlichen Ereignisse sein könnte, die ich in der letzten Zeit erlebt hatte. Etwas Unbekanntes schien am Horizont meines Lebens aufzutauchen, und ich hatte mehr und mehr das Gefühl, daß ich es geschehen lassen mußte.

Es schien mehr als ein Zufall zu sein, daß bald darauf, während der traditionellen morgendlichen Teerunde des Personals, mehrere Kollegen bemerkten, ich hätte zu schwer gearbeitet und sähe viel zu blaß aus. Es täte mir wahrscheinlich gut, mich ein Weilchen auszuruhen und einen Teil meines Urlaubs gleich zu nehmen. Erleichtert und aufgeregt faßte ich den Entschluß, ins Altaigebirge zu fahren. Ich rief Anna sofort an, um ihr mitzuteilen, daß ich sie begleiten würde, und um unsere Reisepläne aufeinander abzustimmen.

Sie freute sich sehr und kam gleich auf die Einzelheiten der Reise zu sprechen. »Wir fahren nämlich schon morgen los. Ich weiß nicht, ob du noch eine Fahrkarte für den gleichen Zug bekommen kannst. Nimm doch einfach den nächsten Zug nach Bijsk, den du kriegen kannst, und gib mir die Zugnummer durch. Wir holen dich dann am Bahnhof ab und fahren den Rest der Strecke gemeinsam.

Ich bin so froh, daß du dich entschlossen hast mitzukommen, Olga. Heute dachte ich plötzlich, daß es verkehrt ist, mich auf diese Sache einzulassen, aber jetzt habe ich das Gefühl, daß es das einzig Richtige für mich ist. Ich habe keine Ahnung, wie dieser Heilungsprozeß aussehen soll, und ich fühle mich viel wohler, wenn du dabei bist. Danke. Wir sehen uns dann in Bijsk.«

Ich bekam eine Fahrkarte für den Zug Nummer acht und sagte Anna Bescheid. Mein Zug sollte zwei Stunden später eintreffen als der von Anna und Nikolaj, aber sie versicherte mir, es würde ihnen nichts ausmachen zu warten. Nikolaj hatte mit einem Nachbarn aus seinem Dorf verabredet, daß er uns mit einem Auto vom Bahnhof abholte. Weil es kaum öffentliche Verkehrsmittel nach Schuranak, Nikolajs Dorf, gab, gelangte man am leichtesten mit einem Privatfahrzeug dorthin.

Ich packte einen kleinen Koffer mit dem Notwendigsten und nahm ein Taxi zum Bahnhof. Der Zug Nummer acht fuhr um zehn Uhr abends in Nowosibirsk ab und sollte am nächsten Morgen in Bijsk eintreffen. Während ich auf den Bahnhof und den dort wartenden Zug zuging, wurde mir unwillkürlich bewußt, daß mich überall ein Hauch von Frühling umgab, selbst zu dieser späten Abendstunde. Frühling klang aus den Schritten der Leute auf der Straße und aus dem Zwitschern der Vögel, in das sich das Tropfen des schmelzenden Schnees mischte. Die Abendluft war frischer als sonst, und die schneidende Kälte des Winters, die alles außer der wärmsten Kleidung durchdrang, hatte Nowosibirsk verlassen.

Der Bahnhof war wie immer überfüllt. Nicht einmal für ein Drittel der Fahrgäste und Besucher gab es Sitzgelegenheiten. Eltern schliefen mit ihren Kindern auf Zeitungspapier auf dem Fußboden und auf den breiten Fensterbänken vor den geschlossenen Fenstern. Kleine Kinder weinten auf den Armen ihrer Mütter, allerdings weniger verzweifelt als sonst, so, als wüßten sie, daß sich eine neue Jahreszeit ankündigte und daß bald der Sommer mit seiner Wärme wiederkehren würde. Sogar in der stickigen Bahnhofshalle, wo überall Menschen saßen und schliefen, herrschte eine angenehme, erwartungsvolle Atmosphäre.

Zu meiner Erleichterung fuhr mein Zug pünktlich ab. Im Abteil war es so schmutzig und stickig, wie ich es erwartet hatte, und ich war froh, daß ich nur eine Nacht dort würde verbringen müssen. Aus der Unterhaltung der Familie, die das kleine Abteil mit mir teilte, schloß ich, daß es eine Bergarbeiterfamilie war. Der Mann war wortkarg; seine Frau, die müde wirkte, bot mir ein Stück von ihrem gebratenen Huhn an, obwohl es kaum für sie reichte. Der zweijährige Junge schlief schon, als sie einstiegen, und wachte erstaunlicherweise auch in dem Trubel, den die anderen Fahrgäste beim Einsteigen verursachten, nicht auf.

Höflich lehnte ich das Hühnchen ab und bot ihnen zum Schlafen meine untere Liege an. Ich kletterte auf das obere Bett, froh, daß ich hier oben keine Fragen würde beantworten müssen: wo ich hinfuhr, wen ich besuchen wollte oder wie lange ich bleiben würde. Die Frau hätte sich offensichtlich gern unterhalten, aber ich hatte keine Lust dazu. Die ersten rhythmischen Geräusche und Bewegungen des Zuges wiegten mich in den Schlaf. Ich wußte, daß ich morgen in einer neuen Welt erwachen würde.

Der Klang eines Metallöffels, der gegen Glas schlug, weckte mich am nächsten Morgen. Die Familie trank Tee, nachdem sie das Hühnchen von gestern aufgegessen hatte. Der Zug hatte Bijsk schon fast erreicht, darüber freute ich mich. Ich hatte gerade noch Zeit, mir in dem einzigen kleinen Waschraum schnell das Gesicht zu waschen, nachdem ich mit vielen anderen in einer langen Schlange davor angestanden hatte.

Der Zug fuhr bereits durch die Außenbezirke der Stadt, als ich mich wieder hinsetzte und aus dem Fenster schaute. Ich hatte nicht gesehen, welche Landschaft die Stadt umgab. Ich wußte, daß Bijsk hoch über dem Meeresspiegel lag, daher erwartete ich, zumindest in der Ferne Berge zu sehen. Statt dessen sah ich nur langweilige graue Wohnblocks, einer wie der andere umgeben von ein paar dürren Bäumen. Die Szenerie dort draußen ähnelte Nowosibirsk so sehr, daß mich alle Neugier verließ.

Mit einem letzten, heftigen Ruck kam der Zug im Bahnhof zum Stehen. Reisende blickten aus den Fenstern und reckten die Hälse, um nach denen Ausschau zu halten, die sie abholen sollten. Ich tat das gleiche. Zu meiner Enttäuschung sah ich kein einziges vertrautes Gesicht auf dem Bahnsteig.

Ich hob meinen Koffer von der Gepäckablage und verabschiedete mich von meinen Reisegefährten. Als ich ausstieg, schlug mir die strenge Bergluft entgegen und bestätigte meine Befürchtung, daß der Frühling in Bijsk noch nicht Einzug gehalten hatte. Manche der kleineren Bäume waren noch ganz mit Schnee bedeckt, und die frühe Morgenluft war eisig. Noch bevor ich diesen Gedanken zu Ende gedacht hatte, kribbelte meine Haut unangenehm vor Kälte.

Ein schläfriger Gepäckträger erschien hinter einer riesigen Karre, die er laut rumpelnd vor sich herschob. Er trug eine Schürze, die vermutlich einmal weiß gewesen war, mit der Zeit aber so schmutzig geworden war, daß sie jeder Beschreibung spottete; man konnte ihr überhaupt keine Farbe mehr zuordnen. Er fragte, ob er meinen winzigen Koffer zum Taxistand befördern solle.

Kaum hatte ich abgelehnt, da hörte ich Anna auch schon nach mir rufen. Sie lachte aufgeregt, als sie vom anderen Ende des Bahnsteigs auf mich zulief. »Du hast uns die falsche Wagennummer gegeben, und wir haben am anderen Ende des Zuges gewartet. Ich bin so froh, daß du da bist!« sagte sie und umarmte mich.

Als wir uns dem Ausgang zuwandten, bemerkte ich Nikolaj, der still in der Nähe stand. Diesmal begrüßte er mich weniger förmlich, nicht als Ärztin, sondern eher als Freundin, und er sah anders aus – fröhlich, entspannt und selbstsicher. Er wirkte sogar älter, und sein schwarzes Haar war gewachsen, seit ich ihn das letzte Mal gesehen hatte.

Er hatte es zu einem Pferdeschwanz zusammengefaßt und trug warme Arbeitskleidung.

Ich begrüßte ihn, während er mir den Koffer aus der Hand nahm, und wir traten auf die Straße. Die einzigen Fahrzeuge, die hier parkten, waren zwei alte Taxis, ein paar Privatwagen und ein khakifarbener Jeep. Der Fahrer des Jeeps stieg aus und kam auf uns zu. Er war groß und kräftig gebaut und trug schmutzige, kniehohe Gummistiefel, einen warmen Mantel und eine schwarze Kaninchenfellmütze mit Ohrenklappen.

Nikolaj stellte ihn uns als seinen Nachbarn Sergej vor. Sergej ließ uns deutlich spüren, daß er nicht gern hier war und daß er nur aus Pflichtgefühl gekommen war. Seine schroffe Aufforderung, in den Wagen zu steigen, machte uns klar, daß er es kaum erwarten konnte, in sein Dorf zurückzukehren.

Anna und ich kletterten gehorsam, wie es uns befohlen worden war, auf den Rücksitz. Anna flüsterte mir zu, daß Sergej, nach seiner autoritären Art zu schließen, wahrscheinlich gerade vom Militär entlassen worden sei.

»Der ist zu alt fürs Militär«, erwiderte ich, und wir kicherten beide. Der Motor des Jeeps hörte sich fürchterlich an, aber er schien gut zu laufen, und so traten wir den letzten Teil unserer Reise nach Schuranak an. Zu dieser frühen Stunde sah man keine Fußgänger auf den Straßen der Stadt, aber es waren bereits viele Autos unterwegs. Meist waren es alte, verbeulte Klapperkisten, deren Motoren noch mehr Krach machten als unserer. Gelegentlich fuhren große Lastwagen gefährlich dicht an uns vorbei und hinterließen schmutzigbraune Abgaswolken, die noch lange in der frostigen Morgenluft hingen.

Endlich ließen wir die Stadt hinter uns, ohne etwas anderes gesehen zu haben, als das, was sich mir vom Zugfenster aus dargeboten hatte. Wenn es in Bijsk irgend etwas Besonderes gab, hatte ich es nicht gesehen. Bald waren wir auf der Landstraße, um uns herum nur noch ein paar Lastwagen. Je spärlicher das Land bebaut war, desto bewaldeter wurde es. Bäume säumten die Straße, ragten immer größer und kühner auf und schienen die schmale Landstraße, auf der wir entlangfuhren, zu belagern.

Sergej wich den unangenehmen Schlaglöchern so geschickt aus, daß ich ihm seine unhöflichen Soldatenmanieren schnell verzieh. Er und Nikolaj saßen vorne und klatschten über Neuigkeiten aus dem Dorf. Anna und ich vertrieben uns die Zeit mit Gesprächen über gemeinsame Freunde. Nach und nach jedoch ließ der hypnotisierende Rhythmus der Fahrgeräusche uns alle verstummen, und wir verfielen von selbst in Schweigen.

Wir brauchten länger als drei Stunden nach Schuranak. Es kam mir nicht so lange vor, denn ich war in die Landschaft versunken, durch die wir mit unserem Jeep fuhren. Ich merkte, daß ich mich in einer Art Trancezustand befand. Der Schneematsch an den Straßenrändern wurde weißer und weißer, und die riesigen, immergrünen Bäume schienen vor den Fenstern des vorbeifahrenden Jeeps miteinander zu verschmelzen.

Ich lebte schon so lange in einer geschäftigen Industriestadt, daß ich vergessen hatte, was es bedeutete, in der Natur zu sein. Selbst meine wenigen Besuche auf dem Land hatten gesellschaftlichen Zwecken gedient, und während dieser kurzen Aufenthalte hatte ich nie Zeit gefunden, die Schönheit der Natur wahrzunehmen. Jetzt nahm der Wald, durch den wir fuhren, meine Aufmerksamkeit völlig gefangen. Ich spürte eine gewaltige Kraft in seinen mächtigen Bäumen mit den alten, knorrigen Stämmen, im dunklen Schwarzgrün der Koniferen und in den rhythmischen

Bewegungen der Bäume, die die Vorstellung erweckten, sie seien eins mit dem Wind.

Wir fuhren um eine Kurve, und plötzlich gab die Landstraße den ersten Blick auf das Panorama des Altaigebirges frei. Die Kette dieser uralten Berge, deren abgerundete Gipfel von Sonnenstrahlen erhellt wurden, bildete herrliche Muster aus Licht und Schatten. Die sanfte Schönheit, die so anmutig in den zerklüfteten Bergen zutage trat, war etwas, das ich noch nie gesehen hatte, und sie verschlug mir buchstäblich den Atem.

Die Straße wurde schmaler und kurvenreicher. Die Landschaft wirkte ursprünglich, so daß man sich kaum vorstellen konnte, daß es hier noch menschliches Leben gab. Doch als schließlich die ersten Häuschen des Dorfes auftauchten, sahen sie in dieser Umgebung ganz selbstverständlich aus. Wir fuhren an ein paar alten Holzhäusern vorbei, die in einem so großen Abstand voneinander standen, daß sie abgesondert und isoliert schienen, dennoch waren sie dicht genug beieinander, um mit dem Kern des Dorfes verbunden zu bleiben. Eine alte Frau trat aus einem dieser Häuser, um etwas in ihrem noch immer verschneiten Garten zu erledigen. Sie richtete sich auf, als wir vorbeifuhren, und betrachtete mit ernster Miene unseren Jeep. Schließlich hielten wir vor einem kleinen grünen Haus, das von einem Holzzaun verdeckt wurde.

5. Kapitel

Wir sind da«, sagte Nikolaj und öffnete die Beifahrertür. Aus der hohen Umzäunung kam ein Bellen, das sich nach einem sehr großen Hund anhörte. Über den Zaun hinweg war die obere Hälfte einer Haustür zu sehen. Sie wurde geöffnet, und wir hörten eine Frauenstimme rufen: »Ich komme! Ich komme!«

Als wir aus dem Jeep kletterten, schrie sie den Hund an, er solle still sein und ihr aus dem Weg gehen.

Wir holten unser Gepäck aus dem Wagen und stellten uns in aller Ruhe neben den Zaun. »Es ist so schön hier«, sagte Anna und holte tief Luft. Ich nickte schweigend, und dabei erinnerten mich meine Augen und meine anderen Sinnesorgane daran, daß ich in der Vergangenheit irgendwann einmal eine Gegend kennengelernt hatte, die so fremdartig und unzivilisiert gewesen war wie diese hier, auch wenn mir jetzt nicht einfallen wollte, wo oder wann das gewesen war.

Endlich öffnete sich schwungvoll die Pforte – vor uns stand eine kleine Frau mittleren Alters, die sich einen Pelzmantel um die Schultern geworfen hatte. Ihr schönes, mondrundes Altaigesicht strahlte vor Herzlichkeit und Güte. Das war Nikolajs Mutter, Marija, und sie führte uns rasch aus der Kälte in ihr Heim.

Wir saßen um einen alten, dunklen Holztisch, tranken Tee und gewöhnten uns ein. Nach ein paar Stunden fühlten Anna und ich uns bereits recht wohl in unserer neuen Umgebung. Wir waren gleichzeitig müde und aufgeregt, und in Gedanken beschäftigten wir uns natürlich schon mit den nächsten Tagen. Nikolaj bewegte sich im Haus seiner Mutter offensichtlich ganz entspannt. Er begriff, welche bedeutende, sein Leben verändernde Verpflichtung er mit der Rückkehr in sein Dorf eingegangen war, und er war eindeutig zufrieden damit.

Schließlich senkte sich die Dunkelheit auf das kleine Dorf herab. Marija wartete die Dämmerung ab, bevor sie im Haus Licht machte. Später begriffen wir, daß sie allmählich nervös geworden war, sich aber bemüht hatte, uns das nicht merken zu lassen. In der Nachricht, die Nikolaj ihr durch einen Nachbarn hatte zukommen lassen, hatte es nur geheißen, daß er mit zwei Freunden nach Hause kommen würde, die beide Ärzte waren. Marija hatte daraufhin zwei Männer mittleren Alters erwartet, die Anzüge und Brillen trugen. So sah ihre Vorstellung von Ärzten aus. Sie hatte sich den ganzen Tag über Gedanken gemacht, wie sie die ernsten, intellektuellen Freunde ihres Sohnes empfangen sollte, und sich sogar ein paar Fragen zurechtgelegt, die sie ihnen stellen wollte. Doch nun saßen statt dessen zwei junge Frauen an ihrem Tisch, und sie hatte keine Ahnung, wie sie mit ihnen umgehen sollte.

Wenn wir bei ihr und Nikolaj die Nacht über in ihrem Häuschen blieben, würde das monatelang Gesprächsstoff für das ganze Dorf liefern. Sie konnte das Gerede schon hören: ›Warum hat Nikolaj nicht nur eine, sondern gleich zwei Frauen in sein Heimatdorf mitgebracht? Und wie konnte seine Mutter ihnen bloß erlauben, in ihrem Haus zu übernachten?‹

Und auch wenn der Klatsch der Nachbarn ihr gleichgültig gewesen wäre, war das Häuschen mit seinen zwei Zimmern so klein, daß es ein ernstes Problem darstellte, dort vier Menschen unterzubringen. Langsam trank sie ihren Tee und versuchte, nach außen hin ruhig zu wirken, während sie fieberhaft überlegte. Wie sollte sie bloß mit der Überraschung fertigwerden, die ihr Sohn ihr beschert hatte? Inbrünstig betete sie vor sich hin: ›O Tochter des großen Ülgen! Du, die du weise und gütig bist, hilf mir! Gib mir ein Zeichen, was ich tun soll.‹ Sie hoffte auf eine Antwort, bekam aber keine.

Ohne uns bewußt zu sein, in welcher Klemme unsere Gastgeberin steckte, wurden Anna und ich immer ungeduldiger, denn wir hatten mehr und mehr das Bedürfnis, uns auszuruhen. Marija war genauso nervös, und gleichzeitig war sie ärgerlich auf Nikolaj, der allerdings überhaupt nicht zu bemerken schien, in was für eine peinliche Lage er uns alle gebracht hatte.

Während Marija noch überlegte, fiel ihr Blick auf ein Tamburin, das rechts neben der Haustür hing. Dieses kleine Instrument hatte sie nach dem Tod ihres Bruders selbst angefertigt, weil ein paar Dorfälteste ihr dazu geraten hatten. Sie hatten ihr gesagt, sie müsse es tun, weil ihr Bruder ein ›KAM‹, ein Schamane, gewesen war, und das Tamburin ihm helfen würde, hier auf der Erde zu bleiben. Es war eine wunderschöne Arbeit, und Marija war stolz darauf, auch wenn sie den Zweck dieses Instruments nicht ganz verstand.

Jetzt erinnerte das Tamburin sie an ihren Bruder und brachte ihr die Lösung, nach der sie so verzweifelt gesucht hatte. Die beiden jungen Frauen konnten in Mamuschs Haus übernachten. ›Natürlich!‹ sagte Marija zu sich selbst. ›Warum habe ich nicht eher daran gedacht!‹

Sie machte Nikolaj den Vorschlag, während sie weiter ihren Tee schlürfte. Meine Gedanken waren abgeschweift, und ich hörte ihre Worte nur mit halbem Ohr. »Das ist in Ordnung«, sagte ich, als mir klarwurde, daß eine Entscheidung über unser Nachtquartier gefällt wurde und daß ich vielleicht bald die Augen schließen konnte. »Wir übernachten dort, wo es Ihnen am wenigsten Umstände macht.«

»Solange es nicht draußen im Freien ist«, witzelte die müde Anna.

Nikolaj saß ein paar Minuten tief in Gedanken versunken in unserer Runde. Doch dann war auch er einverstanden und bat seine Mutter um Bettzeug. Wir bedankten uns bei ihr und gingen hinaus in die Nacht. Unser Ziel war das Haus eines toten Schamanen.

Der Himmel war hell erleuchtet von unzähligen Sternen und dem Halbmond über unseren Köpfen. Die Rufe der Nachtvögel, die aus dem Wald schallten, hätten uns anderswo vielleicht Angst eingejagt, aber hier gehörten sie zu der uns umgebenden Natur. Unsere nächtlichen Ängste überleben nur dort, wo sie geboren werden. Sie haben ihren Ursprung in den riesigen Städten, mit all den Spannungen und Aggressionen, die entstehen, wenn zu viele Menschen auf zu kleinem Raum leben müssen. Diese Orte waren viel furchterregender als der nächtliche Wald, der dieses winzige Dorf umgab.

Ein Mann und zwei müde Frauen gingen langsam den schneegesäumten Pfad entlang. Ab und zu sprachen oder lachten sie, während sie sich auf eines der abgelegensten Häuser des Dorfes zubewegten. Mamusch hatte sein Haus absichtlich ganz am nördlichen Rand des Dorfes gebaut, oben auf einem Hügel.

Nikolaj zündete eine Kerze an, als wir das Haus betraten, denn es gab dort keinen Strom. Im Inneren war alles mit einer dicken Staubschicht überzogen, aber die Luft war frisch. Das Haus bestand aus einem einzigen langgestreckten Raum mit nur einem Fenster in der linken Ecke neben einem alten, schmalen Bett aus dunklem Holz. Auf der anderen Seite des Raumes befand sich eine kleine Küchenecke mit einer Feuerstelle. Ein riesiges Bärenfell lag mitten auf dem Fußboden. Beinahe auf dem Kopf des Bären stand ein altes Paar Männerstiefel aus Rentierfell. Zuerst waren wir von der Fremdartigkeit des kleinen Hauses überrascht, aber nach und nach gewöhnten wir uns daran.

»Olga, schau mal her!« rief Anna. Sie hatte eine merkwürdige Sammlung von Federn entdeckt, die zu einer Kopfbedeckung zusammengefügt waren, und dieses Gebilde hatte sie sich in einer albernen Laune, die von ihrer Müdigkeit und der leichten Nervosität herrührte, auf den Kopf gesetzt. Jetzt blickte sie lustig darunter hervor.

»Steht mir das? Bin ich das?« fragte Anna. Der Federhelm war aus einer Eule hergestellt worden. Der Körper des Vogels samt Kopf, mit offenen Augen, Schnabel und Ohrbüscheln, bildete den oberen Teil. Die Flügel waren heruntergezogen und in Ohrenklappen verwandelt worden, die jetzt Annas Gesicht einrahmten.

»Das bist du ganz und gar nicht«, sagte Nikolaj. Er nahm Anna die Eule vom Kopf und legte sie in eine Ecke des Zimmers.

Anna hatte schnell eine Bestandsaufnahme gemacht und bat nun darum, in dem schmalen Bett schlafen zu dürfen, womit sie mir als einzige alternative Schlafgelegenheit das Bärenfell auf dem Fußboden überließ. Nikolaj stattete Bett und Bärenfell mit Laken und Decken aus und verschwand dann, um auf dem einsamen Pfad zum Haus seiner Mutter zurückzukehren. Anna und ich bliesen sofort die Kerze aus und sanken auf unsere Schlaflager nieder. Es war ein langer und interessanter Tag gewesen.

Ich war so erschöpft, daß ich auf dem Bärenfell fast zusammenbrach, und wußte es sehr zu schätzen, daß ich überhaupt irgendein Lager hatte, auf dem ich mich ausstrecken konnte. Nach ein paar Minuten stellte ich fest, daß das mit Gänsedaunen gefüllte Oberbett allein nicht warm genug sein würde, legte meinen Pelzmantel über die Decke und kuschelte mich dann in mein ungewöhnliches Bett.

An Annas tiefen Atemzügen erkannte ich, daß sie bereits schlief, mir aber fiel es schwer, mich zu entspannen. Der Wechsel von meiner gewohnten, bequemen Welt zu diesem Bärenfellbett im Haus eines toten Schamanen war so schnell geschehen, daß ich erst beim Schlafengehen merkte, wie sehr mich alles aufgewühlt hatte. Der schwache Geruch des Bärenfells, den ich zuerst kaum wahrgenommen hatte, irritierte mich mehr und mehr und mir wurde unbehaglich zumute. Es fehlten die vertrauten Geräusche, die mich hätten entspannen und beruhigen können. Kein gewohntes, kaum hörbares Tikken der Uhr neben dem Bett; keine Nachbarstimmen, die durch die dünnen Wände meiner Wohnung drangen, kein Verkehrslärm von draußen. Mir war bis jetzt nicht klar gewesen, daß manches, was mich an meiner kleinen Stadtwohnung störte, dazu beitrug, daß ich ruhig einschlafen konnte.

Das helle Mondlicht, das durch das Fenster schien, beleuchtete die wenigen Gegenstände in dem fast leeren Raum. An der Tür war – einem Wachposten gleich – ein hoher Stapel Holz für die Feuerstelle aufgeschichtet.

Rechts von mir sah ich den alten weißen Stuhl, auf den Nikolaj die Eule geworfen hatte. Der Federhelm schien zum Leben zu erwachen, als ich ihn im Halbdunkeln anstarrte. Schräg über mir, am Fenster, stand ein kleiner Tisch. Von meinem Platz auf dem Fußboden aus konnte ich nicht sehen, was darauf lag.

Links von mir lehnte eine ovale Handtrommel aus Tierhaut an der weißen Wand. Das Trommelfell war der Wand zugekehrt, und ich konnte nur die offene Unterseite sehen. Der Griff bestand aus zwei geschnitzten Holzstükken, die sich im rechten Winkel überkreuzten und in der Mitte zusammengefügt waren. Sie ergaben die stilisierte Figur eines Mannes. Das längere Stück bildete den Körper, der mit dem Kopf den oberen Rand der Trommel abstützte und mit den Füßen gegen den unteren drückte. Das Querstück formte Hände und Arme des Mannes, wobei durch die Finger jeder Hand neun Metallringe liefen. Die Trommel war groß, die längste Ausdehnung des Ovals betrug fast einen Meter. In der Mitte des Trommelfells, das konnte ich sogar von unten sehen, befand sich ein Riß, der wie ein absichtlich angebrachter Schnitt aussah. Ich stellte mir vor, wie laut dieses Instrument vor seiner Zerstörung geklungen haben mußte. Als ich mir den Rhythmus vorstellte, hatte es den Anschein, als würde die Trommel auf mich zukommen, immer näher, bis ihre dunkle Form mein ganzes Gesichtsfeld ausfüllte und ich mir nicht mehr sicher war, ob ich wachte oder träumte.

Ich muß gleich darauf eingeschlafen sein und sehr tief geschlafen haben. Später erinnerte ich mich an einen merkwürdigen Traum. Ich stand vor einer schweren Holztür, die blankpoliert schimmerte. Die Tür war geschlossen. Ich streckte meine Hand aus, um sie zu berühren, und als ich meine Hand auf dem Holz spürte, wurde meine Hand immer realer für mich. Je mehr ich die Hand bewegte, desto mehr wurde ich mir meiner selbst und aller meiner Sinne bewußt.

Mir wurde klar, daß ich nach wie vor schlief und die Szene träumte, gleichzeitig aber war ich bei vollem Bewußtsein und besaß einen völlig freien Willen. Ich wußte, daß ich die Macht hatte, mit der Hand die Tür zu öffnen und den dahinterliegenden Raum zu betreten. Im Herzen spürte ich eine süße Freude, und ich wollte, daß der Traum andauerte. Dann wußte ich plötzlich, daß noch jemand anders in meinem Traum war und in dem Raum hinter der verschlossenen Tür wartete, und daß man mich auf der gleichen Bewußtseinsebene wahrnahm. Das machte mir angst. Ich hörte auf, die Hand zu bewegen, und alles löste sich auf.

Als wir aufwachten, lag das friedliche Dorf in absoluter Stille da. Die Morgensonne schien hell durch das kleine Fenster. Selbst bei Licht verlor das befremdliche Haus des toten Schamanen seine beklemmende Atmosphäre nicht. Ich mußte an die Geschichte denken, die Nikolaj mir im Krankenhaus erzählt hatte, die Geschichte vom Tod seines Onkels, wie er hier, in diesem Haus, gestorben war. Bei Menschen, die von Natur aus zu solchen Dingen neigten, konnte ein Ort wie dieser offensichtlich starken psychischen Streß auslösen. Nikolaj gehörte zu diesen Menschen. Während ich im Haus des Schamanen stand und ungeduldig darauf wartete, daß Nikolaj uns abholte, verstand ich seine Geschichte viel besser.

Glücklicherweise kam Nikolaj, kurz nachdem wir aufgestanden waren, und lud uns zum Frühstück bei seiner Mutter ein. Bevor wir aufbrachen, fragte ich ihn nach der Trommel. Im Morgenlicht beeindruckte sie mich sogar noch mehr als Stunden zuvor in der Dunkelheit. Trotz des Schnittes wirkte sie stark, machtvoll und lebendig.

»Das ist die Trommel meines Onkels. Ich habe nur einmal gesehen, wie er sie benutzte. Nach seinem Tod kamen ein paar von den Alten aus unserem Dorf. Sie erklärten meiner Mutter, was man nach dem Tod eines Schamanen alles tun muß. Dazu gehört auch, daß man seine Trommel zerstört. Das ist ein ungeschriebenes Gesetz. Sie sagten meiner Mutter, daß die Trommel nur einem einzigen Schamanen dienen darf. Nach dem Tod des Schamanen muß der Geist der Trommel durch eine Öffnung, die ein Verwandter anbringt, fortgeschickt werden. Deswegen hat meine Mutter den Schnitt gemacht.

Heute werden wir Umaj besuchen, die Schamanin von Kubija, einem Dorf in der Nähe. Sie wird mehr über dieses Übergangsritual wissen, vielleicht fragen Sie Umaj danach.«

Wir waren froh, Mamuschs Haus verlassen zu können, das selbst bei Tageslicht noch fremdartig wirkte. Marijas freundliches kleines Häuschen, in dem sie geschäftig das Frühstück vorbereitete, bildete einen beruhigenden Kontrast. Marija kochte Eier, röstete Schwarzbrot, goß uns frische Milch ein, auf der sich Sahne abgesetzt hatte, und bereitete uns ein herzhaftes Morgenmahl, um uns für die Unternehmungen dieses Tages zu stärken.

Wir hatten keine Ahnung, was Nikolaj für diesen Tag geplant hatte. Wenn wir ihn fragten, wie wir nach Kubija kommen würden oder wie weit es war, überhörte er unsere Fragen geflissentlich. Er riet uns nur, die wärmste Kleidung anzuziehen, die wir mitgebracht hatten, und bat uns, ihm zu folgen. Marija gab uns ein Paket mit Brot und Käse mit.

6. Kapitel

Wenn ich gewußt hätte, wie kalt und anstrengend der Weg zu Umajs Dorf werden würde, wäre ich nicht mitgegangen. Wir stapften endlos durch tiefen Schnee, auf einer kleinen Bergstraße, die eigentlich nicht mehr war als ein schmaler Pfad, der manchmal fast unter der Schneedecke verschwand. Meine Lederstiefel waren dafür nicht geeignet, und nach kurzer Zeit hatte ich klitschnasse Füße.

Nach einer Stunde sagte Nikolaj immer noch nichts, und allmählich zweifelten wir daran, ob wir überhaupt fähig sein würden, unser Ziel zu erreichen. Ganz am Anfang lachten wir noch, aber bald setzten uns Kälte und Höhe zu, und die ersten Anzeichen von Erschöpfung machten sich bemerkbar. Die Schönheit unserer Umgebung konnte uns nicht mehr aufmuntern. Unsere Spekulationen darüber, wie es wohl wäre, auf diesem unwegsamen Bergpfad zu sterben, und ob man in diesem Fall unsere Leichen überhaupt finden würde, waren nur halb scherzhaft gemeint. Der Gedanke, daß man unseren Tod in der Stille dieses schneebedeckten, von riesigen Nadelbäumen gesäumten Bergsträßchens vielleicht nicht einmal bemerken würde, ernüchterte und half uns weiterzugehen, obwohl jeder Schritt schmerzte.

Anna sah als erste den Rauch, der über einem kleinen Haus aufstieg. Sie machte einen Freudensprung und umarmte und küßte mich vor Aufregung.

Nikolaj bestätigte uns, daß wir Kubija erreicht hatten, und wir waren froh, daß er sein irritierendes Schweigen endlich gebrochen hatte. Während wir auf das Dorf zugingen, freuten Anna und ich uns darauf, demnächst in einem Haus vor einem warmen Feuer zu sitzen und nicht mehr in der Kälte durch den endlosen Schnee wandern zu müssen. Allerdings fiel mir auf, daß Nikolaj plötzlich nervös wurde.

»Ich muß euch etwas sagen«, meinte er schließlich. »Ich muß euch warnen: Ich weiß nicht genau, wie die Menschen hier auf euch reagieren werden.«

Wir starrten ihn an. Uns fehlten die Worte.

»Wir sind hier, um Umaj zu besuchen, die eine KAM ist. Wir selbst verwenden das Wort ›Schamane‹ nicht. Es ist nicht unser Wort. Schamane ist ein Begriff, den die Russen geprägt haben. Wir nennen solche Menschen KAMS. Das Problem ist, daß ihr Russinnen seid. Unser Volk hat ein gutes Verhältnis zu den Weißen, aber es ist oberflächlich. Vielleicht wird euch in Kubija niemand etwas über die KAMS und ihre Riten und Rituale erzählen. Und sogar noch wahrscheinlicher ist es, daß niemand euch erlauben wird zu beobachten, was bei den Heilungen tatsächlich passiert. Das habe ich nicht gewußt, als wir herkamen. Meine Mutter hat es mir erst heute morgen gesagt. Sie meinte, es könnte schwierig für euch werden, Umaj zu treffen.«

Nach all den Mühen, die wir auf uns genommen hatten, um an diesen unwirtlichen Ort zu gelangen, klang es einfach absurd, daß man Anna die Heilung, wegen der sie hierher gereist war, vielleicht verweigern würde.

Ich mußte lachen, aber Anna wurde zornig. »Das ist nicht lustig, das ist verrückt«, rief sie. »Ich bin schwer krank, und ich bin mit Olga in dieses gottverlassene, abgelegene Nest gekommen, weil ich mir davon Hilfe erhofft habe. Du warst es, Nikolaj, der uns eingeladen hat. Du warst es, der uns heute auf diese lange und gefährliche Wanderung durch die Kälte mitgenommen hat. Und jetzt erzählst du uns, daß wir vielleicht aus dem Dorf vertrieben werden? Und was dann? Sollen wir im Schnee erfrieren?«

»Warum hast du das getan?« fragte ich Nikolaj fassungslos. »Sind die Menschen eures Volkes alle so verantwortungslos wie du?«

Ohne zu zögern erwiderte Nikolaj: »Mein Onkel Mamusch hat mir gesagt, ich soll euch mitnehmen.« Während der junge Mann diese Worte sprach, legte sich seine Nervosität, und er wirkte ruhiger und selbstsicherer.

»Hervorragend!« spottete Anna. »Hier stehe ich, mitten in der tiefgefrorenen Wildnis, mit einem Geisteskranken und einer Freundin, die angeblich Psychiaterin ist. Olga, hast du Nikolaj denn im Krankenhaus nicht untersucht?« Sie sah mich vorwurfsvoll an. »Selbst ich, die ich keine Fachärztin für Psychiatrie bin, könnte dir sagen, daß er offensichtliche Symptome von Geisteskrankheit aufweist.«

Es war mir unangenehm, daß Anna das gesagt hatte, und noch unangenehmer war mir die Erkenntnis, daß etwas Wahres an ihren Worten war. Nikolaj stand schweigend neben uns, und es tat mir leid, daß wir ihn so sehr in Verlegenheit gebracht hatten. Endlich sagte ich: »Anna, jetzt sind wir schon einmal hier. Wir haben uns darauf eingelassen. Jetzt umzukehren ist Unsinn, wir müssen uns erst einmal ausruhen. Uns bleibt nichts anderes übrig, als ins

Dorf zu gehen.« Ich war etwas gelassener geworden und hoffte, daß meine Worte auch Anna helfen würden, sich zu beruhigen.

»Ich möchte euch etwas erzählen«, sagte Nikolaj. »Vor fast hundert Jahren haben sich hier Dinge zugetragen, die die Einstellung unseres Volkes zu Fremden stark beeinflußt haben. Menschen, die uns und unserem Land fremd waren, beschlossen, ihre Religion hier einzuführen. Eines Tages riefen sie die KAMS von nah und fern zu einem Ritual zusammen. Sie sagten ihnen, sie wollten Frieden zwischen ihrer Religion und unserer. Etwa dreißig KAMS kamen. Sie brachten nur ihre Trommeln mit. Die Fremden steckten alle KAMS in ein kleines Holzhaus. Dann übergossen sie das Haus mit Kerosin und zündeten es an.

Das Haus, in dem die KAMS waren, brannte stundenlang. Keiner der Dorfbewohner konnte etwas tun. Als es bis auf den Boden niedergebrannt war, standen drei KAMS auf und stiegen lebendig aus der Asche. Die Fremden waren zu Tode erschrocken. Sie versuchten nicht, die drei KAMS aufzuhalten, sondern liefen fort und sahen schockiert zu, wie die KAMS davongingen. Die drei KAMS wanderten in verschiedene Richtungen und übten weiter KAMLANIE aus. Doch seitdem vollziehen die KAMS ihre Rituale heimlich. Umaj ist eine Nachfahrin von einem der drei KAMS, die dem Feuer entstiegen.«

»Waren die Fremden Christen?« wollte Anna wissen.

»Nein«, erwiderte Nikolaj, »die Christen kamen später und nach ihnen die Kommunisten.«

Ohne weiteren Wortwechsel schritten wir auf das still vor uns liegende Dorf zu.

Ich sah, wie Anna sanft Nikolajs Hand berührte, und hörte sie fragen: »Verzeihst du mir?« Ich wußte, daß sie von den Worten sprach, die sie wenige Minuten zuvor in ihrer Wut gesagt hatte. Nikolaj nickte und entzog ihr schnell seine Hand.

Das Dorf ähnelte Schuranak, aber die Häuser waren kleiner, und die Menschen hier schienen noch ärmer zu sein. Wir näherten uns einer alten Hütte, aus deren Schornstein Rauch aufstieg. Auf der Straße waren keine Menschen zu sehen; kein Hund bellte, um unsere Ankunft zu melden.

»Ich glaube, sie ist da«, sagte Nikolaj, als wir vor der Tür stehenblieben. »Am besten wartet ihr hier auf mich«, fügte er hinzu, als er die unverschlossene Tür aufschob und im Inneren des Häuschens verschwand.

Meine Füße wurden allmählich zu Eisklumpen. Anna holte eine Zigarette aus der Tasche und rauchte. Nervös warteten wir eine Weile, die uns wie eine Ewigkeit erschien. Endlich kam Nikolaj aus dem Haus und trat sofort auf Anna zu.

»Umaj heilt dich heute abend.« Seine Worte schienen einen Augenblick in der Luft zu schweben, bis wir sie, besorgt wie wir waren, aufgenommen hatten. »Umaj hat gesagt, ich soll dich in ein anderes Haus bringen, wo du auf sie warten sollst. Sie hat gesagt, sie hätte deinen Wunsch gespürt, deinen Körper zu heilen und dein normales Leben wieder aufzunehmen.« Nikolaj nahm Anna an der Hand und führte sie zu dem Haus auf der anderen Straßenseite.

»Warte, Nikolaj. Was ist mit mir?« rief ich.

»Umaj hat gesagt, ich soll dich fragen, warum du hergekommen bist. Warte hier auf mich. Ich bin gleich wieder da.«

Ich war sprachlos und verwirrt. Diese einfache Frage hätte mich eigentlich nicht beunruhigen dürfen, aber sie tat es. Warum war ich hier? Das konnte alles nur ein seltsamer Traum sein. Auf der Reise hierher hatte ich das undeutliche Gefühl gehabt, daß ich mich auf eine Art mystische Erfahrung zubewegte, aber zu keinem Zeitpunkt hatte ich versucht, mir dieses Gefühl rational zu erklären. Ich konnte behaupten, ich sei als Touristin gekommen, hätte meine Freundin begleitet, um die Berge zu sehen. Aber das entsprach nicht der Wahrheit, und ich wußte, daß die Frau dort im Haus diese Antwort nicht akzeptieren würde. Wieder einmal war ich mit den Konsequenzen einer unbewußt getroffenen Entscheidung konfrontiert, und ich tat mir selbst leid.

Als Nikolaj plötzlich auftauchte und meine Hand berührte, fuhr ich zusammen. Ich sagte ihm, was mir als erstes in den Sinn kam: »Ich bin hergekommen, weil ich von ihr lernen will.«

Er ging zurück ins Haus. Fast unmittelbar darauf tauchte er wieder auf und gab mir ein Zeichen, daß ich eintreten solle. Nach der strahlenden Helligkeit des Tages schien es im Inneren des Hauses auf den ersten Blick völlig finster zu sein. Als meine Augen sich umgewöhnt hatten, sah ich, daß das Haus nur aus einem großen Raum bestand, der abgesehen von zwei Frauen leer war. »Guten Tag –« war mir bereits entschlüpft, bevor Nikolaj mir hastig signalisierte, zu schweigen und mich in eine Ecke auf den Boden zu setzen.

Eine der beiden Frauen lag auf dem Bauch in der Mitte des Raumes. Ihr Rücken war nackt und wies Spuren von Erde und Kräuterresten auf. Die andere Frau sah älter aus. Sie war klein und hatte einen kräftigen, gesunden Körper. Ihre Kleidung wirkte fremdartig: ein langer Rock aus schweren Winterstoffen in verschiedenen Farben, auf dessen Rückseite Stoffpüppchen aufgenäht waren. Sie hatte dunkles Haar, das größtenteils von einem blauen Kopftuch verdeckt war, und ein altes, verrunzeltes mongolisches Gesicht. Ich schätzte sie auf etwa siebzig.

Sie schien mich nicht zu bemerken. Sie wirkte beschäftigt und konzentrierte sich darauf, einen ungewöhnlichen Gegenstand neben die liegende Frau zu plazieren. Es war ein schlichtes Dreieck, das aus drei jeweils knapp einen Meter langen Brettern bestand. Das frisch geschlagene Holz hatte noch die helle Farbe und den aromatischen Duft der Kiefer, von der es stammte. In die flachen Seiten der Bretter waren Fische geschnitzt.

Ich begriff, daß es Umaj sein mußte, die sich über die liegende Frau beugte, und daß gerade eine Heilung stattfand. Umaj stellte das Dreieck mit den Fischen rechts neben die Frau, so daß es sich zwischen den beiden Frauen und dem großen Hirschfell befand, das auf der anderen Seite des Dreiecks lag.

Nikolaj saß in der gegenüberliegenden Zimmerecke, und die gesamte Fläche um die beiden Frauen in der Mitte war frei. Umaj nahm eine kleine Trommel vom Boden und begann, sie leise zu schlagen. Anfangs war ihr Rhythmus ungleichmäßig und schwach und klang unbestimmt. Dann begann Umaj in ihrer Muttersprache zu singen. Die Worte ihres Liedes hatten einen flehenden Klang, und sie bewegte sich dazu anmutig um den reglosen Körper zu ihren Füßen.

Die Frau auf dem Boden gab keinen Ton von sich und schien zu schlafen. Von der Erde und den Kräutern abgesehen war ihr Rücken nackt. Obwohl die Temperatur im Haus nur ein paar Grad mehr betrug als draußen, sah ihr Körper entspannt und warm aus. Umaj ging um sie herum, beugte sich manchmal über sie und schlug die Trommel direkt über dem Rücken der Frau. Der Rhythmus ihres Liedes wurde deutlicher, die Worte lauter. Sie bewegte sich immer schneller.

Während ich ihre kraftvollen Tanzschritte beobachtete, dachte ich, daß sie doch jünger sein müsse, als ich anfangs geschätzt hatte. Der Trommelklang schwoll zu einer Lautstärke an, die unmöglich von einem so kleinen Instrument stammen konnte, so schien es mir zumindest. Umajs Stimme wurde unglaublich tief und kräftig. Es fiel mir schwer, in ihr die Frau zu erkennen, die sie zu Beginn des Tanzes gewesen war. Sie wirkte größer, stärker, aggressiver und männlicher, fast wie ein Krieger, der auf Leben und Tod mit einem mächtigen Feind ringt. Sie sprang und drehte ihren Körper mit atemberaubender Schnelligkeit und Kraft. Ihr Lied verwandelte sich in einen Schlachtruf. Sie atmete tief und schnell, und in ihren Augen strahlte ein siegessicheres Leuchten. Dann packte sie die Frau grob bei den Schultern und schrie sie auf altaisch an.

Die Frau erhob sich vom Boden auf die Knie. Ihr Haar hing in Strähnen herunter. Ihre Augen waren immer noch geschlossen, und sie schien sich in tiefer Trance zu befinden. Auf den Knien kroch sie zu dem hölzernen Dreieck. Die Öffnung des Dreiecks war gerade so groß, daß ein Mensch hindurchkriechen konnte, und sie steckte Kopf und Schultern hinein.

Nun schrie Umaj sie noch lauter an. Sie warf die Trommel fort und schob die Frau mit bloßen Händen immer weiter in das Dreieck hinein. Ihre Schreie wurden zu einem klagenden Singsang. Es war schwierig für die Frau, sich durch das Dreieck hindurchzuwinden. Ihr bloßer Körper zuckte und wand sich, als die rauhen Kanten des frisch gesägten Holzes ihr die Haut aufschürften. Umaj versuchte den Prozeß noch schmerzhafter zu machen, indem sie das Dreieck vor und zurück bewegte und so den Körper der Frau weiter aufkratzte, während sie ihn langsam durch die Öffnung schob.

Das Geschehen nahm mich völlig gefangen. Plötzlich wurden die in das Holz geschnitzten Fische für mich lebendig und schwammen auf den Seiten des Dreiecks von links nach rechts. Umaj setzte ihren Singsang fort, während sich die Mühen der Frau, durch das Dreieck zu schlüpfen, ihrem Ende näherten. Als sie fast ganz auf der anderen Seite war, sprang Umaj zu ihr hinüber und hob das Hirschfell an. Die Frau kroch darunter und war bald vollkommen bedeckt.

Umaj wurde daraufhin noch wütender und aggressiver. Schreiend und mit furchterregenden Gebärden hob sie das hölzerne Dreieck auf und zerstörte es. Dabei war ihr Blick so haßerfüllt, als würden sich Legionen von Feinden in dem Gebilde verbergen. Umaj trampelte darauf herum und bearbeitete es anschließend mit den Fäusten. Es klang, als würde sie es in ihrer Sprache mit derben Flüchen überhäufen. Als nur noch Reste der hölzernen Form übrig waren, machte Umaj das gleiche mit ihrer Trommel. Bald lag nur noch Kleinholz um die Frau herum verstreut, die nach wie vor unter dem Fell auf dem Boden lag.

Umaj wandte sich an Nikolaj und sagte einen kurzen Satz in ihrer Sprache. Irgendwie begriff ich, daß Nikolaj gebeten wurde, der Frau unter dem Fell behilflich zu sein. Umaj selbst schien nun wieder einfach eine kleine, alte Einheimische zu sein, aber jetzt wußte ich, daß sie enorme Kräfte in sich barg. Sie setzte sich auf den Fußboden, zog eine Pfeife aus einer verborgenen Rocktasche und begann zu rauchen. Ruhig sah sie zu, wie Nikolaj der Frau half aufzustehen und sich vollständig anzuziehen.

Die Frau sah müde und schläfrig aus. Sie schien Umaj überhaupt nicht zu bemerken und bewegte sich langsam und schwerfällig auf die Tür zu. Sie öffnete die Tür und ging ohne ein Wort oder eine Geste hinaus. Das erstaunte und beeindruckte mich. Ich hatte erwartet, daß sie ihrer Dankbarkeit Ausdruck verleihen, daß sie Umaj berichten würde, wie es ihr ging – irgend etwas, nur nicht, daß sie ihrer Helferin gegenüber diese absolute Gleichgültigkeit zeigen würde.

Ich drehte mich zu Umaj um, weil ich ihr die Reaktion auf die Art, wie die Frau den Raum verlassen hatte, vom Gesicht ablesen wollte. Aber ich hatte nicht damit gerechnet, daß sie mich ihrerseits mit einem scharfen, schlauen Blick musterte. Sie sagte ein paar Worte zu Nikolaj und starrte mich weiter an, immer noch Pfeife rauchend. Ich selbst konnte die Augen nicht von ihr abwenden und merkte, daß ich sie dümmlich anlächelte.

Nikolaj übersetzte mir ihre Worte. »Sie hat gesagt, es war gut, daß du ihr geholfen hast, die Fische dazu zu bringen, den Geist der Krankheit aufzunehmen und ihn in die Unterwelt zu bringen.«

Umaj stand auf und ordnete die Überreste des Heilungsrituals auf dem Boden neu an. Dann ging sie zu Nikolaj und führte ein kurzes Gespräch in ihrer Muttersprache mit ihm. Ich wußte, daß ich, selbst wenn sie Russisch konnte, kein russisches Wort von ihr zu hören bekommen würde.

Nikolaj wandte sich mir zu. »Sie möchte, daß du ihr in ein anderes Haus im Dorf folgst, wo sie übernachtet. Sie wohnt nämlich nicht in diesem Dorf. Niemand weiß, wo sie lebt. Dieses Haus, in dem wir jetzt sind, steht leer, seit die Familie, die darin wohnte, vor ein paar Jahren in die Stadt gezogen ist. Umaj kommt nur hierher, um zu heilen.«

Ich fragte, ob wir zu dem Haus gehen würden, in dem Anna auf uns wartete, denn ich hoffte, bei der Heilung meiner Freundin zusehen und vielleicht sogar helfen zu dürfen. Nikolaj meinte jedoch, er hätte keine Ahnung, wo Umaj mich hinbringen würde.

Während wir sprachen, war Umaj zur Tür gegangen und hatte sie geöffnet. Mir wurde bewußt, daß ich nicht gemerkt hatte, wieviel Zeit vergangen war, denn das Tageslicht war fast ganz geschwunden, und auf die Straße hatte sich lautlos die Dämmerung gesenkt. Umaj bedeutete mir, ihr zu folgen, und ich trat hinter ihr hinaus in das Zwielicht. Sie trug nichts weiter als ihren Rock und das große Kopftuch, keinen schweren Mantel, der sie vor der bitteren Kälte geschützt hätte. Rasch ging sie die vereiste Straße entlang, allerdings nicht in Richtung des Hauses, in dem Anna wartete.

Ich hörte, wie Nikolaj sagte: »Ich gehe zu Anna.« Ich folgte Umajs Gestalt, die zwischen hohen Schneewänden einen schmalen, in den Schnee getretenen Pfad entlangging. Aus ein paar Fenstern, an denen wir vorbeikamen, schimmerte Licht. In der kalten Nachtluft wirkte es warm und gemütlich.

Die Erlebnisse dieses Tages hatten mein Bewußtsein so sehr beansprucht und erweitert, daß meine Gedanken in Verwirrung geraten waren. Weder war ich müde noch hatte ich Angst. Ich hatte zwar keine Ahnung, was nun auf mich zukommen würde oder was Umaj von mir erwartete, aber ich beschloß, nicht mehr darüber nachzudenken. Zum zweiten Mal innerhalb von zwei Tagen erkannte ich meine Empfindungen undeutlich als ein Echo aus einer anderen Zeit, aber ich konnte mich auch jetzt nicht erinnern, wo oder wann das gewesen war.

7. Kapitel

Endlich kamen wir zu einem großen Haus, das zwei Türen hatte, auf jeder Seite eine. In der linken Haushälfte brannte Licht, und ich sah, daß sich drinnen Menschen bewegten. Umaj ging zu der Tür auf der rechten Seite und öffnete sie mühelos.

Der Raum dahinter war fast vollkommen rund und, abgesehen von einer einzigen Matratze, über die eine alte Decke gebreitet war, nicht möbliert. Es war dunkel, und irgend etwas, das ich erspürte, weckte bei mir eine deutliche Vorahnung von Gefahr. Wenn Umajs gelassenes Gesicht mich nicht beruhigt hätte, wäre mir noch unbehaglicher zumute gewesen. Irgendwie, ohne zu verstehen weshalb, hatte ich bereits das Gefühl, Umaj gut zu kennen. Vielleicht lag es daran, daß ihr Gesicht mich ein wenig an meine Großmutter erinnerte, deren Gesichtszüge das mongolische Erbe vieler Russen spiegelten. Ich ließ Umajs Gesicht nicht aus den Augen und versuchte, ständigen Blickkontakt zu ihr zu halten, ohne den, das sagte mir mein Gefühl, die Angst in mir aufsteigen würde und ich verloren wäre.

Umaj schaltete das Licht an und bedeutete mir, mich auf das Schlafpolster zu legen. Ich schlug die verblichene bunte Flickendecke zurück und begann, meinen Mantel auszuziehen. Umaj machte mir ein Zeichen, daß ich damit aufhören solle, und so legte ich mich in meiner vollen Winterbekleidung unter die Decke. Der Fußboden bestand aus Lehm und war nicht viel wärmer als der Erdboden draußen, und ich spürte sofort, wie die Kälte von unten heraufkroch. Ich fragte mich, wie lange ich wohl dort liegen sollte.

Von meiner Matratze aus beobachtete ich, wie Umaj mitten im Raum ein Feuer entzündete und dann das Licht wieder ausschaltete. Es gab weder eine Feuerstelle noch einen Kamin, das Feuer brannte auf dem Lehmboden mitten im leeren Zimmer. Die emporlodernden Flammen sahen geheimnisvoll aus. Obwohl ich noch nie etwas Vergleichbares gesehen hatte, war ich seltsamerweise mit dieser Situation vertraut und begann, mich nach einer alten, unbekannten, vergessenen Zeit zu sehnen. Leise sang Umaj Worte, die ich nicht verstand, die aber voll Liebe und Hingabe an das Feuer gerichtet schienen.

Obwohl ich mich erst kurze Zeit unter den Menschen im Altai befand, spürte ich intuitiv, daß sie hauptsächlich in der Gegenwart lebten. Sie hingen nicht der Vergangenheit nach. Sie träumten nicht von der Zukunft. Umaj war ganz auf das ›Jetzt‹ konzentriert, und in diesem Augenblick bedeutete das, ein Feuer zu entfachen.

Als die Flammen flackernd den Raum erhellten, verschwand meine mühsam bewahrte innere Ruhe, und wieder schienen überall um mich herum Gefahren zu lauern. Ich konnte Umajs Augen nicht mehr sehen, denn sie weigerte sich, mich anzuschauen. Sie nahm etwas aus der Tasche und streute es ins Feuer. Wie ein hungriges Tier verschlangen die Flammen ihr neues Futter, loderten auf und sanken dann wieder auf ihre ursprüngliche Höhe zurück.

Umajs Lied veränderte sich, und plötzlich war mir, als käme ich in diesem Lied vor. Etwas geschah in meinem Inneren. Meine Aufmerksamkeit wurde von dem Rauch gefesselt, der vom Feuer aufstieg. Ich konnte weder wegsehen noch an etwas anderes denken.

Gedankensplitter rasen mit unglaublicher Geschwindigkeit durch meinen Kopf. Nur zwei davon kann ich bewußt registrieren: ›Mir ist sehr kalt‹ und ›Das ist eine Psychose‹. Der zweite Gedanke löst Panik bei mir aus. Mich durchflutet das Gefühl, daß meine Welt mir verlorengeht. Mit aller Kraft versuche ich den Ort in mir zu finden, von dem aus ich sprechen kann. Ich weiß nicht, wie das geht: sprechen. Ich habe meine Stimme verloren. Was bedeutet es, wenn ich sage ›meine‹?

Plötzlich höre ich eine Stimme, von weither. Sie ruft etwas. Ich verliere mein Ichbewußtsein und gebe auf, ohne eine Ahnung zu haben, was oder wer hierbleibt. Ich werde zu der Stimme, zu dieser rufenden Stimme hoch oben, die mit dem Rauch eines Feuers mitten in einem Zimmer in einem vergessenen Dorf in Sibirien aufsteigt. Meine letzten Anstrengungen, meine Welt wieder zusammenzufügen, münden in eine Verwandlung, die den Rauch und die Stimme eins werden läßt. Und jetzt sind die Stimme und das Feuer ich, und ich bin eine Schlange, die aus großer Tiefe gegen den Widerstand des Wassers nach oben strebt.

Gleichzeitig befällt mich ein neues Angstgefühl. Ich befinde mich unter Wasser und schwimme so schnell ich kann nach oben. Nichts als Wasser umgibt mich, tiefes Wasser. Ich schwimme immer schneller und bemühe mich verzweifelt, die Oberfläche zu erreichen.

Endlich ist der Moment da, in dem ich aus dem Wasser hervorbreche und an der Oberfläche des Ozeans weiter-

schwimme. Augenblicklich wird das Wasser zu einem Ort des Friedens und der Ruhe. Ich liebe diesen Ozean und könnte ewig darin weitertreiben. Nichts stört mich. Es gibt keine anderen Gedanken als Dankbarkeit diesem Wasser gegenüber, das mich jetzt trägt. Ich beginne zu schwimmen. Ich schwimme und schwimme, bis ich die Küste sehe. Mir wird klar, daß dieses geheimnisvolle Gewässer auf allen Seiten von Land umgeben ist und daß ich in einem großen, runden See schwimme. Jetzt erkenne ich, was sich am Ufer befindet. Es sieht aus wie eine Stadt. Ich kann Gebäude, Autos und Menschen unterscheiden. Wieder werde ich von Panik ergriffen. Das ist meine Stadt, das sind meine Freunde und Verwandten. Ich will nicht zu ihnen zurück. Ich möchte nichts anderes empfinden als das sanfte, strömende Wasser.

Eine leise weibliche Stimme durchdringt meine panische Angst. »Sei ganz ruhig. Ich werde jetzt zu dir sprechen.« Es ist Umajs Stimme. Ich weiß nicht, welche Sprache sie spricht, aber ich weiß, daß es Umaj ist, und irgendwie verstehe ich ihre Worte.

»Du bist jetzt in deinem inneren Raum, dort wo sich dein See des reinen Geistes befindet. Du bist zum erstenmal bewußt hier. Jeder von uns besitzt diesen inneren Raum, aber bei den meisten Menschen wird er im Laufe des Lebens immer kleiner. Während wir durch das Leben gehen, versucht die Welt um uns herum, diesen inneren Raum, unseren reinen Geist, zuzuschütten und abzutöten. Viele Menschen verlieren ihn ganz. Ihr innerer Raum wird von Legionen fremder Soldaten in Besitz genommen, und so verödet er.

Jetzt hast du diesen Raum in dir erfahren. Jetzt kennst du ihn. Du wirst keine Angst mehr vor der Welt um dich herum haben. Dein Raum wird niemals mit etwas ande-

rem als mit dir selbst ausgefüllt sein, denn jetzt, da du ihn erfahren hast, erkennst du seine Atmosphäre und seinen Pulsschlag wieder. Du wirst ihn weiterhin erforschen. Später wirst du auch noch erfahren, daß es ein bedeutsames Inneres Wesen gibt, das dort wohnt. Du wirst dieses Geistwesen kennenlernen und verstehen wollen. Ich werde dir dabei helfen, wenn du dafür bereit bist.«

Umajs Stimme ist beruhigend, und ich horche auf jedes Wort, während sie weiterspricht. »Was ich dir jetzt sagen werde, ist das größte Geheimnis, das ich weitergeben kann. Wir haben in unserem physischen Leben zwei Aufgaben. Die erste Aufgabe besteht darin, die physische Realität, in der wir leben, aufzubauen. Die zweite Aufgabe ist, unser Selbst zu schaffen – jenes eigentliche Innere Wesen, das in der äußeren Realität lebt.

Beide Aufgaben erfordern gleich viel Zuwendung. Das Gleichgewicht zwischen beiden zu wahren ist eine heilige und anspruchsvolle Kunst. Sobald wir die eine Aufgabe vergessen, kann die andere uns gefangennehmen und auf ewig zu ihrem Sklaven machen. So kommt es dann dazu, daß der See des reinen Geistes, die Heimat des Inneren Wesens bei vielen Menschen am Ende leer und ausgestorben ist. Sie gelangen zu der Überzeugung, daß allein die äußere Welt ihre Aufmerksamkeit verdient. Früher oder später jedoch werden sie diese Haltung als Fehler erkennen.

Für dich allerdings besteht die Hauptgefahr darin, daß du ausschließlich dein inneres Selbst erkundest. Deshalb interessierst du dich schon seit langem für das Seelenleben anderer Menschen. Mit Hilfe des Wissens, das du bei deiner Arbeit gewonnen hast, hast du versucht, deine eigene Psyche zu verstehen. Du mußt lernen zu akzeptieren, daß es wichtig ist, sich auch seine äußere Realität zu erschaf-

fen. Glaube mir, daß dein Arbeiten an der äußeren Realität dich absolut und in gleicher Weise befriedigen kann. Fürchte dich nicht mehr vor der Küste um dich herum. Alles, was du dort siehst, hast du selbst zum Leben erweckt, und es ist lächerlich, vor seiner eigenen Schöpfung Angst zu haben. Ich werde dir helfen.«

Alles was mich umgibt, beginnt, sich aufzulösen. Nach und nach kehren Sehkraft und Bewußtsein in meinen Körper zurück, und ich erinnere mich, daß ich dieser Körper bin, der auf dem Boden liegt. Ich möchte schlafen und habe fast die Grenze zum Schlaf überschritten, als Umajs alte Hände mir eine Tasse dampfenden Kräutertee mit Milch reichen. Ich trinke die heiße Flüssigkeit schlückchenweise und schlafe, von der Wärme des Tees überwältigt, ein.

Das nächste, was ich bewußt wahrnahm, war das Morgenlicht. Als ich aufwachte, merkte ich, daß ich immer noch auf dem Fußboden lag, zugedeckt mit meinem Wintermantel und der alten Decke, allein in dem fremden Zimmer. Ich mußte meine ganze Kraft zusammennehmen, um mich zu erinnern, was am Vortag geschehen war. Alles hatte eine traumähnliche Qualität, und ich wußte, daß ich mich auf einem Grat zwischen zwei Welten bewegte. Ich mußte einen anderen Menschen sehen, um mir selbst zu beweisen, daß ich noch lebte und geistig gesund war.

Hinter der dünnen Wand, die mein Zimmer von der anderen Haushälfte trennte, konnte ich zwei Männerstimmen hören, aber sie waren so gedämpft, daß ich nicht verstand, was sie sagten. Aufzustehen war nicht ganz einfach, und während meine Beine sich wieder daran gewöhnten, daß sie meinen Körper tragen mußten, stand ich ein paar Momente auf wackligen Füßen. Es gab kein Wasser, mit dem ich mir das Gesicht hätte waschen können, keinen Spiegel, keine Haarbürste.

Ich dachte daran, wie ich wohl aussah und wie schlecht Anna und ich auf eine Reise wie diese vorbereitet waren. Der Käse und das Brot fielen mir ein, die Marija uns am vergangenen Tag in weiser Voraussicht mitgegeben hatte, und ich bekam Hunger. Ich beschloß, Anna zu suchen und so bald wie möglich mit ihr und Nikolaj zu frühstücken.

Mein wollenes Schultertuch war zerknittert, nachdem ich die Nacht darauf geschlafen hatte, aber ich war froh über die zusätzliche Wärme, die es mir spendete. Meine Stiefel standen neben der Matratze, und jemand hatte mir fürsorglich warme Wollsocken über die Füße gezogen.

8. Kapitel

Nachdem ich mein provisorisches Bett wieder hergerichtet und meine Stiefel angezogen hatte, trat ich in den hellen Tag hinaus. Die Luft war so wunderbar frisch, daß schon der erste Atemzug mich wieder beruhigte und heiter stimmte. Der blaue Himmel war mit weißen Wattewolken bedeckt, in den hohen Nadelbäumen, die mich umgaben, sangen die Vögel, und die fernen Berge sahen aus wie auf einer Postkarte. Alles um mich herum schien mir sagen zu wollen, daß es auf dieser Erde Flecken gab, wo die Welt noch in Ordnung war. Ich war froh, daß das Schicksal mich an einen solchen Ort geführt hatte.

»Einen schönen guten Morgen!« rief eine Männerstimme von der Schwelle des Nachbarhauses.

»Guten Tag!« erwiderte ich, um zu hören, ob die Erlebnisse des gestrigen Tages und der vergangenen Nacht meinen Tonfall verändert hatten.

»Ich heiße Viktor.« Er sprach akzentfreies Russisch, wodurch er sich ebenfalls als Besucher in diesem Dorf zu erkennen gab. »Unsere Hausbesitzerin hat uns gestern abend gewarnt, daß eine alte Frau hier übernachten würde. Wir sollten nicht überrascht sein, was immer auch geschehen würde. Sind Sie diese Frau, die so alt und furchterregend sein soll? Wir wußten gar nicht, daß wir nebenan so attraktive Gesellschaft haben!«

»Beinahe«, entgegnete ich. »Mein Name ist Olga.«

Etwas an Viktors Worten, seiner Miene und seinem Tonfall veranlaßte mich, auf der Hut zu sein. Sibirien war zwar wunderschön, aber viele Gegenden waren nach wie vor abgelegen und einsam. Fremde waren selten und offensichtlich ungebundene weibliche Fremde noch viel seltener. Eine Frau ohne Mann oder Familie, auf die in kritischen Situationen Verlaß war, konnte in unangenehme oder sogar gefährliche Umstände geraten, und manchmal war Vorsicht geboten, um genau das zu verhindern.

Meine psychiatrische Erfahrung hatte zum Glück viele nützliche Seiten. Da ich jung war und überwiegend auf der Männerstation arbeitete, hatte ich notgedrungen schnell gelernt, männliches Interesse in Freundschaft ohne romantischen oder sexuellen Beigeschmack zu verwandeln. Instinktiv spürte ich, daß ich diesen grobschlächtigen Naturburschen mit dem hochgewachsenen, muskulösen Körper und dem tiefen, männlichen Lachen mit dem Thema intime Körperfunktionen so in Verlegenheit bringen würde, daß er alle anderen Phantasien, die ihm vielleicht durch den Kopf gingen, verdrängen würde.

»Ich fürchte, ich muß wirklich ganz schnell eine Toilette finden«, sagte ich. »Gibt es hier eine, die ich benutzen kann?«

Viktor deutete auf eine niedrige, schmale Hütte hinter dem Haupthaus, und ich begab mich schnell dorthin. Mit freundlicher Beschützermiene wartete Viktor auf meine Rückkehr. Nun stand sein Freund Igor neben ihm. Igor war das genaue Gegenteil von Viktor, klein und dünn, mit scharfgeschnittenen Gesichtszügen. Sie luden mich zu einer Tasse Tee und zum Frühstück ein, und die Aussicht auf Essen war so verlockend, daß ich nicht ablehnen konnte.

Als ich das Haus betrat, war ich unwillkürlich überrascht, wie anders das Ambiente war, das mich hier empfing. Dieser Teil des Gebäudes wirkte wie ein ganz normales Wohnhaus. Er war behaglich und geschmackvoll eingerichtet, mit vielen schönen, handgearbeiteten Gegenständen. Auf dem Tisch lag eine weiße, von Hand mit Blumen bestickte Tischdecke. Darauf stand ein großer, kupferner Samowar. Feine Baumwollgardinen ließen Licht durch die kleinen Fenster herein, und wir tranken aus Tassen aus echtem Porzellan mit alten russischen Mustern. Alles in dieser Wohnstube trug dazu bei, daß ich mich hier wohl fühlte, und ich merkte, wie ich ein wenig gelassener wurde.

»Haben Sie dieses Haus so geschmackvoll eingerichtet? Kaum zu glauben, daß zwei Bergsteiger wie Sie das alles so exquisit arrangieren können«, machte ich mich über die beiden Männer lustig.

»Sind Sie die Hexe, von der man uns gestern erzählt hat?« entgegneten sie lachend. »Aber jetzt mal im Ernst, nur das dort drüben sind unsere Sachen«, fügte Igor hinzu und deutete auf eine Ecke, in der ich bereits den großen Stapel ihrer Bergsteigerausrüstung hatte liegen sehen. »Wir mieten dieses Haus nur als Basislager für unsere Bergtouren.«

Der Tee, den sie kochten, war sehr heiß, man hätte ihn kaum stärker machen können. Und sie hatten eine meiner Lieblingsmarmeladen, Sanddornmarmelade, die sie auf harten, knusprigen kleinen Keksen servierten. Nach meinen verstörenden Erlebnissen vom Vortag genoß ich es, mich einfach zu entspannen und unbeschwert zu plaudern. Ich wußte, daß ich in kurzer Zeit sehr viele neue Erfahrungen gemacht hatte, die ich verarbeiten mußte, und daß darüber nachzudenken im Moment nicht unbedingt helfen würde.

Sanddorn ist in Sibirien weitverbreitet, und um diese Frucht sind viele Legenden entstanden, die ich als Kind unzählige Male gehört hatte. Man verwendet Sanddornbeeren für alles, von der Behandlung eines kleinen Schnittes in einer Kinderhand bis zur Wunderkur gegen Krebs, und sie enthalten Unmengen an Vitaminen. Ich liebte sie vor allem wegen ihrer einzigartigen Farbe, einem leuchtenden Orange. Jeden Herbst fuhr unsere Familie in unser Landhaus, um diese Beeren zu pflücken.

Wir mußten beim Pflücken sehr vorsichtig sein, damit wir die dünne, zarte Schale nicht beschädigten, die unter unseren Fingern so leicht aufplatzte und den säuerlichen, klebrigen orangefarbenen Saft absonderte, der jede kleine Rille in unseren Händen erkundete. Die Beeren sind nicht leicht zu pflücken, denn die Sanddornsträucher sind voller Dornen. Nach der Ernte waren meine Finger immer mit Blutflecken übersät, und die abgebrochenen Spitzen der Dornen steckten tief in der Haut. Die Übung, Sanddornbeeren zu pflücken, ohne anschließend weder Dornen in den Fingern noch übermäßig klebrige orangegefärbte Hände zu haben, wird mir immer im Gedächtnis bleiben.

Mir wurde bewußt, daß meine neuen Bekannten miteinander geredet, gescherzt und weitergeredet hatten, während ich meinen Tagträumen nachhing, und ich zwang mich, wieder in die Gegenwart zurückzukehren. Die beiden schienen meine kurze Abwesenheit nicht bemerkt zu haben und fuhren fort, mir ihre Geschichten vom Bergsteigen zu erzählen. Während ich ihnen zuhörte, dachte ich mir, daß sie ihrem Sport wirklich verfallen waren und wahrscheinlich nur selten Gespräche führten, die sich nicht sofort ihren Erlebnissen im Gebirge zuwandten. Innerhalb kurzer Zeit erklärten sie mir ausführlich die großen und kleinen Unterschiede zwischen den Bergen im Kaukasus und in Zentralasien, und ich erlebte ihre schwierigsten Stunden noch einmal mit. Detailliert und mit großer Anteilnahme erzählten sie mir von ihren Freunden, die auf Berggipfeln und Pässen ums Leben gekommen waren. Und natürlich sprachen die beiden viel von ihrem geliebten Altaigebirge.

Dennoch hatte ich auch an diesem komfortablen Zufluchtsort und in Gesellschaft dieser munteren Gesprächspartner das Gefühl von emotionaler Distanz zu allem, was um mich herum geschah. Zu einem anderen Zeitpunkt hätten ihre Erzählungen mich mehr gefesselt, aber jetzt merkte ich, wie meine Gedanken ständig zu den Erlebnissen des Vortages zurückkehrten. Nur einmal nahmen die verbalen Streifzüge der beiden meine Aufmerksamkeit ganz gefangen, nämlich als sie Belowodje erwähnten. Ich hatte viele Legenden über diesen Ort gehört. Belowodje bedeutet ›Land des weißen Wassers‹, und angeblich war es ein mystisches, verborgenes Land, das nur einige wenige Auserwählte gefunden und betreten hatten. Viele glaubten, es läge irgendwo im Altaigebirge. Manche waren der Meinung, daß Belowodje eine andere Bezeichnung für ›Shambala‹ war, jenes heilige Land, das in vielen indischen und tibetischen Mythen erwähnt wird und von dem aus, wie es heißt, die Heiligen die Welt regiert haben.

»Wußten Sie, daß sogar der Dalai Lama kürzlich gesagt hat, er glaube, daß Shambala irgendwo im Altai liegt?« fragte Viktor.

»Über die geographische Lage von Shambala weiß ich nichts«, sagte Igor, »aber ich bin sicher, daß Belowodje im

Altaigebirge liegt. Ich habe viele Gipfel dieser Erde bestiegen, aber nirgendwo habe ich so weiße Flüsse gesehen wie hier. Wissenschaftler würden die Farbe wahrscheinlich mit irgendeiner merkwürdigen Zusammensetzung des Bodens erklären, aber ich glaube trotzdem, daß Belowodje nach diesen Flüssen benannt ist. Wenn ich ein Geist wäre, der die Welt regiert, würde ich es vom Altai aus tun. Das ist meiner Ansicht nach der einzige Ort, von dem aus man die übrige Welt regieren kann.«

Viktor schloß seine eigenen Überlegungen an: »In der gesamten Altairegion haben sich ungeheure Bodenrisse gebildet, die Millionen Jahre alte Schichten freigelegt haben. Manche sagen, daß durch diese Spalten Erdstrahlung an die Oberfläche gelangt und nach oben hin ausströmt, so daß der gesamte Altai davon wie von einem Schirm überdeckt ist. Wahrscheinlich ist das der Grund, weshalb der Altai sich so sehr von jeder anderen Gegend unterscheidet und warum selbst eingefleischte Leninisten wie wir das Gefühl haben, daß hier Wunder geschehen können.«

»Könnten Sie mir mehr von diesem geheimnisvollen Land erzählen?« bat ich. Viktors Worte über Belowodje hatten mich tief berührt.

Nun ergriff Igor wieder das Wort. »Wir Fremden wissen kaum etwas darüber. Doch die einheimischen Völker kennen uralte Geschichten, in denen Menschen Geistern und geheimnisvollen Priestern aus diesem verborgenen Land begegnen. Wir selbst haben noch keine getroffen, aber wir sind überzeugt, daß es möglich ist.«

»Nennen die Menschen im Altai diese Priester Schamanen?« fragte ich, denn ich dachte an Nikolaj und das Gespräch, das ich vor kurzem mit ihm geführt hatte.

»Die Leute hier haben mit uns nie über solche Dinge

gesprochen. Vielleicht fragen Sie selbst danach. Ich glaube nicht, daß es noch Schamanen gibt. Aber wer weiß?« Schamanen interessierten Viktor offensichtlich nicht, und er ließ das Thema rasch fallen.

»Wenn Sie sich mit diesem unergründlichen Thema näher befassen möchten, habe ich hier etwas zu lesen für Sie. Die Hausbesitzerin hat es mir gegeben«, sagte Igor und reichte mir ein Heftchen von vielleicht fünfzehn Seiten, auf dessen Umschlag in großen Buchstaben ›Belowodje‹ gedruckt war.

Während die beiden Männer sich weiter unterhielten, schlug ich die Broschüre auf und begann zu lesen.

»Im Jahre 987 suchte der Großfürst Wladimir, der den Beinamen ›Helle Sonne‹ trug, in Kiew nach einer neuen Religion für sein Reich Rus. Er schickte sechs Gesandtschaften, die alle große Reichtümer mit sich führten, in weit entfernte Länder. Sie hatten die Anweisung, den Glauben dieser Länder zu studieren und dieses Wissen nach Rus zu bringen, damit der Großfürst die beste Religion für sein Volk auswählen konnte.

Kurz darauf besuchte ihn ein Wandermönch. Der Großfürst erzählte dem Wandermönch einen Traum, den er Nacht für Nacht und Monat für Monat träumte. In diesem Traum sprach ein alter Mann mit ihm und sagte, er solle eine siebte Gesandtschaft ausschicken, allerdings sagte der Alte nicht, wohin. Daher bat der Großfürst nun den Mönch, in die Welt hinauszugehen und in sieben Tagen herauszufinden, wohin der siebte Gesandte reisen sollte.

Der fromme Mann meditierte und fastete sieben Tage lang. Am siebten Tag erschien ihm im Traum der Priester des letzten Klosters, das er in Griechenland besucht hatte. Dieser erinnerte den frommen Wanderer an die alte Überlieferung, nach der es im Osten ein Land von ewiger Schönheit und Weisheit geben sollte, das Belowodje hieß. Nur den dazu Berufenen – wenigen auserwählten Menschen – wurde gestattet, dieses Land zu finden und es zu besuchen.

Diese Geschichte erzählte der Wanderer dem Großfürsten, und der freute sich sehr darüber. Er beschloß, eine Expedition, angeführt von Sergej, dem Wandermönch, nach Osten zu schicken, um dieses geheimnisvolle Land ausfindig zu machen. Sechs Männer aus vornehmen Familien wurden Sergej zur Unterstützung mitgegeben, und obendrein eine große Schar Diener und Träger. Die Zahl der Menschen, die zu dieser Pilgerreise aufbrachen, betrug dreihundertdreiunddreißig. Sie erhielten die Anweisung, in drei Jahren mit ihrer Botschaft zurückzukehren.

Im ersten Jahr trafen im Palast des Großfürsten zahlreiche Nachrichten ein, die mit viel Jubel und großer Hoffnung aufgenommen wurden. Im zweiten Jahr hörte man gar nichts. Im dritten Jahr auch nichts. Sieben, zehn, zwölf Jahre verstrichen ohne weitere Nachrichten von der Gesandtschaft. Anfangs suchten die Menschen noch den Horizont nach ihnen ab, denn sie warteten begierig auf die guten Nachrichten, die Sergej bestimmt bringen würde. Nach einer Weile befürchtete man jedoch das Schlimmste und hielt nicht länger Ausschau. Viele Menschen beteten und bereuten die Suche nach Belowodje. Als achtundzwanzig Jahre vergangen waren, begann man zu vergessen, daß überhaupt jemand ausgesandt worden war. Dann deckte die Zeit ihren Mantel über das Vergessen.

Neunundvierzig Jahre vergingen, und schließlich kam in Kiew ein alter Mönch aus Konstantinopel an. Wiederum Jahre später, als der Greis fühlte, daß sein Ende nahte, entschied er sich, sein Geheimnis preiszugeben. Es durfte nur mündlich von Mönch zu Mönch weitergegeben werden, denn es war heiliges Wissen. Der Alte sagte, irgendwann würden alle Menschen auf der Erde das Geheimnis kennen, aber erst dann, wenn der richtige Zeitpunkt gekommen sei. Dann würde ein neues Zeitalter beginnen.

Der alte Mönch erzählte folgende Geschichte: ›Ich bin derselbe Sergej, der vor sechsundfünfzig Jahren von Großfürst Wladimir ausgeschickt worden ist, um Belowodje zu suchen. Das erste Jahr verlief ohne Zwischenfälle. Wir kamen durch viele Länder und überquerten zwei Meere. Im zweiten Jahr zogen wir durch die Wüste, und das Vorwärtskommen wurde schwieriger. Viele Menschen und Tiere starben. Die Wege wurden unpassierbar. Wir konnten keine Antworten auf unsere Fragen finden, und viele von uns wurden immer unzufriedener.

Je weiter wir reisten, desto häufiger fanden wir Knochen von Menschen und Tieren. Schließlich gelangten wir an eine Stelle, wo der Boden ganz und gar mit Knochen bedeckt war, und alle weigerten sich weiterzuziehen. Gemeinsam fällten wir die Entscheidung, daß nur zwei Männer mit mir weitergehen sollten. Alle anderen würden nach Hause zurückkehren. Am Ende des dritten Jahres jedoch wurden meine beiden Gefährten krank, und ich mußte sie unterwegs in einem Dorf zurücklassen.

Als ich nun allein weiterzog, stieß ich in einigen Dörfern auf Landeskundige, die mir erzählten, von Zeit zu Zeit seien Wanderer durch ihr Land gekommen, auf der Suche nach einem geheimnisvollen Land. Manche nannten es das verschlossene Land. Andere bezeichneten es als das Land des weißen Wassers und der hohen Berge oder als Land der Lichtgeister oder Land des lebenden Feuers oder als das Land der lebenden Götter. Die Legenden von Belowodje hatten tatsächlich alle Orte dieser Erde erreicht.

Endlich erzählte mir einer der Landeskundigen, die mich

begleiteten, von dort, wo wir gerade stünden, könne man das geheimnisvolle Land in drei Tagen erreichen. Er selbst könne mich nur bis zur Grenze bringen. Von da aus müsse ich allein weitergehen, denn er würde sterben, sollte er die Grenze dieses Landes überschreiten. Also zogen wir weiter.

Der Weg den Berg hinauf war so schmal, daß wir hintereinander gehen mußten. Auf allen Seiten waren wir von hohen Bergen mit schneebedeckten Gipfeln umgeben. Nach der dritten Nacht sagte mein Gefährte, nun müsse ich meinen Weg allein fortsetzen. Nach drei bis sieben Tagen Fußmarsch in Richtung des höchsten Berggipfels würde, wenn ich einer der wenigen Auserwählten sei, ein Dorf vor mir auftauchen. Wenn nicht, würde ich von dem Schicksal, das mir dann bevorstand, jetzt lieber nichts wissen wollen. Daraufhin verließ er mich. Ich blickte ihm nach, bis seine Schritte im Nichts verschwanden.

Die aufgehende Sonne ließ die weißen Berggipfel erstrahlen wie Flammen eines auflodernden Feuers. Ich war das einzige Wesen in Sichtweite. Ich war allein mit meinem Gott, der mich nach dieser langen Reise hierhergeführt hatte. Unbeschreiblicher, himmlischer Jubel erfüllte mich. Ich wußte, daß ich von einem Geistwesen umarmt wurde. Ich legte mich auf den Weg und küßte die steinige Erde, während ich Gott von ganzem Herzen für seine Gnade dankte. Dann ging ich weiter.

Bald kam ich an eine Weggabelung. Beide Wege schienen zum höchsten Berggipfel zu führen. Ich wählte den rechten, über dem die strahlende Sonne stand. Betend und singend setzte ich meine Wanderung fort. An diesem ersten Tag kam ich noch an zwei weitere Weggabelungen. An der ersten versperrte eine sich windende Schlange einen der beiden Pfade, daher wählte ich den anderen. An der zweiten Gabelung blockierten drei Steine einen der beiden Wege. Ich nahm den Weg, der frei war.

Am zweiten Tag gelangte ich nur an eine Wegkreuzung. Diesmal teilte sich mein Weg in drei Pfade. Über einem davon flatterte ein Schmetterling, und den wählte ich. Am Nachmittag führte der Pfad an einem Bergsee entlang.

Am Morgen des dritten Tages erleuchteten die Strahlen der aufgehenden Sonne den weißen, schneebedeckten Gipfel des höchsten Berges und umgaben ihn mit feurigen Flammen. Meine Seele wurde bei diesem Anblick von Ehrfurcht erfüllt. Ich konnte meine Augen nicht von dem Feuer abwenden. Es wurde ein Teil von mir. Meine Seele vereinigte sich mit den Flammen, die den Berg umloderten, und das Feuer wurde lebendig. Weiße Gestalten drehten sich in kreisenden Tänzen und flogen in Flammenströmen zum Gipfel empor. Dann ging die Sonne hinter dem Berg auf, und die Vision, die mich gebannt hatte, löste sich auf.

Am dritten Tag stieß ich auf drei Weggabelungen. Neben der ersten strömte mir ein schönes, sprudelndes smaragdfarbenes Flüßchen entgegen, dessen weiße Gischt über unzählige Steine und übers Moos tanzte. Ohne zu zögern, wählte ich den Uferweg.

Um die Mittagszeit erreichte ich die nächste Kreuzung. Hier zweigten drei Wege ab. Einer führte an einem Felsvorsprung vorbei, der wie ein riesiges Götterbild geformt war, das den Weg beschützte. Ohne zu überlegen nahm ich diesen Weg. An der nächsten Kreuzung, wo ebenfalls drei Pfade in drei verschiedene Richtungen abzweigten, wählte ich den Weg, der ganz in Sonnenstrahlen getaucht war.

Als an diesem dritten Tag die Dunkelheit anbrach, hörte ich merkwürdige Geräusche. Bald darauf erblickte ich an einem Abhang eine Hütte, die von den letzten Sonnenstrahlen beschienen wurde. Ich erreichte die Hütte, bevor es ganz dunkel war, betrat diese bescheidene Zufluchtsstätte und schlief dankbar ein.

Am nächsten Morgen wurde ich von Stimmen geweckt. Zwei Männer standen vor mir und unterhielten sich in einer mir unbekannten Sprache. Merkwürdigerweise verstand mein inneres Selbst die Männer, und sie verstanden auch mich. Sie fragten mich, ob ich Nahrung brauche.

»Ja«, erwiderte ich, »aber nur für den Geist.«

Ich folgte ihnen in ein Dorf, in dem ich eine Weile blieb. Dort wurde ich über vieles belehrt, Pflichten wurden mir auferlegt, und ich mußte bestimmte Arbeiten verrichten. Ich fühlte mich unendlich zufrieden. Eines Tages wurde mir mitgeteilt, es sei an der Zeit für mich weiterzuziehen.

Wie ein geliebter Verwandter wurde ich behandelt, als ich den nächsten Ort erreichte, und dann, als der richtige Zeitpunkt gekommen war, wurde ich wieder zu einem neuen Ort gebracht.

Ich verlor mein Empfinden für die Zeit, denn sie war nicht von Bedeutung. Jeder Tag brachte etwas Neues, etwas, das mir überraschend weise und wunderbar erschien. Die Zeit verfloß, als befände ich mich in einem wundersamen Traum, in dem alle guten Wünsche in Erfüllung gehen. Schließlich sagte man mir, es sei Zeit für mich, nach Hause zurückzukehren, und ich machte mich auf den Weg.

Jetzt, da ich diese Welt bald verlassen werde, erzähle ich euch, was ich zu erzählen vermag. Ich habe viele Dinge für mich behalten, denn euer menschlicher Verstand könnte nicht alles hinnehmen, was ich gesehen und gehört habe.

Das Land Belowodje ist keine Erfindung. Es existiert tatsächlich. In den Volkssagen wurden ihm viele verschiedene Namen gegeben. Die heiligen Wesen, die die Mächte der oberen Welt unterstützen, leben dort. Sie arbeiten ständig mit den himmlischen Lichtmächten zusammen, um den Völkern der Erde zu helfen und sie zu führen. Ihr Reich ist ein Reich des reinen Geistes, mit herrlichen Flammen und voll zauberhafter Geheimnisse, voll Freude, Licht, Liebe und Inspiration, ein Reich ohne Mühsal und von unvorstellbarer Großartigkeit.

In jedem Jahrhundert ist es auf der ganzen Welt nur sieben Menschen gestattet, dieses Land zu betreten. Sechs davon kehren mit dem heiligen Wissen zurück, so wie ich, und der siebte bleibt dort.

In Belowodje leben die Menschen so lange, wie sie wollen. Für die, die das Reich betreten, bleibt die Zeit stehen. Sie sehen und hören alles, was in der Welt draußen vor sich geht. Den Bewohnern von Belowodje bleibt nichts verborgen.

Als mein Geist stärker wurde, war es mir möglich, weiter zu sehen, als ich mit meinen Augen sehen konnte, viele Städte zu besuchen und alles zu erfahren und zu hören, was ich wollte. Ich wurde über das Schicksal unseres Volkes und unseres Landes unterrichtet. Eine große Zukunft liegt vor uns.‹«

Langsam blätterte ich die Seiten des Heftchens um, voll Verwunderung über diese bizarre und dennoch seltsam glaubhafte Erzählung. Am Schluß des Textes befand sich die Anmerkung, daß der Bericht 1893 aufgezeichnet worden war, Wort für Wort nach dem Diktat eines sterbenden Mönchs in einem Kloster. Ich staunte, als mir klarwurde, daß diese Geschichte von 987, als der Großfürst seine Gesandten in die Welt hinaus geschickt hatte, bis 1893, als man sie schließlich aufgeschrieben hatte, mündlich überliefert worden war.

Eine eigenartige Erregung überfiel mich, als ich mir vor

Augen führte, daß dieses kleine Büchlein vor fast hundert Jahren geschrieben worden war und ich es nun in Händen hielt. Obwohl ich es drehte und wendete, konnte ich keinen Hinweis auf Autor oder Verlag finden. Ich fragte meine neuen Freunde danach, aber auch sie konnten mir nicht weiterhelfen.

»Nur eins fällt mir dazu noch ein«, sagte Viktor. »Ich habe einen Freund, der von Beruf Fotograf ist. Früher ist er ab und zu hergekommen, um Aufnahmen zu machen. Schließlich war er vom Altai so beeindruckt, daß er beschloß, hier zu leben. Er ist überzeugt, daß Belowodje irgendwo in dieser Gegend liegt, und er hat seine eigenen ausgefeilten Theorien darüber. Er hat tiefe Felsspalten in den Bergen entdeckt, in denen nichts als Eis ist. Er hat mir erzählt, daß man Feuer sieht, wenn die Sonne diese Spalten bestrahlt. Der Anblick ist so einzigartig, sagt mein Freund, daß er davon überzeugt ist, daß Belowodje in dieser Gegend liegt.«

Viktor warf einen Blick auf seine Armbanduhr, und ich sah, daß es fast Mittag war. Es überraschte mich, wieviel Zeit vergangen war, und ich begann, mir Gedanken um Anna und Nikolaj zu machen. Ich bedankte mich, verabschiedete mich schnell und ging los, um das Haus zu suchen, in dem Anna am Vortag verschwunden war.

9. Kapitel

In der Vormittagssonne sah die Dorfstraße realer und normaler aus als am Abend zuvor. Während ich sie entlangging, rief ich mir meine nächtlichen Erlebnisse und das Gefühl von Umajs Gegenwart ins Gedächtnis. Es war jetzt leichter für mich, alles als Traum zu betrachten. In meiner morgendlichen Gemütsverfassung gab es für Umaj keinen Raum. Ich konnte mir nicht einmal vorstellen, daß sie im Dorf war.

Eines der gestrigen Erlebnisse beunruhigte mich mehr als alle anderen. Wenn man verschiedene psychiatrische Erklärungsmodelle einsetzte, war meine Vision erklärbar, aber ich hatte keine Ahnung, wie ich rational begründen sollte, daß ich gesehen hatte, wie geschnitzte Fische an Holzstücken entlangschwammen, und daß Umaj sich später bei mir bedankt hatte, weil ich ihr angeblich geholfen hatte, die Fische zum Leben zu erwekken und mit der Krankheit wegschwimmen zu lassen. Woher wußte Umaj, daß ich gesehen hatte, wie die Fische sich bewegten? War es reiner Zufall? Daß ich darauf keine Antwort wußte, machte alle anderen rationalen Erklärungen, die ich mir für die Ereignisse zurechtgelegt hatte, wertlos.

Die Frage brachte mich so sehr durcheinander, daß ich nicht länger darüber nachdenken mochte. Um meinen Verstand zu beruhigen, konzentrierte ich mich ausschließlich auf meine Schritte, während ich auf das Haus zuging, in dem ich Anna zu finden hoffte. Das Zusammensein mit Anna und Nikolaj würde mir hoffentlich helfen, Ordnung in meine Gedanken und Emotionen zu bringen und die Teile dieses merkwürdigen Puzzles zusammenzusetzen.

Vorsichtig näherte ich mich der Haustür und klopfte mehrmals an, wobei jedes Klopfen lauter und energischer ausfiel. Niemand antwortete, und es waren auch keine Schritte zu hören, die auf die Tür zukamen. Schließlich stieß ich gegen die Tür, und sie öffnete sich. Die Fensterläden waren fest geschlossen, und im Haus war es dunkel. Zuerst konnte ich überhaupt nichts sehen und dachte, das Haus sei vielleicht leer. Als meine Augen sich an die Dunkelheit gewöhnt hatten und ich undeutlich die Umrisse von Möbelstücken im Raum erkennen konnte, trat ich ein.

Auf der Suche nach Anna ging ich langsam vom ersten Zimmer ins zweite. Noch immer sah ich keine Menschenseele. Ich dachte, daß Anna und Nikolaj vielleicht das Haus verlassen hätten, um nach mir zu suchen, und daß wir uns draußen verpaßt hätten. In meiner Verwirrtheit vergaß ich in diesem Moment völlig, daß wir uns unmöglich hätten verfehlen können, weil es ja nur die eine Straße durch dieses winzige Bergdorf gab.

Ein schwaches Geräusch zu meiner Rechten ließ mich zur Wand herumfahren. Hastig suchte ich nach dem Lichtschalter, und als ich ihn endlich gefunden und eingeschaltet hatte, sah ich Anna. Ich war mit einem Bild konfrontiert, das ich nie vergessen werde. Ihr Körper war merkwürdig verrenkt an der Wand zusammengesunken. Sie regte sich nicht und ließ nicht erkennen, ob sie meine Gegenwart wahrnahm. Ihre Handgelenke waren mit einer dicken dunklen Schnur umwickelt, und sie war damit an zwei großen, an der Wand befestigten Metallringen festgebunden. Nur mit ihrer Unterwäsche bekleidet, lehnte sie halb sitzend an der Wand, der Kopf war ihr auf die Brust gesunken. Ihre Hände waren geöffnet und mit kleinen Schnitten und getrocknetem Blut bedeckt. Ich hielt meine Freundin für tot.

»Anna!« schrie ich voll Entsetzen. Da bewegte sie sich ein wenig und stöhnte leise. Ich hockte mich neben sie, hielt ihre Schultern und bemühte mich, meine Gefühle im Zaum zu halten. Langsam öffnete Anna die Augen und sah mich an. Häßliche dunkle Ringe unter ihren Augen ließen ihr Gesicht alt und ausgezehrt erscheinen.

»Hilf mir, Olga«, sagte sie mit müder, schwacher Stimme. Sobald ich den ersten Schock überwunden hatte, kümmerte ich mich um die dicke Schnur und befreite, so schnell ich konnte, Annas Hände. Ich hatte Angst, sie zu fragen, was geschehen war, und konzentrierte mich ausschließlich darauf, die Schnur zu entknoten und meine Freundin loszubinden. Dann half ich ihr durch den Raum zu einem großen Bett in der Ecke und versuchte, ihr dort ein bequemes Lager zu machen. Angst und Verwirrung raubten mir meine Selbstbeherrschung, und ich weinte, weil ich spürte, daß Anna etwas zugestoßen war, das sie nie mehr würde vergessen können.

Als Anna mein Schluchzen hörte, begann sie zu sprechen. »Bitte, hör auf zu weinen. Mir ist nichts Schlimmes passiert, Olga. Ich habe bloß nicht genug geschlafen.«

Sie deutete auf ihr Kleid, das über einem Stuhl hing. Ich half ihr, es anzuziehen; sie war geistig noch nicht ganz anwesend und hatte ihren erschöpften Körper noch nicht unter Kontrolle.

»Genau«, entgegnete ich. »Und weil du nicht schlafen konntest, hast du deine Hände an den Ringen an der Wand festgebunden. Und als du dann immer noch nicht einschlafen konntest, hast du dir mit einem Messer die Handflächen aufgeritzt. Schau dich doch mal an!«

Nach diesem Gefühlsausbruch ging es mir besser. Anna schien ihre Kräfte wiederzuerlangen, und sie sah zumindest annähernd wie die alte Anna aus. Ich beobachtete sie und kam erleichtert zu dem Schluß, daß ihr nichts Ernsthaftes zugestoßen war.

»Aber Olga, es war meine eigene Entscheidung. Ich habe nicht genau gewußt, was auf mich zukam, aber Umaj hat gesagt, daß es möglicherweise nicht leicht werden würde. Sie hat mich gefragt, ob ich bereit sei zu leiden, um meine Krankheit zu heilen, und ich habe sofort eingewilligt. Es war meine eigene Entscheidung. Mir geht's bald wieder gut. Laß mir nur etwas Zeit.« Annas Stimme wurde wieder schwächer, aber ich konnte keine weiteren Anzeichen von Mißhandlung entdecken.

Endlich, mit einem tiefen Seufzer, begann sie die Ereignisse der vergangenen Nacht zu schildern. Nachdem wir uns am Vortag getrennt hatten, hatte Nikolaj sie in dieses Haus gebracht und sie dort allein auf Umaj warten lassen. Anna hatte lange gewartet, aber zum Glück hatte sie einen interessanten Roman gefunden und sich die Zeit mit Lesen vertrieben. Schließlich war Umaj gekommen und hatte sofort mit dem Heilungsritual begonnen.

»Als erstes hat Umaj mich gefragt, wie ich dir eben schon erzählt habe, ob ich bereit sei zu leiden. Ich habe ja gesagt.«

»Augenblick mal, Anna. Wie konntest du sie denn verstehen?« fragte ich verwirrt.

»Ihre Frage war ja ganz einfach, und ich habe sie wörtlich genommen, Olga. Sie hat mich gefragt, ob ich bereit bin zu leiden, und ich habe ja gesagt. Schließlich habe ich nicht den weiten Weg hierher gemacht und dich auch noch mitgenommen, um mich dann doch nicht heilen zu lassen, bloß weil es ein bißchen unangenehm ist.«

Ich merkte, daß Anna meine Frage falsch verstanden hatte. »Das habe ich nicht gemeint, Anna. Wie konntest du Umajs Sprache verstehen?«

»Wie meinst du das, Olga?« Sie runzelte die Stirn und schüttelte den Kopf, als ergäbe meine Frage keinen Sinn. »Umaj spricht zwar mit Akzent, aber davon abgesehen kann sie doch fließend Russisch.«

Ich fragte mich, ob Anna irgendwie verwirrt war oder ob Umaj tatsächlich Russisch sprach. Wenn das der Fall war, warum hatte sie es dann nicht mit mir gesprochen?

»Als nächstes holte sie zwei Flaschen vom Tisch«, fuhr Anna fort. »Ich glaube, sie waren mit Wodka gefüllt, das stand jedenfalls auf den Etiketten. Sie hat beide runtergekippt, als wäre es Wasser. Ich kann mir nicht vorstellen, daß es wirklich Wodka war, denn ich glaube nicht, daß jemand sie dann so schnell hätte austrinken können.

Was auch immer in den Flaschen war, kurz danach sah Umaj tatsächlich aus, als wäre sie betrunken. Sie holte die Kordeln, die du gesehen hast, aus einer Zimmerekke. Dann forderte sie mich auf, mich auszuziehen und mich an die Wand zu stellen. Ich bin überhaupt nicht auf den Gedanken gekommen, daß sie mich an den Ringen festbinden könnte. Ich bin zur Wand gegangen, und als ich mich wieder zu Umaj umgedreht habe, war sie schon dabei, mich an den Händen zu fesseln. Ich hatte gar keine Zeit, darüber nachzudenken, was mit mir geschah.

Ich glaube, zuerst betrachtete ich es als eine Art volkstümliches Spiel. Erst als mir klarwurde, daß Umaj wirklich sturzbetrunken aussah und daß sie meine Fragen nicht beantworten konnte oder wollte, bekam ich Angst. Ich schrie sie an und verlangte eine Antwort von ihr. Ich fragte sie, was sie da tat. Aber sie reagierte überhaupt nicht, egal, was ich machte. Sie tanzte einfach im Zimmer herum, mit schnellen Trippelschritten, und sang dabei ihr monotones Lied. Sie war betrunken und verrückt und machte mir angst. Ich war völlig in ihrer Gewalt.

So vollkommen hilflos zu sein war wohl das Schrecklichste, was ich je erlebt habe. Der Verlust meiner Willensfreiheit war entsetzlich. Ich glaube, so ähnlich muß man sich in der Hölle fühlen.

Dann fing Umaj an, sehr laut zu singen. Sie sah aus, als hätte sie völlig die Selbstbeherrschung verloren und wäre nicht mehr verantwortlich für das, was sie tat. Ich wurde es schließlich leid, sie anzuschreien, und weil eigentlich noch nichts Schlimmes passiert war, ließ meine Furcht ein wenig nach. Ich beschloß, geduldig auf das Ende von Umajs Vorstellung zu warten. Daraufhin verließ sie das Zimmer und kam mit einem großen, scharfen Messer zurück. Sie stürzte mit drohender Miene auf mich zu, brüllte etwas in ihrer Sprache und fing an, das Messer überall um mich herum dicht neben meinem Körper in die Wand zu stoßen.

Kannst du dir vorstellen, was für entsetzliche Angst ich hatte, Olga? Ich dachte, ich würde auf der Stelle sterben. Ich glaube nicht, daß sich irgend jemand vorstellen kann, wie ich mich in diesem Augenblick fühlte. Ich weinte. Ich betete. Ich versuchte, mich aus meinen Fesseln zu befreien, aber ich war hilflos. Dann wurde Umaj sogar noch verrückter und fing an, mir mit ihrem Messer in die Hände zu schneiden.

Als ich das erste Blut aus meinem Körper fließen sah, verwandelte sich meine Angst blitzartig in Zorn. Ich war wütend auf Umaj und habe sie angebrüllt, daß ich sie umbringen würde! Sie hat mich angesehen und war plötzlich wie verwandelt. Mit völlig nüchternem Blick hat sie auf russisch gesagt, daß sie erst aufhören werde, wenn ich meine Krankheit vertrieben hätte. Dann war sie wieder wie betrunken und fing erneut an, mit ihrem Messer auf meine Hände einzustechen.

Ich war von einem unbändigen Haß erfüllt, den ich am ganzen Körper spürte. Aber diesmal war er nicht so sehr gegen Umaj gerichtet, sondern vielmehr gegen mich selbst, weil ich mich in diese Situation gebracht hatte, weil ich zugelassen hatte, daß ich Umaj nun so hilflos ausgeliefert war. Dieser Haß durchströmte mich von den Füßen bis zum Kopf. Ich wußte nicht, wie ich mit diesem Gefühl fertigwerden sollte. Ich dachte, ich würde verrückt. Dann kam plötzlich ein Tierschrei aus meiner Kehle. Ich fühlte mich wie ein Tier. Ich sah sogar etwas wie eine riesige Gestalt mit meinem Schrei aus meinem Mund kommen. Und dann veränderte sich alles. Ich glaube, der gellende Schrei war es, der die Situation verwandelte. Mein Haß löste sich augenblicklich auf.

Gleichzeitig wurde Umaj wieder ganz ruhig, und jetzt wirkte sie müde. Sie setzte sich vor mich auf einen Stuhl und zündete ihre Pfeife an. Ich war überhaupt nicht mehr wütend auf sie. Ich war zu erschöpft. Ich bat sie, mich ziehen zu lassen, und sie hielt mir kurz die Pfeife an die Lippen. Der Tabak war stark und hatte einen Duft, wie ich ihn noch nie gerochen hatte. Ich war immer noch festgebunden, und ich war so furchtbar müde.

›Ich binde dich nicht los‹, sagte Umaj. ›Wenn ich das tue, denkst du später, daß alles nur ein Traum war. Du brauchst einen Zeugen. Deine Fesseln werden dir als Beweis für deine Erfahrung dienen. Und bloß kein Selbstmitleid. Damit erreichst du nichts. Deine Freundin wird bald kommen. Sie wird dir helfen, und sie wird dich bemitleiden.‹

Während sie die letzten Worte sprach, lachte Umaj, und dann verließ sie das Haus. Ich schlief ein, da, wo ich war, an die Wand gefesselt. Dann bist du gekommen und hast mich geweckt. Und weißt du, sie hat recht gehabt. Du hast wirklich schön um mich geweint«, beendete Anna ihre Geschichte und lachte mich leise aus.

Während Anna erzählte, fühlte ich mich mehr und mehr so, als sei ich es gewesen, die diese schreckliche Tortur durchgemacht hatte. Alles, was sie erzählte, klang so real. Ich wollte meiner Freundin noch weitere Fragen stellen, sah aber, daß sie nicht genug Kraft besaß, um noch mehr zu sagen. Ich war ebenfalls müde, daher stellte ich ihr nur eine letzte einfache Frage, bevor ich sie einschlafen ließ: »Wo ist Nikolaj?«

»Weiß ich nicht. Ich habe ihn gestern zum letztenmal gesehen, als er mit mir zu diesem Haus gegangen ist. Ich dachte, ihr beide hättet die Zeit zusammen verbracht.«

»Nein, auch wir haben uns gestern getrennt, und er sagte, er wolle hierherkommen, um mit dir zu warten. Ist er denn nicht gekommen?«

»Nein, Olga. Ich erinnere mich nicht daran, ihn hier gesehen zu haben.« Nach dem letzten Wort schlief sie sofort ein.

Ich lehnte mich zurück und schloß einen Moment lang

die Augen. Meine Gedanken überschlugen sich. Offensichtlich war ich der Situation nicht gewachsen, schon früher war es mir in Extremsituationen bisweilen ebenso ergangen. Mein Verstand fühlte sich überfordert und verfiel in eine Art Lähmung, während mein Unbewußtes versuchte, den besten Ausweg zu finden. Aber diesmal tauchten aus meiner Benommenheit überhaupt keine Ideen auf. Ich war nicht in der Lage, rational auf die Situation zu reagieren, und wußte nicht, ob ich weinen, weglaufen, schreien oder wie Anna einfach einschlafen sollte. Alles geschah viel zu schnell.

Ich weiß nicht, wie lange ich so neben der schlafenden Anna saß, aber schließlich beschloß ich, Viktor und Igor noch einmal aufzusuchen. Diese Männer schienen meine einzige Verbindung zur Normalität zu sein. Sie symbolisierten für mich jetzt Stabilität und Ordnung. Als ich erst einmal auf diesen Gedanken gekommen war, konnte ich gar nicht schnell genug aufbrechen. Ich warf mir meinen Mantel um die Schultern, verließ das Haus und ging schnell die inzwischen vertraute Dorfstraße entlang zu ihrem Haus.

Ich klopfte an die Haustür und öffnete sie, ohne eine Antwort abzuwarten. Doch die Überzeugung, daß mir in diesem Dorf die Türen weiterhin offenstanden, verflüchtigte sich schnell: Eine streng wirkende alte Frau musterte mich, offensichtlich verärgert über mein Eindringen.

»Was wollen Sie?« fragte sie auf russisch mit lauter Stimme, in der nicht die leiseste Spur von Gastfreundschaft mitschwang.

»Ich möchte Viktor und Igor ein paar Fragen stellen«, stieß ich hervor, überrascht, daß ich bei dieser griesgrämigen Alten hereingeplatzt war.

»Die gibt es hier nicht«, fuhr sie mich an.

»Aber ich habe sie heute morgen hier kennengelernt«, sagte ich hartnäckig. »Ich habe von gestern auf heute hier übernachtet, in der anderen Haushälfte. Umaj hat mich hergebracht.«

Ich wurde immer verwirrter und mußte mir selbst beweisen, daß es so etwas wie Realität gab. Ich brauchte die Bestätigung dieser Frau, daß mein Erlebnis mit Viktor und Igor tatsächlich stattgefunden hatte.

Aber sie wiederholte ihre Worte sogar noch barscher als zuvor. »Leute dieses Namens sind nie hier gewesen. Ich habe keine Ahnung, wovon Sie sprechen, junge Frau.«

»Bitte. Hören Sie mich an. Ich bin mit zwei Freunden aus Nowosibirsk hergekommen. Ich suche nach dem Mann aus dem Altai, der uns aus seinem Dorf hierher gebracht hat. Er heißt Nikolaj, und wir sind erst gestern hier angekommen. Ohne ihn finden wir den Rückweg in sein Dorf nicht. Können Sie mir bitte helfen, ihn ausfindig zu machen?«

Statt sich von meinen Worten milder stimmen zu lassen, setzte die Alte eine noch strengere Miene auf. Ihre Stimme war, wenn möglich, noch schärfer, als sie jetzt sagte: »Als ich jung war, hätte ich mich niemals mit einem Mann auf so etwas eingelassen. Das ist Ihr Problem. Ich weiß nichts, was Ihnen weiterhelfen könnte. Und jetzt verlassen Sie bitte mein Haus.«

Ich war sicher, daß sie von Viktor und Igor wußte, und von Umaj und Nikolaj wahrscheinlich auch. Wenn man in einem so kleinen Dorf lebte, mußte man einfach über alles Bescheid wissen, in jedem Fall aber über Fremde, die im eigenen Haus übernachteten. Aber ihre Feindseligkeit mir gegenüber, einer jungen, unverheirateten Fremden, die mit einem unverheirateten Mann unterwegs war, war nur allzu offensichtlich. Ich wußte, daß die Alte ihr letztes Wort gesprochen hatte.

Ärgerlich trat ich wieder auf die Straße hinaus. Sie war menschenleer. Angst und Einsamkeit überwältigten mich. Was aber alles noch viel schlimmer machte, war dieses Prickeln meiner Haut, das mir signalisierte, daß um mich herum überall Leute in ihren Häusern saßen, die wußten, was geschehen war, und trotzdem nicht bereit waren, mir zu helfen.

LADEN. Mein Blick fiel auf das Schild oben auf einem Hausdach. Ich fragte mich, wie ich diese Straße hatte entlanggehen können, ohne es nicht schon längst bemerkt zu haben. Ich fürchtete zwar, daß mein heftiges Unbehagen im Laden noch stärker werden würde, aber die Tür stand offen, und ohne weiter nachzudenken, trat ich ein.

Ein alter Einheimischer saß hinter der Ladentheke. Er döste vor sich hin und nickte beim Ein- und Ausatmen jedesmal mit dem Kopf. Das warme Gewand, das im Altai traditionelle Tracht ist, hatte er über seinem gewaltigen Bauch mit einem Gürtel zusammengefaßt. Auf dem Kopf trug er eine typisch russische Mütze aus gefärbtem Kaninchenfell, die ihm offensichtlich half, sich in seinem ungeheizten Laden behaglich zu fühlen. Er schien mich erst zu bemerken, als ich ihn ziemlich nervös fragte, was ich bei ihm zu essen kaufen könne. Lebensmittel oder Getränke konnte ich nämlich nirgends entdecken, bloß ein paar Dinge für Kinder und Artikel wie Seife und Zahnpasta.

Langsam wandte der Alte mir seine Aufmerksamkeit zu, sah mich an und meinte: »Sie können Brot und Süßigkeiten kaufen. Alle anderen Lebensmittel, die ich normalerweise habe, sind schon verkauft. Ich weiß nicht, wann ich die nächste Lieferung bekomme.« Er sah mich gleichgültig an, aber ich hatte das Gefühl, daß er alles über mich wußte. In meinem Unterleib und meinem Brustkorb breitete sich eine starke Spannung aus.

Ich zwang mich, mir die Fälle von ›Eisenbahnparanoia‹ ins Gedächtnis zu rufen, die ein berühmter russischer Psychiater des neunzehnten Jahrhunderts als situationsbedingte Störung beschrieben hatte, die bei Menschen auftrat, die zum ersten Mal mit dem Zug fuhren. Dieses Syndrom war mit vielen Arten der Paranoia verwandt, die durch unbekannte Situationen ausgelöst wurden. Ich hatte kein Verlangen danach, diese Psychose aus eigener Erfahrung kennenzulernen, daher konzentrierte ich mich auf die Entscheidung, was ich denn nun kaufen wollte.

Auf diese Weise beruhigte ich mich, und ich war in der Lage, Brot und ein Päckchen kandierte Früchte einzukaufen, ohne mich erneut bedroht zu fühlen. Ich hatte meine Geldbörse und alle Papiere in meinem Koffer bei Marija gelassen, aber zum Glück fand ich in meiner Manteltasche genügend Münzen, um meine Einkäufe zu bezahlen. Ich kam mir naiv und verantwortungslos vor, als ich daran dachte, wie leichtfertig ich diese Reise vorbereitet und durchgeführt hatte.

Anna schlief immer noch, als ich zu ihr zurückkehrte. Von Nikolaj fehlte nach wie vor jede Spur. Daß ich nicht wußte, wo er war oder wann er auftauchen würde, beunruhigte mich.

Außerdem bemerkte ich, daß mit meinem Zeitgefühl etwas Ungewöhnliches passiert war. Mir schien, als wären seit meinem Erwachen heute morgen erst wenige Stunden vergangen, aber als ich aus dem Fenster blickte, sah ich, daß das Tageslicht bereits im Schwinden begriffen war und der Abend aufzog. Ich konnte meine Armbanduhr nicht finden und mich auch nicht daran erinnern, ob ich sie gestern bei mir gehabt hatte oder nicht. Ich hatte diese merkwürdige Verdichtung von Zeit noch nie erlebt, und sie trug zu meiner Verwirrung bei.

Ich dachte, daß ich vielleicht auf den Boden der Tatsachen zurückkehren könne, indem ich mich auf meinen Körper konzentrierte. Ich kramte in Annas Tasche und fand das Brot und den Käse, die Marija uns gestern mitgegeben hatte. War das wirklich erst gestern gewesen?

Während ich mir eine kleine Mahlzeit zusammenstellte, hörte ich Annas Stimme aus dem Nebenzimmer. Zuerst hatte ich ein schlechtes Gewissen, daß ich soviel Lärm gemacht und sie geweckt hatte. Aber als sie in die Küche kam, traute ich meinen Augen nicht. Sie sah um Jahre jünger aus und strahlte wie ein kleines Kind. Sie lachte aus ihrer Mitte heraus, und es war offensichtlich, daß ungeheure Energie sie durchströmte.

»Hallo, ich bin wieder da«, sagte sie mit jugendlichem Grinsen.

»Das sehe ich.« Prüfend musterte ich ihr Gesicht, zuerst ungläubig, dann voller Erleichterung, daß meine Freundin tatsächlich wieder völlig genesen schien. Und dabei sah sie so gut aus wie seit langem nicht.

»Olga! Ich kann gar nicht fassen, daß es mir so gut geht. Ich kann mich nicht erinnern, daß ich mich jemals so gesund und stark gefühlt hätte. Man muß anscheinend manchmal krank werden, um zu erkennen, was Gesundheit bedeutet. Ich habe es geschafft. Deine Umaj ist ein verrücktes altes Weib, aber ich glaube, sie kann wirklich Wunder vollbringen.«

»Freut mich zu hören, Anna, aber sie ist nicht ›meine‹ Umaj. Sie ist zumindest genauso sehr deine wie meine. Vor allem, weil ich das, was ich mit ihr erlebt habe, überhaupt nicht verstehe. Wenn es eine Heilung war, war jedenfalls ganz schön viel Irrsinn mit im Spiel. Nachdem Umaj mit mir gearbeitet hatte, hatte ich das Gefühl, geisteskrank zu sein.

Anna, hast du eine Ahnung, was wir jetzt tun sollen?« wechselte ich das Thema. »Wir wissen weder, wo Nikolaj ist, noch wann er auftauchen wird und ob er überhaupt kommt. Es wird Zeit, uns auf den Nachhauseweg zu machen, findest du nicht? Aber wir wissen noch nicht einmal, wie wir hier allein fortkommen sollen. Hast du einen Vorschlag?«

»Das ist mir alles ganz egal. Ich muß jetzt etwas zu essen haben, und dann würde es mir wahrscheinlich guttun, noch ein paar Stunden zu schlafen. Es ist doch sowieso schon fast wieder Nacht, oder?«

Ich sah aus dem Fenster und war schockiert, daß das Tageslicht nun ganz geschwunden und das Dörfchen in völlige Dunkelheit gehüllt war. Dann versetzte mir eine weitere Entdeckung einen neuen Schrecken: Mir wurde klar, daß jemand das elektrische Licht eingeschaltet hatte. Ich wußte, daß ich es sicher nicht gewesen war, und ich glaubte auch nicht, daß Anna es getan hatte. Aber was ließ sich in diesem verwunschenen Bergdorf schon mit Gewißheit sagen?

Anna mochte es vielleicht in Ordnung finden, hier zu bleiben, aber ich fand es zunehmend problematischer. Mein schmales Bett in meiner tristen, langweiligen Wohnung erschien mir immer verlockender. Ich rief mir Annas Worte ins Gedächtnis und erwiderte ihr schließlich, daß wir den Käse und das Brot von Marija hätten und außerdem die paar Dinge, die ich eingekauft hatte. Wir beschlossen, schnell etwas zu essen und dann gleich schlafen zu gehen, damit wir beim ersten Tageslicht aufwachen würden und uns darum kümmern konnten, wie wir aus diesem Bergnest herauskämen. Als wir ins Bett gingen, witzelte ich lahm: »Gute Nacht, Anna. Hoffentlich bist du nicht wieder an die Wand gefesselt, wenn ich morgen früh aufwache!«

Im zweiten Zimmer stand ein weiteres Bett. Ich legte mich sofort hin, ohne mir die Mühe zu machen, mich auszuziehen oder unter eine Decke zu kriechen. Vor dem Einschlafen kam mir als letztes noch der Gedanke, daß die Temperatur im Haus eigenartigerweise angenehm war, obwohl niemand ein Feuer im Kamin angezündet hatte und es auch keine andere Wärmequelle gab. Ich war geistig, körperlich und emotional so ausgelaugt, daß weder dieser befremdliche Sachverhalt noch die Tatsache, daß ich in diesem geheimnisvollen Haus schlief, ohne zu wissen, wo Nikolaj, mein Koffer oder meine sonstigen Habseligkeiten waren, mich davon abhalten konnte, in Vorfreude auf einen tiefen, friedlichen Schlummer die Augen zu schließen.

Plötzlich fließt von oben herab eine warme Welle über meinen Körper, und ich spüre, daß ich von einer unbekannten Macht durch Zeit und Raum gespült werde. Obwohl ich hilflos bin, fühle ich mich sicher, daher gebe ich mich einfach dem Geschehen hin.

Ich liege auf dem Boden in dem Raum, in dem ich gestern mit Umaj gewesen bin. Irgendwie überrascht mich das nicht. Ich befinde mich in einem neuen Bewußtseinszustand, in dem ich meinen Körper zwar spüren, aber keinen Körperteil bewegen kann. Um mich herum sind viele Stimmen, aber sie sind undeutlich, und ich kann sie nicht verstehen. Ich selbst habe keine Stimme.

Immer wieder durchströmen mich Schwingungen vom

Kopf bis zu den Füßen. Es ist angenehm, daher versuche ich nicht, mich dagegen zu wehren. Ein rhythmischer Klang schiebt sich allmählich in meine Wahrnehmung und kommt immer näher. Es ist nicht wichtig für mich, die Klangquelle auszumachen. Ich gewöhne mich daran, nicht danach zu fragen, was mir widerfährt, sondern mich einfach den Ereignissen zu überlassen. Ich vertraue darauf, daß ich mich dabei keiner Gefahr aussetze.

Der Rhythmus gefällt mir, und ich beginne, ihm zu folgen. Allmählich ruft er Bilder in mir hervor. Zuerst sind sie verschwommen und wechseln schnell, bis dann schließlich ein Bild klar hervortritt und scharf wird. Es ist die Vision einer bernsteingelben Pyramide. Zuerst ist sie weit entfernt, dann aber rast sie mit großer Geschwindigkeit auf mich zu. Ihr Tempo ist beängstigend, und ich weiß nicht, was ich tun soll.

Der Raum vor mir wird gelb. Die Pyramide wird riesengroß, und plötzlich merke ich, daß ich ihre bernsteinfarbene Wand durchdringe. Mir bleibt keine Zeit, um zu verstehen, was geschieht.

Ich bin im Bernstein und schwebe darin langsam aufwärts. Mein Körper bewegt sich mühelos durch gelbe Korridore. Es ist eine heitere Welt ohne Menschen und ohne Energien, abgesehen von der Ausstrahlung des Bernsteins. Die Zeit ist hier verdichtet. Ich spüre eine Art Spirale in meinem Körper, die sich langsam entrollt und mich immer höher hinaufschiebt. Die Zeit breitet sich mit mir nach oben aus. Die Pyramide wird zu einem Vulkan und explodiert. Ich befinde mich mitten in der Explosion und werde mit großer Wucht fortgeschleudert.

In einem dunklen Wald werde ich sicher abgesetzt. Irgendwo tief in mir bin ich ruhig und akzeptiere, was geschieht. Ich habe keine Angst. Ich fühle mich verändert.

Manche meiner jüngsten Erlebnisse waren zwar beängstigend, aber sie haben mich auch etwas gelehrt. Sie haben es mir ermöglicht, mich auf eine Weise zu distanzieren und Beobachterin zu sein, wie ich es vorher nie vermocht hätte.

»Geh weiter!« Das ist Umajs Stimme, und es beruhigt mich, sie in der Nähe zu wissen. Ich sehe einen schmalen Pfad und folge ihm in die Tiefe des Waldes. Blau und Schwarz sind die Farben des Waldes. An den Baumarten um mich herum erkenne ich, daß ich mich irgendwo in Sibirien befinde. Ich nehme den unverkennbaren Geruch eines Flusses wahr und weiß, daß das Wasser nicht weit entfernt ist. Meine Sinne sind geschärft, so, als wären die Freuden und Leiden der Zeitalter in meinem Herzen verschmolzen. Bei jedem Schritt meiner unsichtbaren Füße spüre ich diese Mischung aus Schmerz und Freude. Die Schwerkraft wirkt sich auf meinen Körper anders aus als sonst, und es kostet mich Mühe, die Füße auf dem Boden zu halten.

»Geh weiter!« Umajs Stimme ist kräftiger und eindringlicher geworden, und ich setze den Weg fort. Es wird immer finsterer. Tiefe Stille ist jetzt mein einziger Begleiter. Plötzlich scheint es mir, als hätte ich mich in eine uralte Frau verwandelt, doch gleichzeitig spüre ich, daß ich sehr viel Kraft habe. Der Pfad führt auf ein Feuer zu, das auf einer kleinen Lichtung lodert.

»Warum bin ich so alt?« frage ich in den Raum hinein. Ich bekomme keine Antwort, sondern höre nur Umajs Stimme, die mich wieder zum Weitergehen auffordert.

Mein Körper ist jetzt in lange, fließend weiße Gewänder gehüllt. Ich gehe immer schneller, angezogen von dem Feuer, das vor mir brennt. Viele Menschen sind um das

Feuer versammelt und alle tragen die gleichen weißen Kleider. Manche sitzen, andere stehen, und wieder andere tanzen um das Feuer herum. Ihre Gesichter sehen merkwürdig vertraut aus, trotzdem erkenne ich eigentlich niemanden. Pferde sind an die Bäume, die die Lichtung säumen, gebunden. Ich nähere mich dem Feuer, die Tänzer weichen zur Seite und geben mir den Weg frei.

Drei Gestalten sitzen um das Feuer herum, in fließenden weißen Gewändern, so, wie ich eines trage. Die von weißen Kapuzen bedeckten Köpfe halten sie zur Erde gesenkt. Sie sitzen in drei der vier Himmelsrichtungen, und der Pfad, dem ich folge, führt mich zu der vierten. Die sitzenden Gestalten rühren sich nicht, als ich hinzutrete, aber ich weiß, daß sie mich wahrnehmen. Schweigend setze ich mich auf der vierten Seite des Feuers zu ihnen in den Kreis.

Allmählich wird der Rhythmus des Tanzes um uns herum stärker. Ohne ein Wort oder eine Geste auszutauschen, stehen wir gleichzeitig auf. Etwas Wichtiges wird geschehen, und ich lasse mich davon erfassen.

Ich trete in das Feuer hinein und blicke die drei Gestalten vor mir an. Die Flammen umzüngeln meinen Körper, aber ich habe keine Angst und spüre keinen Schmerz. Augenblicklich tritt mein Gegenüber zu mir ins Feuer. Die Gestalt nimmt ihre Kapuze ab, und zum ersten Mal sehe ich ihr Gesicht. Dann verwandelt sich ihre ganze Erscheinung in einen gewaltigen Blitz, der den gesamten Raum um uns herum erleuchtet. Seine Enden verbinden die beiden Gestalten, die rechts und links von mir stehen.

Ich wende mich der Gestalt auf meiner linken Seite zu und sehe ihr ins Gesicht. Während ich sie anblicke, verschwindet das Fleisch von ihren Knochen, und sie wird zum

Skelett – einem Skelett aus alten, ausgebleichten Knochen. Dann blitzt es wieder, und ich betrachte die Gestalt zu meiner Rechten. Während der Blitz sich von ihrem Körper zurückzieht, verwandelt sie sich in eine Traube aus prächtigen, vollerblühten weißen Blumen, die die Energie allen Lebens in sich zu tragen scheinen. Ich kann die Essenz des Lebens in ihrem Duft riechen.

Jetzt verschmelzen alle drei Gestalten mit dem Feuer, sie nehmen den Raum ein, den ich ausfülle, und vereinigen sich mit mir. Ich bin nun Knochen und Blumen, die durch den Blitz miteinander verbunden wurden, und mein Altweiberkörper hat sich in den Leib einer kräftigen jungen Frau verwandelt.

Die klangvolle Stimme eines Mannes ertönt aus dem Kreis um das Feuer. »Wir sind jetzt bereit, diesen Ort zu verlassen. Bewahre die Erinnerung an das, was du erlebt hast. Wir werden wieder zusammenkommen.« Die Menschen beginnen aufzubrechen und gehen zu den Pferden, die angebunden zwischen den Bäumen auf sie warten.

»Geh weiter!« fordert Umajs Stimme mich noch einmal auf. Ich bin wieder allein und gehe denselben Pfad zurück, der mich zum Feuer geführt hat. Der Blitz in mir ist eine hauchdünne Linie zwischen Leben und Tod. Ich begreife das und habe das Empfinden, daß ich dieses Geschenk einsetzen kann, um mir und anderen zu helfen.

Als ich aufwachte, war ich zuerst völlig desorientiert und wußte einen Augenblick lang nicht, wer oder wo ich war. Ängstlich schaute ich mich um, und durch die offene Tür sah ich Anna, die friedlich im Nebenzimmer schlief. Da wurde mir klar, daß ich soeben von einem weiteren merkwürdigen Erlebnis in meine alltägliche Wirklichkeit zurückgekehrt war. Während das letzte Gefühl, das ich im

Traum gehabt hatte – daß ich den Punkt, an dem sich Leben und Tod treffen, in mir trage –, allmählich verblaßte, erinnerte ich mich plötzlich an eine ungewöhnliche Begegnung, die vor mehr als zehn Jahren stattgefunden hatte.

10. Kapitel

Ich war damals achtzehn Jahre alt und studierte im ersten Jahr Medizin in Nowosibirsk. Es war eine herrliche Zeit für mich, endlich war ich von den strengen Regeln und Vorschriften der Schule befreit. Es war eine Zeit voller Feste, neuer Freundschaften und Theaterbesuche und jeder Menge neuer Erfahrungen. Wie junge Studenten überall auf der Welt entdeckten wir die ersten Freuden des Erwachsenenlebens.

Als Medizinstudenten waren wir ständig von einer Klinik zur anderen unterwegs, und zwar normalerweise mit dem Bus. Es war frustrierend, jeden Tag soviel Zeit auf die weiten Fahrten verschwenden zu müssen, damit wir zu unseren Seminaren kamen. Eines Tages mitten im Winter hatte ich ungewöhnlich lange im eisigen Wind auf meinen Bus gewartet, so daß ich nicht weiter überrascht war, als ich ein paar Stunden später das Gefühl hatte, krank zu werden.

Abends hatte ich hohes Fieber. Die Grippe, die gerade umging, war so schwer, daß sie die Betroffenen für mindestens eine Woche ans Bett fesselte, daher wußte ich, daß ich länger als bloß ein oder zwei Tage brauchen würde, um wieder gesund zu werden. Diese Vorstellung ärgerte mich allein schon deswegen, weil die Winterferien vor der Tür standen und ich mich darauf gefreut hatte, mit meinen Freunden in ein Ferienlager zu fahren. Wenn es tatsächlich die Grippe war, würde sie meine Pläne mit Sicherheit durchkreuzen. Widerstrebend legte ich mich ins Bett, um meine Symptome abzuwarten.

Am nächsten Tag lag ich unter einer warmen Daunendecke im Bett und versuchte, ein Buch zu lesen, als das Telefon klingelte. Es war Irina, eine Freundin, die anrief, um sich nach meinem Befinden zu erkundigen.

Nachdem sie sich meine Klagen angehört und mich angemessen bemitleidet hatte, klatschten wir eine Weile über Neuigkeiten aus dem Universitätsleben. Schließlich, als unsere Unterhaltung sich dem Ende näherte, sagte Irina zögernd, sie wäre sich nicht sicher, wie ich auf den Vorschlag reagieren würde, den sie mir machen wollte, aber ihrer Meinung nach gäbe es immer noch eine Chance, daß ich mit den anderen in die Ferien fahren könnte. Irina eröffnete mir, daß ihre Mutter einen Heiler kannte. Er war Komponist und arbeitete mit ihr zusammen am Konservatorium. Es hieß, daß er Wunder vollbringen könne. Irina meinte, ihre Mutter könne ihn bestimmt dazu bringen, mich noch am gleichen Abend zu untersuchen. Ich war zwar unschlüssig und zurückhaltend, aber meine Freundin bestand darauf, mir die Adresse des Komponisten zu geben, und sagte, ihre Mutter würde ihn anrufen, und alles mit ihm absprechen.

Ich schrieb seine Adresse auf, nicht sicher, was ich damit anfangen würde. Ich war in einer Familie aus Ärzten und Wissenschaftlern aufgewachsen. Meine Eltern waren beide Ärzte, und meine Großmutter väterlicherseits hatte in Chemie promoviert. Mit Ende Siebzig leitete sie noch ein bedeutendes Forschungslabor in Nowosibirsk. Meine

Familie hielt mich für eine wissenschaftlich orientierte Medizinerin, und in gewisser Weise sah ich mich selbst auch so. Aus dieser Perspektive wirkte der Vorschlag meiner Freundin, einen unorthodoxen Heiler aufzusuchen, völlig absurd.

Aber als ich aufgelegt hatte, merkte ich, wie ich immer neugieriger wurde, was dieser Heiler wohl tun würde. Die Wissenschaftlerin war nur eine Seite von mir. Auch meiner anderen Großmutter hatte ich mich immer stark verbunden gefühlt. Alexandra, die Mutter meiner Mutter, war nicht besonders gebildet gewesen, aber in meiner Kindheit hatte ich sie für den klügsten Menschen der Welt gehalten.

Sie lebte in Kursk, einer kleinen Stadt in Zentralrußland. Jedes Jahr verbrachte ich die drei Sommermonate bei ihr. Ihr Häuschen war voller Zaubermittel und Wunderdinge, und dort war mir das Wort ›Heilen‹ zu einem vertrauten Begriff geworden. Fast allen Frauen, die in der Nachbarschaft meiner Großmutter wohnten, wurden Zauberkräfte zugeschrieben. Manche dieser Kräfte galten als wohltätig und heilsam, während andere geheimnisumwoben und furchteinflößend waren.

In einer meiner intensivsten Kindheitserinnerungen war ich Zeuge eines Rituals, das man ›Die Hexe Herausrufen‹ nannte. Ein paar Frauen aus unserer Straße hatten eine Nachbarin im Verdacht, mit ihren Hexenkünsten anderen Schaden zuzufügen, und führten daher eine Zeremonie durch, um herauszufinden, ob die vermeintliche Hexe schuldig war oder nicht. Ich war noch ein kleines Mädchen und beobachtete alles mit einem vor Aufregung hochroten Kopf aus meinem Versteck hinter einem von dichten Kletterpflanzen überwucherten Lattenzaun.

Die Frauen warteten, bis sie glaubten, daß die als böse

Hexe verdächtigte Nachbarin beschäftigt war und sie nicht bemerken würde. Dann huschten sie eilig den Weg von der Straße zu ihrer Haustür entlang und bestreuten ihn auf der ganzen Länge mit Salz. Auf dem Pfad war das Salz nicht zu sehen, aber im Dorf herrschte der Glaube, daß die Verdächtige, wenn sie tatsächlich schwarze Magie betrieb, alles tun würde, um dem Salz auszuweichen.

Was ich dann sah, war erstaunlich. Nach kurzer Zeit verließ die Verdächtige ihr Haus, aber statt auf dem üblichen Pfad zur Straße zu gehen, machte sie einen merkwürdigen Umweg. Von ihrer Haustür aus schlug sie einen Bogen und bahnte sich einen Weg durch das hohe, mit tausend Dornen gespickte Unkraut, das überall am Straßenrand wuchs.

Die Nachbarinnen beobachteten sie aus einem Versteck auf der anderen Straßenseite. »Aha«, sagten sie. Mit zufriedenen Mienen gingen sie nach Hause und befaßten sich mit der Schuldigen, indem sie selbst Zaubermittel zubereiteten und magische Sprüche aufsagten.

Seit ich denken konnte, hatte ich unter diesen Frauen gelebt, hatte ihnen zugehört und beobachtet, wie sie ihre Naturmagie betrieben. Ein Teil meines Wesens war damals fasziniert gewesen und seither von der rätselhaften Welt gefesselt, in der sie lebten und ihre geheimnisvollen Künste praktizierten.

Zwei sehr verschiedene, ja fast entgegengesetzte Einstellungen zu den vielfältigen Ereignissen im menschlichen Leben, ihrer Interpretation, ihrem inneren Zusammenhang bestimmten also meine Kindheit. Ich hatte diese beiden unterschiedlichen Aspekte meiner selbst immer als polare Gegensätze betrachtet, wie Sibirien und Rußland, Winter und Sommer, Wissenschaft und Magie, und jetzt hatte der Anruf meiner Freundin diesen Konflikt erneut entfacht.

Ich kämpfte mit mir, was ich nun tun sollte. Unorthodoxe Heilmethoden vertrugen sich überhaupt nicht mit dem atheistischen Modell, das einer der Grundpfeiler der offiziellen Sowjetkultur war. Ich erinnerte mich an die monotone Stimme eines Professors: »Das neue sozialistische Bewußtsein erlaubt uns, den alten Glauben an Heilrituale als das zu sehen, was er wirklich ist – als veralteten religiösen Unsinn.«

Als ich diese eintönige Stimme in meiner Erinnerung wieder vom ›sozialistischen Bewußtsein‹ sprechen hörte, beschloß ich, den Heiler aufzusuchen. Sollte er mir nicht helfen können, so nahm ich damit zumindest Rache an dem alten Professor, in dessen Vorlesung ich mich immer so geärgert hatte.

Ich ging durch die Kälte zur Bushaltestelle und stellte mich ans Ende einer bedrückend langen Schlange. Ich überdachte meine Situation. Es war fünf Uhr nachmittags, die geschäftigste Zeit des Tages. In Rußland konnte sich kaum jemand ein Auto leisten, daher waren die meisten Leute auf öffentliche Verkehrsmittel angewiesen, um zur Arbeit und wieder nach Hause zu gelangen. Bei dieser Länge der Schlange konnte ich bestenfalls darauf hoffen, nach einer langen Wartezeit auf einem engen Stehplatz in einem kalten, schaukelnden Bus eingekeilt zu werden. Während ich noch überlegte, welche Alternativen ich hatte, fuhr ein Bus, ohne anzuhalten, an der Haltestelle vorbei, denn er war bereits überfüllt. Wenn ich pünktlich bei dem Heiler ankommen wollte, mußte ich trotz meines Fiebers zu Fuß gehen. Ich machte mich auf den Weg, und etwa eine Viertelstunde später erreichte ich den richtigen Häuserblock.

Das Mietshaus, in dem der Heiler wohnte, ein typisches, fünfstöckiges graues Gebäude in einem neuen Wohnviertel, war leicht zu finden. Bei seinem Anblick fiel mir ein, daß ich mich als junges Mädchen oft gefragt hatte, ob die Farbe der Häuser wohl die Gefühle und Gedanken und vielleicht sogar die Gesundheit ihrer Bewohner beeinflußte. Fast alle Gebäude in Nowosibirsk waren häßliche graue Gebilde, die aussahen wie Schuhschachteln. Während ich den Block entlangging, dachte ich darüber nach, wie schwierig es sein konnte, etwas Farbe in ein graues Leben zu bringen.

Im Winter ging die Sonne früh unter, und obwohl es noch nicht spät war, war es schon dunkel, als ich ankam. Ich wußte, daß ich mich im richtigen Gebäude befand, aber viele der Lampen, die das Treppenhaus beleuchteten, funktionierten nicht, und das machte es schwer, die Wohnungsnummern zu erkennen. In meinem geschwächten Zustand hoffte ich ständig, daß die nächste Zahl, die ich blinzelnd entzifferte, die Nummer des Heilers wäre. Die Zahlen waren so undeutlich und schwer zu lesen, daß es mir schien, als würden sie sich bewegen.

Endlich hatte ich die richtige Nummer gefunden und stieg langsam die Stufen zu seiner Wohnung hinauf. Eine junge Frau, etwa so alt wie ich, öffnete die Tür. Als sie sah, wie erschöpft ich war, bat sie mich schnell herein. Sie war klein, hatte eine gute Figur und trug ein leichtes Hauskleid mit Blümchenmuster. Ihr langes, dunkles Haar war glattgekämmt und zusammengebunden, so daß ihr attraktives Gesicht gut zur Geltung kam. »Sie müssen Olga sein«, begrüßte sie mich. »Er wartet schon auf Sie.«

Ich hing meinen Mantel im Flur auf und betrat das einzige Zimmer der kleinen Wohnung. Die Einrichtung war typisch für Leute mit intellektuellen Berufen – wenige Möbel, ein Bücherregal, das mit dicken, alten Bänden überladen war, ein alter Tisch mit einem Fernsehgerät darauf, ein altes Klavier an der Wand und ein großes, ungemachtes Bett mitten im Zimmer. Die junge Frau führte mich in den Raum, ging dann in die Küche und ließ mich mit dem Mann, der auf der Bettkante saß, allein.

Er stand auf, als ich den Raum betrat. Als sein Gesicht im Licht besser zu erkennen war, sah ich, daß er kurzes schwarzes Haar, dunkle Augen, einen intensiven Blick und tiefe Falten um den Mund hatte. Am meisten beeindruckte mich aber seine Stimme, deren tiefe Monotonie häufig durch merkwürdige und anscheinend willkürlich gesetzte Betonungen unterbrochen wurde.

Er trug kein Hemd, nur eine weiße kurze Hose, schien sich aber in dieser alles andere als förmlichen Kleidung wohl zu fühlen. Er bat mich, auf dem einzigen Stuhl im Zimmer Platz zu nehmen, und dann begann er über Musik zu sprechen. Er erklärte mir, daß musikalische Klänge unsere Psyche beeinflussen und Musik Wunder wirken könne, wenn sie in richtiger Absicht erzeugt werde.

Ich verstand nicht einmal die Hälfte von dem, was er sagte, und mir wurde immer unbehaglicher zumute. Seine seltsamen Eigenheiten und seine spärliche Bekleidung bestärkten in mir mehr und mehr das Gefühl, daß es ein Fehler gewesen war herzukommen. Erleichtert atmete ich auf, als die junge Frau mit einer Tasse starkem schwarzen Tee aus der Küche kam. Sie reichte mir die Tasse und setzte sich auf das Bett direkt vor mir.

»Ich würde gerne die Symptome meiner Krankheit erläutern«, erklärte ich in dem Versuch, einen mir vertrauten Arzt-Patient-Dialog aufzubauen.

»Krankheit ist nur eine Möglichkeit, sich einem Bereich der Realität zu stellen«, erwiderte sie. »Ich ziehe andere Methoden vor. Schauen Sie mich an. Ich bin dreiundvierzig Jahre alt, und an meinem Aussehen zeigt sich die Einstellung, mit der ich an meiner Realität arbeite.«

Mit offenem Mund und einem leichten Schwindelgefühl starrte ich sie an. Sie sah nicht viel älter als achtzehn aus und konnte unter keinen Umständen dreiundvierzig sein. »Sie machen Witze«, sagte ich und versuchte, mich auf meine Gedanken zu konzentrieren, um das wachsende Gefühl des Unbehagens in meinem Magen zu ignorieren. In dem Bücherregal stand ein Foto von einem Jungen im Teenageralter, und mir war aufgefallen, wie ähnlich er ihr sah. Jetzt wurde ich die Vorstellung nicht los, daß es ihr Sohn sein mußte. Ich konnte diesen Gedanken nicht akzeptieren, und meine Verwirrung und Nervosität nahmen zu.

»Um den Fluß meiner persönlichen Zeit zu verlangsamen, mache ich unter anderem Fotos.« Sie holte ein großes, stark abgegriffenes Fotoalbum aus dem Bücherregal. Dann setzte sie sich wieder mir gegenüber auf das Bett, blätterte eine Seite nach der anderen um und zeigte mir ihre Fotos. Hier stand sie, jung und lächelnd, an einem heißen, sonnigen Tag am Pier des Ob. Dann sah man sie sehr ernsthaft dreinblickend in einem Büro an einem Schreibtisch sitzen. Ich fragte mich, welchen Beruf sie wohl hatte. Auf dem nächsten Foto stand sie in Arbeitskleidung und mit einer Schaufel in der Hand mit ihrem Sohn und noch einem anderen jungen Mann vor einem Haus auf dem Land. Das Laub der Bäume war herbstlich rot und gelb, und überall um die junge Frau herum lagen Blätterhaufen auf der Erde.

Beim Durchblättern ihres Albums nahm sie mich mit auf eine Reise an verschiedene Orte, zu verschiedenen Menschen. Die Männer, mit denen sie abgelichtet war, machten anderen Männern Platz, ich sah ein glückliches Lächeln nach dem anderen, während sie die Seiten umblätterte. Ihr Haar wurde länger und dann wieder kürzer. Sie nahm unterschiedliche Posen ein. Sie lächelte und sie weinte. Ich erkannte sie in den unterschiedlichsten Umgebungen wieder. Manche Orte hatte ich selbst besucht, aber das Bild dieser Frau wirkte in diesen Umgebungen surreal und geheimnisvoll.

Auf jeder neuen Seite wurde mein Gegenüber jünger, denn sie zeigte mir ihr Leben rückwärts, von der Gegenwart in die Vergangenheit. Jetzt verließ sie mit ihrem Baby und vielen Blumen im Arm eine Entbindungsstation, glücklich und ein wenig verwirrt, weil sie gerade erst begann, sich selbst als Mutter zu betrachten. Dann war sie ein junges Mädchen in der Schule und stand in einer vorschriftsmäßigen schwarzen Schuluniform mit weißem Kragen vor einer Tafel und blickte mit gerunzelter Stirn die alte Lehrerin an, die ernst an ihrem Pult saß. Das letzte Bild in ihrem Album war das erste, das man von ihr gemacht hatte. Es zeigte ein nacktes Kind mit zahnlosem Lächeln, das auf einem Tisch lag.

»Mit diesen Fotos arbeite ich jeden Abend vor dem Einschlafen. Ich beginne mit einem Bild aus der Gegenwart und arbeite mich von einem Foto zum anderen in die Vergangenheit vor. Dabei erlebe ich jeweils den Zustand, in dem ich mich auf dem Foto befinde, bis ich zu diesem ersten Foto von mir als Baby komme. Dann schlafe ich als Baby ein.«

»Warum erzählen Sie mir das alles?« Ich war schwach vor Fieber, und es fiel mir schwer, irgend etwas zu begreifen. Sowohl das Geschehen um mich herum als auch die merkwürdigen Emotionen in meinem Inneren waren mir fremd.

»Weil Sie es erfassen und annehmen können«, antwortete der Mann.

»Ich bin hergekommen, weil ich von meiner Grippe kuriert werden möchte, nicht um zu lernen, wie man jünger wird.« Überrascht hörte ich, wie nervös und schwach meine Stimme klang.

»Das glauben Sie in diesem Moment. Natürlich gehört auch das dazu. Keine Sorge, Sie bekommen Ihre Heilung und auch alles andere, weswegen Sie hier sind«, sagte der Mann.

Erneut fühlte ich mich schwindlig, und meine glühende Stirn sagte mir, daß mein Fieber stieg. Aufzustehen wäre mir jetzt schwergefallen. Allerdings beruhigte mich der Gedanke an mein Fieber ein wenig, denn meine seltsamen Wahrnehmungen und Gefühle konnten zumindest teilweise vom Fieber verursachte Wahnvorstellungen sein. Möglicherweise war ich ja kränker, als ich angenommen hatte. Ich hoffte sogar, daß ich vielleicht bald in meinem Bett aufwachen würde und alles nur ein Fiebertraum gewesen war. Was für eine wundervolle Vorstellung! Im Augenblick war mir mein Urlaub nicht mehr wichtig. In meinem Zustand war ich bereit, beliebig lange Zeit im Bett zu verbringen, wenn es nur bedeutete, daß ich dieser Situation entkam.

»Setzen Sie sich hierhin«, sagte der Mann und winkte mich auf das ungemachte Bett. Beklommen setzte ich mich auf den Bettrand und schloß die Augen. Ich hatte ein lautes, summendes Geräusch im Ohr, und mir war gleichzeitig heiß und kalt.

Plötzlich hörte ich laute Akkorde vom Klavier. Ich öffnete die Augen und sah, daß der Komponist den Stuhl mit zum Klavier genommen hatte und auf dem Instrument spielte. Die Musik kannte ich nicht, aber sie strahlte eine so starke Energie aus, daß mein Bewußtsein davon gefesselt wurde und in die Musik hineinströmte. Ich hatte das Gefühl, in einem stürmischen Ozean zu schwimmen und von seiner Kraft hochgehoben und umhergeworfen zu werden. Ich beobachtete den Mann beim Klavierspielen. Er legte soviel Ausdruck in seine Musik, daß sein ganzer Körper auf dem Stuhl auf und ab federte. Seine Welt bestand aus dieser Musik.

Schließlich steigerte sich die Energie zu einem Crescendo, das er nicht mehr ertragen konnte. Sein Körper wurde vom Klavier fortgeschleudert, und er stürzte zu Boden. Ich war überzeugt, daß er völlig verrückt war. Dann bemerkte ich, daß der letzte Akkord immer noch klang, so, als würde das Klavier von sich aus weiterspielen. In diesem Moment fragte ich mich, ob nicht vielleicht ich die Verrückte war. Ich war überwältigt.

Endlich stand der Komponist auf, nahm mich an der Hand und führte mich in eine Zimmerecke. Zu meiner Überraschung fühlte ich mich ruhiger, vielleicht deswegen, weil ich jeden Widerstand aufgegeben hatte. In der Ecke stand ein kleiner Tisch mit einer Kerze und einem sehr scharfen Messer, in dessen Griff orientalisch anmutende Symbole geschnitzt waren. Der Mann legte mir die Hand auf die Stirn und sagte etwas in einer Sprache, die ich nicht verstand. Seine Stimme wurde lauter, und er schrie etwas, was ich ebenfalls nicht verstand. Dann packte er plötzlich das Messer und schnitt eine Strähne von meinem langen Haar ab.

»Schauen Sie her«, befahl er. »Ihre Krankheit liegt hier in meiner Hand!« Er hielt die abgeschnittenen Haare in die Kerzenflamme. Ich hatte nicht bemerkt, wie er die Kerze angezündet hatte, und ich war mir sicher, daß weder ich noch die Frau sie angezündet hatte, aber irgendwie war aus dem Nichts eine helle Flamme erschienen. Das alles erschreckte mich überhaupt nicht, denn mir wurde bewußt, daß ich kein Fieber mehr hatte und mich völlig gesund fühlte.

Ich wollte mich bei dem Komponisten bedanken, war allerdings immer noch zu desorientiert, um klar denken zu können, deswegen sagte ich nur: »Vielen Dank. Mir geht es sehr gut. Was schulde ich Ihnen?« Ich sah in sein Gesicht, das jetzt gelassen wirkte, und wartete auf eine Antwort.

Er lächelte und sah mich scharf an. »Ihre Bezahlung wird darin bestehen, daß Sie etwas sehr Wichtiges, das ich Ihnen jetzt sagen werde, im Gedächtnis behalten.« Er nahm meine Hand und betrachtete sie aufmerksam. Dann sagte er: »Ich sehe, daß Sie eines Tages lernen werden, die Dauer Ihres Lebens zu bestimmen.«

Verwirrt, aber vollständig genesen verließ ich die Wohnung. Mein Fieber war ganz und gar verschwunden. Raschen Schrittes ging ich nach Hause zurück, wo ich gutgelaunt meine Sachen für die Fahrt ins Ferienlager packte, die am nächsten Tag beginnen sollte.

Danach verlief mein Leben wieder in normalen Bahnen, aber die Seite meiner Persönlichkeit, die immer schon vom Geheimnisvollen fasziniert gewesen war, hatte an diesem Tag einen dauerhaften Sieg errungen. Ich war damals bereit, mir das bewußt einzugestehen, und inzwischen gehörte diese Seite untrennbar zu meinem Wesen.

Noch lange nach diesem Erlebnis dachte ich über die letzten Worte des Komponisten nach und fragte mich, was sie wohl bedeuteten. Jetzt, hier in diesem Dorf im Altai, hatte ich zum erstenmal das Gefühl, daß es nicht mehr lange dauern würde, bis ich seine Worte vollends verstünde. Ich wußte, daß mit mir gerade etwas kaum Faßbares und gleichzeitig Bedeutungsvolles geschehen war, das ich noch nicht einmal ansatzweise rational erklären konnte.

Immer noch war ich von meinem Traum mit Umaj wie verzaubert. Das Gefühl, wirklich zu existieren, das ich in der Traumwirklichkeit gehabt hatte, war mir nicht gänzlich unbekannt. Ich konnte mich nicht erinnern, wann ich diesen Zustand schon in meinen Träumen erlebt hatte, aber die schmerzlich süße Empfindung in meinem Herzen war mir nicht neu. Sie war eng verknüpft mit dem Gefühl, tatsächlich Willensfreiheit zu besitzen, zu wissen, daß ich sogar im Traum meine Realität durch reine Willensanstrengung bestimmen konnte.

Ein lautes Klopfen am Fenster schreckte mich aus meinen geistigen Streifzügen auf und holte mich in die Gegenwart zurück. Ich setzte mich mit pochendem Herzen im Bett auf. Draußen herrschte immer noch dunkle Nacht, und ich konnte weder auf der finsteren Straße, noch vor dem Fenster jemanden sehen. Ich fragte, wer dort draußen sei, doch nur um festzustellen, daß meine Stimme so leise war, daß ich sie selbst kaum hören konnte. Wieder wurde geklopft.

»Wer ist da?« rief ich, diesmal zu laut.

»Ich bin's, Olga. Nikolaj.«

Ich lief zur Tür und öffnete ihm. »Komm herein. O Gott, Nikolaj, wo hast du bloß gesteckt?« sagte ich unvermittelt zu ihm. »Wir hatten keine Ahnung, wohin du verschwunden bist.«

Hinter mir stolperte Anna in den Flur. Verschlafen sah sie auf ihre Armbanduhr. Als sie Nikolaj bemerkte, blieb sie stehen. »Hallo, Nikolaj. Wie geht's?« fragte sie.

»Besser als vorher, Anna. Könnte mir bitte jemand Tee machen?«

»Aber natürlich«, antwortete ich. Wir gingen in die

Küche. Ich schaltete die helle Deckenlampe ein, und Anna setzte auf dem Gasherd einen Kessel mit Wasser auf. Nikolaj sah erschöpft und irgendwie verändert aus. Sein Anblick weckte in mir wieder die alten Bedenken der Psychiaterin, ob er nicht vielleicht doch geistig krank sein könnte.

»Nikolaj, wie geht es dir?« wiederholte ich Annas Frage. »Keine Sorge, Olga. Ich bin nicht durchgedreht. Ich bin dabei, ein KAM zu werden.« Er entspannte sich ein bißchen, und während er Tee trank, erzählte er uns seine Geschichte.

»Olga, du erinnerst dich vielleicht daran, daß ich mich vorgestern, nachdem wir uns getrennt hatten, auf den Weg hierher gemacht habe, während du mit Umaj zu dem anderen Haus gegangen bist«, begann Nikolaj. »Umaj hatte mir nicht erklärt, was ich tun sollte. Sie meinte nur, sie würde sich später mit mir treffen, sagte aber nicht, wann oder wo. Angespannt und wütend ging ich auf der Straße auf und ab. Zuerst war ich ärgerlich auf Umaj, weil sie seit meiner Ankunft nicht ernsthaft mit mir gesprochen hatte. Ich hatte angenommen, sie würde gleich anfangen, mich zu lehren, wie man KAM wird.

Ich verstand nicht, warum sie ausgerechnet dich, Olga, bat, ihr zu folgen, anstatt mir Unterricht zu geben. Aber als du mit ihr weggingst, schaute sie mich an, als wäre ich völlig unwichtig. Ich hatte richtig Angst, daß sie mich vergessen und draußen auf der Straße stehenlassen könnte. Das machte mich zornig. Mein Körper fühlte sich an, als würde er geprügelt. In meinem Kopf loderten Flammen. Ich konnte keinen klaren Gedanken fassen.

Dann verwandelte sich meine Wut in einen merkwürdigen emotionalen Zustand, den ich nicht beschreiben kann, aber ich kannte diesen Zustand von früher, von damals, als ich immer wieder Mamuschs Stimme in Nowosibirsk hörte und versuchte, sie loszuwerden. Jetzt allerdings war er viel intensiver. Ich ging die Straße auf und ab und wußte nicht, was ich tun sollte, da hörte ich wieder Mamuschs Stimme. ›Lauf in die Berge!‹ sagte die Stimme.

Das klang verrückt, aber es war der strengste Befehl, den ich je bekommen hatte. Die Nacht war stockfinster, und nur in wenigen Häusern brannte noch Licht. Die Berge und der Wald lagen rabenschwarz und beängstigend vor mir. Ich betrachtete sie, und mir schien, als lauerten dort unzählige Gefahren.

In meiner Angst bildete ich mir ein, die Geräusche von Tieren zu hören, die nachts unterwegs sind. Doch dann wurde alles von der Stimme meines Onkels übertönt, die mir über die Flamme in meinem Kopf hinweg noch einmal zurief: ›Geh in die Berge!‹

Obwohl ich den größten Teil meines Lebens in diesem Land verbracht habe, hatte ich Angst davor, mich allein in die Finsternis aufzumachen. Ich lief die Straße entlang. Ich dachte, die körperliche Bewegung könnte mir helfen, mein gewohntes Gleichgewicht wiederzufinden. Aber Mamuschs Stimme ist mitgelaufen und hat mir den Weg gezeigt. Ich habe kaum gemerkt, daß ich nicht auf die Lichter der Häuser zugerannt bin, sondern auf die Berge.

Bald war ich in dem stockdusteren Wald hoch über dem Dorf. Ich hatte so schreckliche Angst, daß ich keinen Augenblick stehenbleiben konnte. Ich dachte, wenn ich auch nur einen Moment stehenbliebe, würden mich entweder Tiere oder Geister entdecken und mich auf der Stelle umbringen. Ich rannte und rannte. Ich lief so weit in den Wald, daß ich die Lichter des Dorfes nicht mehr sehen konnte, als ich mich danach umdrehte. Schließlich war meine Kraft erschöpft, und ich mußte stehenbleiben.

Augenblicklich hörte ich rechts von mir leise Schritte. Ich geriet in Panik. Ich sammelte neue Kräfte und rannte weiter, so schnell ich konnte. Ich dachte, ich würde jeden Augenblick sterben. Ich konnte mir nicht vorstellen, daß dieses Erlebnis anders als mit meinem Tod enden würde.

Wahrscheinlich klingt es merkwürdig, wenn ich euch das jetzt erzähle, aber an dem Punkt war ich mir sicher, daß es für mich keinen Weg zurück in die normale Welt gab. Ich verlor jegliches Zeitgefühl. Ich kann nicht sagen, wie viele Stunden ich durch die Berge gehetzt bin, ich habe Haken geschlagen, bin gesprungen und habe aus Leibeskräften geschrien und währenddessen jede Kontrolle über meine Handlungen verloren. In den wenigen kurzen Augenblicken, in denen ich einen klaren Gedanken fassen konnte, habe ich mich gewundert, daß ich bislang weder gestürzt war noch mich verletzt hatte. Schließlich wurde mir mein Schicksal völlig gleichgültig. Nichts konnte mich mehr schrecken. Da hörte ich Mamuschs Stimme wieder, und diesmal sprach er besänftigend auf mich ein.

›Beruhige dich und lege dich auf die Erde‹, befahl er freundlich.

Im frühen Morgenlicht konnte ich meine Umgebung erkennen. Mit Staunen wurde mir klar, daß eine ganze Nacht vergangen war. Ich stand an einer Stelle, wo der Schnee bereits zu schmelzen begonnen hatte. Ohne an irgend etwas zu denken, legte ich mich in meinem Schafspelz auf den Erdboden und schlief sofort ein.

›Tu dem Gras nicht weh! Es ist das Haar der Erde‹, waren die letzten Worte, die ich hörte.

Leise Stimmen weckten mich. Es war jetzt heller Vormittag, und die Sonne strahlte vom wolkenlosen Himmel. Umaj war mit einem Mann da, den ich noch nie gesehen hatte. Sie standen nah bei mir und fingen an, sich über mich lustig zu machen. Sofort wurde ich wütend auf sie, und das war mir anzusehen. Daraufhin wurden sie ernster, und Umaj wandte sich an mich.

›Ich wußte, daß die Geister dich gestern bedrängen würden‹, sagte sie. ›Ich wollte sie nicht stören, deswegen habe ich nicht weiter mit dir gesprochen. Sie mußten tun, was sie getan haben, bevor ich zu dir kommen konnte.‹

›Was meinst du mit mich bedrängen‹, fragte ich Umaj.

›So nennen wir das, wenn die Geister kommen und einen neuen KAM rennen und tanzen lassen.‹

›Das passiert also mit allen, die KAMS werden?‹ fragte ich erleichtert.

›Du willst wohl was Besonderes sein?‹ erwiderte sie spöttisch. ›Das gibt es unter KAMS nicht. Vom heutigen Tag an wirst du für andere Menschen als etwas Besonderes gelten, nicht aber für die KAMS, zu denen du bald gehören wirst.‹

Ich spürte innerlich immer noch Widerstand gegen sie, aber ich sah ein, daß sie mir helfen wollte, und hörte ihr aufmerksam zu.

›Dein Onkel hat mich vor seinem Tod besucht. Er hat gesagt, du würdest eines Tages zu mir kommen und Hilfe suchen. Er hat mich gebeten, dir einige Dinge beizubringen. Er war sicher, daß du deinen Weg finden würdest, aber ich habe damals gedacht, er würde sich irren. Es ist so selten, daß ein Mann in die Stadt zieht und dort Arbeit findet und dann wieder in sein Dorf zurückkehrt. Aber dein Onkel hat recht behalten. Was allerdings deine Absichten angeht, bin ich mir immer noch nicht sicher. Bist du dir im klaren darüber, was du vorhast?‹

›Ja. Ich habe mich entschieden. Ich werde KAM.‹ Ich dachte, das würde reichen, aber Umaj stellte mir weitere Fragen.

›Ist dir klar, daß du alles aufgeben mußt, was du in der Stadt hast? Deine Arbeit, deinen Freundeskreis, deine Freundin?‹ machte sie mir ihre Zweifel deutlich.

›Schließlich bin ich hergekommen, oder?‹

›Ja, aber du wirst hier ein völlig anderes Leben führen als in der Stadt. Ist dir das vollkommen klar? Akzeptierst du das?‹

›Warum fragst du mich das alles? Selbst wenn ich sagen würde, daß es mir leid tut, die Stadt zu verlassen, und daß ich gerne zurück möchte, weißt du doch, daß das jetzt unmöglich für mich ist. Ich kann niemals in die Stadt zurück. Du hast recht, wenn du Zweifel hast, denn in vieler Hinsicht würde ich meinen Traum von der Stadt gerne weiterträumen. Es wäre schön, dort zu leben, eine Familie zu gründen und mich weiterzubilden. Aber ich weiß jetzt, daß in der Stadt nur das Irrenhaus auf mich wartet. Ich habe also eigentlich keine Wahl, oder? Ich muß mich zwischen zwei Übeln entscheiden. Welches ist das kleinere? Aber es ist noch mehr als das. Ich habe den aufrichtigen Wunsch, für die Menschen, die hier leben, KAM zu werden.‹

Umaj hörte aufmerksam zu und schien meine Worte gutzuheißen.

Sie sagte: ›Wir haben nicht viel Zeit. Ich werde dir ein paar Dinge erklären, die du für den Anfang wissen mußt. Den Rest mußt du dann selbst herausfinden. Es gibt gewisse Dinge, die ich als Frau nicht wissen darf. Anderes darf ich zwar wissen, kann es dir aber nicht beibringen. Dieses Wissen wirst du auf verschiedene Weisen erlangen, so, wie es jeweils gebraucht wird. Dein Onkel Mamusch war ein sehr mächtiger KAM. Er war ein Himmels-KAM. Nicht jeder kann in die obere Welt reisen. Aber Mamusch konnte es, sogar im Winter, wenn der Himmel gefroren war. Mit dem Schlegel seiner Handtrommel konnte er das Eis am Himmel aufbrechen und in das Land Ülgens vordringen. Ich habe ihn einmal dort reisen sehen.

Du denkst vielleicht, wenn du einmal ein richtiger KAM bist, bist du anders als Mamusch, so, wie sich alle Menschen voneinander unterscheiden. Aber das ist ein Irrtum. Eins der größten Geheimnisse ist, daß der KAM immer nur einer ist. Mamusch, du, wer auch immer nach dir kommt, ihr seid alle ein KAM, der in verschiedenen Gestalten lebt. Es ist eine lange Erbfolge, und der wahre KAM setzt die Linie fort, nicht der individuelle KAM. Ihr mögt alle jeweils eigene Personen sein, aber in eurer Kraft seid ihr eins. Deine Aufgabe besteht also jetzt darin, völlig offen für Mamuschs Kraft zu sein und eins mit ihr zu werden. Bis dieser Prozeß beendet ist, wirst du Mamuschs Stimme hören. Anschließend wirst du deine eigene Stimme und deine eigene Kraft besitzen. Aber du wirst hart arbeiten müssen, um sie zu bekommen. Und du hast recht, du hast keine Wahl. Die Geister haben dich ausgewählt, und du hast nicht die Freiheit, dich gegen sie aufzulehnen.‹

›Komm her!‹ Umajs Befehl war an ihren Reisegefährten gerichtet, einen Einheimischen von etwa fünfzig Jahren. Während der ganzen Zeit, die Umaj mit mir sprach, hatte er still vor sich hin gelächelt. Er schien sich in keiner Weise für mich zu interessieren, reagierte aber augenblicklich auf Umajs Aufforderung, trat zu ihr und überreichte ihr eine Tasche, aus der sie eine große Handtrommel nahm.

›Mamusch hat diese Trommel bei mir gelassen und gesagt, ich soll sie dir geben‹, erläuterte Umaj, während sie mir das Instrument hinhielt. Die ovale Trommel war neu und recht schwer, und der geschnitzte Griff hatte die Gestalt eines Mannes. Der hölzerne Teil bestand aus Weide. Das Trommelfell selbst war aus Elchleder hergestellt, und es war noch so frisch, daß es einen unverkennbaren Tiergeruch ausströmte.

›Dieser Elch wird dein Tier sein, das dich auf deinen Reisen begleitet. Wir helfen dir jetzt, ihn zum Leben zu erwecken.‹

Ich darf euch nicht viel über die Zeremonie erzählen, bei deren Durchführung sie mir halfen. Ich habe sie selbst noch gar nicht ganz verstanden. Aber zuerst versetzten sie mich in eine Art Traumzustand. Umajs Gehilfe stand hinter mir, hielt mich an den Schultern und schaukelte mich vor und zurück, während Umaj vor mir ein Feuer entzündete. Der dichte Rauch biß mir in die Augen und zwang mich, sie zu schließen. Bald spürte ich, daß mein Onkel hinter mir stand und mich hielt, und dann waren wir zusammen auf der Jagd. Wir folgten der Fährte einer riesigen Elchkuh, die trächtig war und bald ihr Kalb zur Welt bringen würde. Wir mußten sehr leise sein.

Schritt für Schritt folgte ich der trächtigen Elchkuh in die Taiga. In einem Versteck im Wald beobachtete ich, wie ihr Kalb geboren wurde. Genau im Augenblick der Geburt spürte ich, wie ich an den Schultern gepackt und heftig geschüttelt wurde. Ich verstand, daß ich dieses Elchkalb fangen und der Kuh fortnehmen sollte. Das war der Sinn der Jagd. So schnell wie möglich tat ich, was ich tun mußte. Ich fürchtete mich vor der Elchkuh, die mich mühelos hätte töten können. Ich lief davon, so schnell ich konnte, ohne zu wissen, warum ich das alles tat. Dann hörte ich wieder Umajs Stimme.

›Leg es hier hinein!‹ sagte sie. Sie hielt mir die Trommel so hin, daß ich auf die geschnitzte Männerfigur blickte. Ich schob das Elchkalb in die Trommel und spürte, wie es hineinglitt. ›Öffne deine Augen!‹ befahl Umaj. Als ich gehorchte, sagte sie in viel leiserem, zufriedenerem Tonfall: ›Dein CHULA ist gefangen.‹ Sie zeigte mir die Trommel, und ich konnte das Leben in ihr sehen und spüren, ohne sie zu berühren.

Ich mußte Umaj fragen: ›Was bedeutet CHULA?‹ Ich hatte das Wort noch nie zuvor gehört.

›CHULA ist der Lebensgeist des Elchkalbes, das seine Haut für deine Trommel hergegeben hat‹, erwiderte sie. ›Von jetzt an wird es auch dein Lebensgeist sein. Wenn jemand die Trommel stiehlt, wirst du sterben. Sie ist kostbar, und du mußt sie immer in deiner Nähe haben.‹ Ich griff nach der Trommel, und gleichzeitig schien sie sich auf meine Hände zuzubewegen. Sie war warm und fühlte sich an, als würde sie leicht vibrieren. Ich fühlte mich sofort mit ihr verbunden und wußte, das lag daran, daß sie nun die Lebenskraft des Elches in sich trug.

Dann fiel mir etwas auf, was mich verwirrte. ›Das Trommelfell besteht aus der Haut eines alten Elches, aber ich habe doch das Kalb mitgenommen. Habe ich etwas falsch gemacht?‹ fragte ich.

›Nein, du hast alles vollkommen richtig gemacht. Um das CHULA des alten Elches zu bekommen, mußtest du ihn als Kalb fangen. Wir haben dir geholfen, in der Zeit zurückzugehen bis zum Augenblick seiner Geburt. Nun wird das CHULA ausschließlich dir dienen. Es hat keine andere Vergangenheit. Jetzt weißt du, wie man ein CHULA fängt, und beim nächsten Mal wirst du keine Hilfe mehr dabei brauchen.

Alles auf der Welt hat sein eigenes CHULA. Wenn du jemanden heilen willst, der sein CHULA verloren hat, wirst du eine Reise machen, um das CHULA des Kranken wiederzufinden, und es mit dem Griff deiner Trommel fangen. Dann wirst du das CHULA in die Gegenwart zurückbringen und in das linke Ohr des Kranken hineinhämmern. Dadurch wird das gestohlene CHULA zurückkehren.

Dein CHULA ist dein neuer Gefährte und Gehilfe. Es wird dich viele Dinge lehren. Deine nächste Aufgabe besteht darin, dein Schamanenterritorium abzustecken, indem du auf der Elchhaut eine Karte davon anfertigst. Ich zeige dir später, wie man das macht.‹« Nikolaj legte in seiner Erzählung eine Pause ein und wandte sich dann an mich.

»Übrigens, Olga, ich habe Umaj gefragt, warum die Trommel in Mamuschs Haus aufgeschlitzt war. Sie hat mir erklärt, daß die andere Welt, in die man nach dem Tode geht, ein Spiegelbild unserer Welt ist. Alles, was für die Menschen hier gut ist, ist für die drüben schlecht, und umgekehrt. Wenn sie also Mamuschs Trommel bei seinem Tod nicht aufgeschlitzt hätten, hätte er sie in der anderen Welt nicht verwenden können.

Ich habe den ganzen Tag mit Umaj und ihrem Gehilfen in den Bergen zugebracht. Sie haben mir vieles gezeigt. Wir mußten warten, bis es wieder Abend wurde, damit ich unter ihrer Führung eine weitere Reise antreten konnte. Diese zweite Reise war nötig, damit ich das magische Territorium erben konnte. Umaj nahm mich mit in die Unterwelt und zeigte mir dort alles mögliche. Ich habe eine Menge gelernt, aber mehr darf ich euch nicht sagen. Und jetzt ruhe ich mich lieber aus.« Er seufzte und verstummte.

Nikolajs Geschichte hatte mich sprachlos gemacht. Ich stand auf und ging in die Küche, um die Teetassen abzuwaschen und um über das eben Gehörte nachzudenken. Umajs Heilritual in dem leeren Haus vor zwei Tagen, mein

Erlebnis mit ihr in der darauffolgenden Nacht, Annas Heilung, Umajs Anwesenheit in meinem zweiten Traum und jetzt Nikolajs Geschichte – das waren alles voneinander unabhängige Ereignisse, und trotzdem waren sie miteinander verbunden. Was sie alle miteinander verknüpfte, war die Gestalt Umajs.

Als ich darüber nachdachte, wann diese Ereignisse jeweils stattgefunden hatten, fiel mir auf, daß Umaj gar keine Zeit zum Schlafen gehabt haben konnte. Anscheinend hatte sie sich fast zwei Tage lang rund um die Uhr von einem Ort zum nächsten begeben. Wie war ihr das möglich gewesen? Ungläubig schüttelte ich den Kopf, als würde das eine Antwort zutage fördern. Ich fand keine Erklärung und fuhr fort, die Küche aufzuräumen.

Durch die offene Küchentür hörte ich Nikolaj rufen: »Wir müssen uns beeilen. Es ist fast sieben Uhr, und in einer Viertelstunde kommt hier ein Bus vorbei, mit dem wir nach Hause zu meiner Mutter fahren können.«

»Was!? Ein Bus!« schrien Anna und ich gleichzeitig. »Es gibt einen Bus hierher? Warum hast du uns dann stundenlang durch den Schnee stapfen lassen?«

»Weil er nur einmal in der Woche fährt«, erklärte Nikolaj. »Und das ist heute. Wir haben großes Glück. Beeilt euch!«

Der kleine Bus war alt und verbeult und sah aus, als sei er vor langer Zeit zusammengebrochen und nun für immer festgewachsen, eine unbewegliche Metallskulptur, die man mitten auf die Straße gepflanzt hatte. Doch Nikolaj blieb hartnäckig dabei, daß es nicht nur ein echter Bus war, sondern daß er uns auch in sein Dorf befördern würde, wenn wir uns nur beeilten und schnell einstiegen.

Während wir in den Bus kletterten, verspürte ich bei

dem Gedanken, Umaj zu verlassen, einen überraschend schmerzhaften Stich. »Nikolaj«, sagte ich unvermittelt, »was ist mit Umaj? Sehen wir sie wieder? Hat sie dir eine Nachricht für uns gegeben?« Noch bevor er antworten konnte, begann der Bus seine Fahrt aus dem kleinen Dorf hinaus in die Wälder

»Ich weiß nicht, wo sie ist. Hat sie dir denn nichts gesagt?« Als ich nicht antwortete, fragte Nikolaj: »Sollst du noch etwas von ihr bekommen, Olga?«

»Nein«, erwiderte ich enttäuscht. Jetzt wurde mir bewußt, welchen Einfluß Umaj auf mein Leben hatte.

»Ich möchte ihr etwas geben«, sagte Anna. »Ich möchte sie für meine Heilung bezahlen. Würdest du ihr dieses Geld von mir geben, Nikolaj?«

»Nein, das kann ich nicht. Umaj wird es nicht annehmen. Wenn sie es brauchte, hätte sie es dir gesagt.«

Wir ließen uns auf unseren Sitzen nieder, und während der Bus langsam dahinruckelte, versuchten wir, es uns so bequem wie möglich zu machen. Es gab praktisch keine befahrbare Straße. Statt also stundenlang durch den Schnee zu wandern, verbrachten wir nahezu genausoviel Zeit damit, im kalten Bus zu sitzen, der schlingernd durch die Berge holperte. Den größten Teil der Fahrt schwiegen wir, und in diesen stillen Momenten fragte ich mich immer wieder, was meine Begegnung mit Umaj für mich bedeutete.

Ich tat mein Bestes, um meine Erlebnisse im Altai zu verstehen und in mein normales Leben einzuordnen, aber es war schwierig. Umaj hatte mir nichts erklärt, und sie hatte auch kein Interesse daran gezeigt, ob Anna und ich abreisen oder bleiben würden. Das gab mir das Gefühl, hier noch nicht alles abgeschlossen zu haben, und es weckte sogar Zweifel an der Bedeutung dessen, was mit mir geschehen war. Ich fragte mich, ob das, was mir so erstaunlich und bedeutsam erschien, für Umaj nicht vielleicht etwas ganz Alltägliches war. Aber wenn dem wirklich so sein sollte, warum war es dann immer noch so wichtig für mich?

11. Kapitel

Als wir in Nikolajs Dorf ankamen, klang uns das mittlerweile vertraute, aufgeregte Gebell entgegen. Marijas großer kastanienbrauner Hund freute sich offensichtlich, Anna und mich wiederzusehen, aber um Nikolaj sprang er noch lebhafter herum. Sein Instinkt sagte ihm wahrscheinlich, daß Anna und ich nur zu Besuch waren und bald wieder abreisen würden, daß Nikolaj aber bleiben und ihm auch in Zukunft Gesellschaft leisten würde.

Marija begrüßte uns mit der gleichen warmherzigen Gastfreundschaft und bat uns ins Haus. Sie war gelassener als bei unserem ersten Besuch, aber ihr war deutlich anzumerken, daß sie etwas bedrückte. Ihre Aufmerksamkeit galt ausschließlich Nikolaj. Sie musterte ihn mit typisch mütterlichen Blicken und suchte nach Anzeichen für die Veränderungen, die, wie sie befürchtete, in den letzten Tagen in ihm vorgegangen waren. Zum ersten Mal wurde mir klar, was Marija dabei empfinden mochte, daß ihr Sohn sein Leben in der Stadt aufgab, um ein KAM zu werden, und es stimmte mich traurig. In dem Versuch, sie abzulenken, erkundigte ich mich nach Belowodje.

»Marija, haben Sie jemals von einem Land gehört, das Shambala oder Belowodje heißt?«

Unsere Gastgeberin schwieg ein paar Minuten lang, als versuchte sie, sich auf etwas zu besinnen. Schließlich erwiderte sie: »Viel habe ich nicht davon gehört. Aber mir ist erzählt worden, daß die Belucha schon immer als ein besonderer Ort galt, wie Belowodje.«

Mein Herz schlug schneller bei dem Gedanken, daß Marija mir vielleicht mehr über dieses Land erzählen könnte, das mich so ungeheuer faszinierte. »Was ist die Belucha?« wollte ich wissen.

»Die Belucha ist der höchste Berg im Altaigebirge. Sein Gipfel ist immer schneebedeckt, und ihn zu besteigen ist sehr schwierig. Viele sind bei dem Versuch, ihn zu bezwingen, ums Leben gekommen.«

Nachdenklich blickte Marija mich einen Moment lang an. Dann meinte sie: »Wenn Sie wollen, erzähle ich Ihnen die einzige Geschichte, die mir darüber bekannt ist.«

Schnell sagte ich: »O ja, Marija. Ich würde Ihre Geschichte sehr gern hören.«

»In meinem Volk gibt es eine Legende, daß die Göttin Umaj und ihr Mann, Altaiding Aezi, der Herrscher des Altai, vor langer Zeit im fernen Norden gelebt haben. Eines Tages drehte ein riesiges Ungeheuer in Fischgestalt, das Ker-Dupa hieß, die Erde um. Hier im Altai hatte immer ein warmes Klima geherrscht, aber nachdem Ker-Dupa die Erdrotation verändert hatte, wurde es sehr kalt. Altaiding Aezi reiste in die obere Welt, um die Großen Burchans, die mächtigsten Geistwesen zu jener Zeit, um Hilfe zu bitten. Während er von einem Burchan zum anderen zog und versuchte, Ülgen zu finden, den höchsten aller Burchans, den einzigen, der die Erdrotation wieder korrigieren konnte, wurde es im Altai beständig kälter.

Um ihre Kinder vor dem Erfrieren zu bewahren, verwandelte Umaj deren Seelen in Steine und Felsklippen. Sie machte das mit ihren beiden Söhnen und mit vier ihrer sechs Töchter. Dann nahm sie die beiden anderen Töchter an der Hand und wanderte mit ihnen auf der Suche nach Wärme in das südlichste Gebiet des Altai. Dort gefroren Umaj und ihre beiden Töchter und wurden zu einem Berg mit drei Gipfeln. Der mittlere Gipfel, so sagt man, ist Umajs Kopf, und die zwei niedrigeren Spitzen zu beiden Seiten davon sind die Köpfe ihrer Töchter. Dieser Berg ist die Belucha.«

»Das ist ja interessant«, sagte Anna und trank einen Schluck Kräutertee. »Ich habe gehört, daß die Belucha auch Ak-Sumer oder Weißer Sommer genannt wird. Dieser Name stammt aus der buddhistischen Mythologie und bezeichnet den Berg, der den Mittelpunkt der Welt bildet.«

Ich hatte still dagesessen und zugehört, wurde aber ganz aufgeregt, als ich erfuhr, daß Umaj offensichtlich der Name einer der großen Göttinnen im alten Altai gewesen war.

Nachdem Marija ihre Geschichte zu Ende erzählt hatte, begann sie mit den Vorbereitungen für unser Abendessen. Sie legte im Herd Holz nach und suchte sich aus den Schränken ihrer kleinen Küche die Kochutensilien und die Zutaten zusammen. Als sie das Gericht fertig zubereitet hatte, nahm sie eine kleine Portion Lamm und Kartoffeln und legte sie behutsam ins Feuer. Dazu sprach sie leise ein paar unverständliche Worte. Ich erkannte, daß sie eine altaische Zeremonie vollzog, mit der vor jedem Essen der Geist des heimischen Feuers verehrt und gespeist wird. Als das Feuer die Stückchen, das Symbol unserer Dankbarkeit, verzehrt hatte, durften auch wir mit der Mahlzeit beginnen. Wir aßen schweigend, jeder hing seinen Gedanken nach.

Nach dem Essen begleitete Nikolaj Anna und mich

wieder zu Mamuschs Haus, wo wir zum letztenmal im Altai übernachten sollten. Morgen wollten wir die Rückfahrt nach Nowosibirsk antreten. Diesmal erschien uns das Innere des Hauses nicht mehr so unheimlich. Dabei sah alles noch genauso aus wie bei unserem letzten Besuch, es hatte sich also unsere Wahrnehmung verändert. Ich richtete meine Schlafstätte auf dem Bärenfell und überließ das Bett wieder Anna. Tatsächlich zog ich das feste Bärenfell dem weicheren Bett vor, zumal Mamusch in diesem Bett gestorben war, doch das, so beschloß ich, würde ich Anna gegenüber nicht erwähnen.

Als ich mich hinlegte, wurde meine Aufmerksamkeit erneut von der zerstörten Trommel angezogen. Ich wendete mich ihr zu und betrachtete sie im Liegen. Allmählich begann ich, in der Dunkelheit eine Schwingung zu spüren, die mich und die Trommel umgab. Gerade als ich im Begriff war einzuschlafen, sah ich, wie der kleine hölzerne Mann, der als Griff der Trommel diente, aus dem Instrument sprang und vor meinen Augen herumzutanzen begann.

Kurz darauf gelangte ich auf eine merkwürdige Realitätsebene, und mir war klar, daß ich wieder in einen Traum eintauchte, gleichzeitig wußte ich aber auch, daß ich diesmal in der Lage sein würde, meinen Bewußtseinszustand selbst zu steuern.

Ich schwimme in der Luft eines dunklen Raumes. Die Bewegungen bereiten mir sinnliches Vergnügen. Ich bin mir der Freiheit meines Willens bewußt, gleichzeitig merke ich aber, daß der Wille einer weiteren Person anwesend ist und in diesem Raum Einfluß auf mich nimmt. Ich weiß, daß es ein Mann ist. Ich versuche, in dem Halbdunkel etwas zu sehen. Wer auch immer mit mir zusammen im

Raum ist, weiß, daß ich ihn suche. Er will nicht entdeckt werden, deswegen hält er sich außerhalb meines Blickfeldes auf. Ich fürchte mich nicht, aber ich ärgere mich darüber, daß er möglicherweise mehr Kontrolle über meine Handlungen hat als ich selbst. Ich kann spüren, daß er mich beobachtet, und allmählich frage ich mich, ob ich nicht doch Angst habe. Vielleicht kann ich meinen Traum doch nicht selbst steuern. Ich verbiete mir, länger darüber nachzudenken, konzentriere mich auf meine Bewegungen im Raum und versuche, mich an die Dunkelheit zu gewöhnen.

»Ich bin's, Olga. Nikolaj.« Was ich höre, ist die heisere Stimme eines alten Mannes, aber ich weiß, daß es Nikolaj ist, der da spricht. Ich orientiere mich an der Stimme und sehe Nikolaj, der mitten im Zimmer auf einem Stuhl sitzt. Es ist ein merkwürdiges Gefühl, in diesem Zustand des bewußten Träumens einen anderen Menschen zu sehen und mit ihm zu sprechen, so, als wären wir beide hellwach. Ich komme auf meinen Beinen zu stehen und gehe um ihn herum.

»Warum sind wir hier?« frage ich nach einer Weile. Auch meine Stimme klingt anders als sonst. Ich habe den Eindruck, daß wir rein gedanklich miteinander kommunizieren, und trotzdem fühlt es sich so an, als ob ich Worte bilde und ausspreche. Ich gehe weiter im Raum herum, während ich auf Nikolajs Antwort warte. Ich weiß, daß die Realität, in der wir uns gerade aufhalten, sich auflösen wird, wenn ich stehenbleibe.

»Ich bin hier, um dich an etwas zu erinnern«, sagt Nikolaj.

»Ich höre, Nikolaj. Woran willst du mich erinnern?«

»Sie ist eine ungewöhnliche, starke Frau. Sie hat alles, was ihr aufgetragen war, ohne zu zögern und schnell ge-

tan. Sie hat getan, was alle hier tun, aber sie ist ehrlicher und tapferer als die meisten.«

Diese Worte werden wieder mit der heiseren Stimme eines alten Mannes gesprochen. Nikolaj sitzt immer noch auf dem Stuhl vor mir, aber das Gesagte dringt von oben in meine Wahrnehmung ein. Ein heftiges Gefühl von Ekel und Widerwillen breitet sich in meinem Magen aus, und ich merke, daß mich die geheimnisvollen Worte ängstigen. Ich weiß, daß ich diese Worte schon einmal gehört habe. Ich kann mich nicht erinnern, wann und wo, aber die panische Reaktion meines Körpers zwingt mich, fieberhaft nach Ort, Datum und Umständen zu suchen. Bevor mir alles wieder einfällt, findet in meiner Wahrnehmung eine erstaunliche Veränderung statt. Plötzlich schiebt sich auf der Traumebene eine zweite Vision in mein Bewußtsein. Diese beiden unterschiedlichen Wahrnehmungsebenen bekämpfen sich, sie machen sich gegenseitig die Herrschaft über meine Aufmerksamkeit streitig.

Einen Augenblick lang erfreue ich mich an den Bildern der neuen Vision. Die anmutige Gestalt einer schönen Frau tanzt in einem leeren Raum vor mir. Plötzlich dreht sich die Tanzende zu mir um, und ich sehe ihr Gesicht. Ich kenne dieses Gesicht. Sofort erinnere ich mich an den haßerfüllten Blick in ihren hypnotisierend blauen Augen, die mich triumphierend anstarrten, als ich sie zum erstenmal sah.

»Sie ist eine ungewöhnliche, starke Frau«, sagt die Stimme, und jetzt erkenne ich sie, es ist die Stimme aus meinem Alptraum in Nowosibirsk. Hilflos erliege ich wieder den Gefühlen von Angst, Ohnmacht und Wut, die mich bei dem unerklärlichen Tod dieser Frau, die meine Patientin gewesen war, überkommen hatten.

Die Verknüpfung von ihrem Tod und ihrem Haß, die

ich in meiner alptraumhaften Vision erlebte, war eines der furchterregendsten Erlebnisse meines Lebens. Doch es war nichts, verglichen mit dem Horror, der mich in diesem Traum befällt. Ich hatte meinen früheren Traum von der Patientin verdrängt, aber darin war wenigstens eine Art schützender Grenze zwischen mir und der Traumrealität spürbar gewesen. In meinem jetzigen Traum gibt es diese Grenze nicht mehr. Mein ganzes Wesen wird von der entsetzlichen Erscheinung dieser Frau paralysiert. Ich weiß, daß sie unbegrenzte Macht besitzt und mich nach Belieben quälen kann.

Wieder und wieder öffne ich den Mund, um zu schreien, aber die Worte dringen nicht nach außen, verhallen ungehört in meinem Kopf. Die Herrschaft, die ich über meinen Willen, meine Stimme und meine Handlungen zu haben glaubte, wurde mir entrissen.

»Wir können dich lehren, die gleiche Macht zu haben wie sie«, sagt die heisere Stimme.

»Nein! Nein! Ich will sie nicht!« schreie ich lautlos aus mir heraus, schüttle heftig den Kopf und versuche, alles aus diesem Traum abzuwehren. Im nächsten Moment befinde ich mich wieder in meinem Körper, die Kälte in Mamuschs Haus umgibt mich, ich liege auf dem harten Bärenfell. Von einem schmerzhaften Stechen zwischen den Augenbrauen werde ich aus dem Schlaf gerissen.

Der Traum hatte mich in seiner Intensität so sehr bedrängt und verängstigt, daß ich es in der unheimlichen Finsternis nicht wagte, die Augen noch einmal zu schließen. Nervös lag ich den Rest der Nacht wach, verkrampft und schließlich völlig steif, weil ich die ganze Zeit auf der rechten Seite verharren mußte, um die kleine Holzfigur an der Trommel nicht im Blickfeld zu haben.

Als endlich das erste Morgenlicht durch das schmale Fenster fiel, war ich unendlich erleichtert. Ich fühlte mich geistig, körperlich und emotional so sehr erschöpft, daß ich nichts anderes wollte, als in die Geborgenheit meiner Stadtwohnung zurückzukehren. Dort würde ich vor Überraschungen sicher sein. Ich brauchte meine vertraute Umgebung. Ich brauchte Normalität in meinem Leben. Ich wollte nach Hause.

Anna erwachte etwa eine Stunde später. Bald darauf hörten wir Nikolajs Klopfen an der Tür, und dankbar machten wir uns mit ihm auf den Weg. Der Bus sollte um zwei Uhr abfahren, wir hatten also genügend Zeit, um zu frühstücken und unseren Besuch ausklingen zu lassen.

Nach dem Frühstück nahm Nikolaj mich beiseite und sagte: »Olga, ich muß dir etwas Wichtiges mitteilen.«

Mein erster Gedanke war, daß er sich nun doch dazu entschlossen hatte, psychiatrische Hilfe in Anspruch zu nehmen. »Erzähl nur, Nikolaj, ich höre zu«, ermunterte ich ihn.

»Wollen wir einen kleinen Spaziergang machen?« fragte er.

Als wir auf die morgendliche Straße hinaustraten, stellte ich überrascht fest, daß alle unangenehmen Empfindungen aus dem Traum der vergangenen Nacht wieder lebendig wurden, sobald ich mit Nikolaj allein war.

»Es klingt vielleicht merkwürdig, Olga, aber ich möchte dich bitten, noch ein paar Tage hier bei mir zu bleiben.«

Als er meinen bestürzten Gesichtsausdruck sah, wurde ihm klar, wie ich seine Bitte interpretiert hatte, und er brach ab.

»Nein, nein, das meine ich nicht«, stieß er hervor. »Ich habe nicht vor, dich als meine Freundin hierzubehalten. Bestimmt nicht. Ich habe ganz andere Absichten. Und der

Wunsch, daß du bleibst, stammt nicht einmal von mir. Bis vor ein paar Stunden habe ich fest damit gerechnet, daß du heute mit Anna zusammen abfährst. Ich wußte es, und es war mir recht. Aber heute am frühen Morgen habe ich Mamuschs Stimme wieder gehört. Er hat gesagt, du mußt hierbleiben.«

Trotz Nikolajs Beteuerungen war ich mir über seine Absichten nicht im klaren. Ich hatte nicht das geringste Bedürfnis hierzubleiben, und das, was er gesagt hatte, ärgerte mich.

»Weißt du, Nikolaj, diese unsichtbare, unbeweisbare Kommunikation, die da zwischen mir und deinem Onkel abläuft, rührt mich. Und ich möchte dich in keiner Weise beleidigen, aber mir ist es wirklich lieber, wenn die Leute ehrlich sind und selbst die Verantwortung für ihre Handlungen übernehmen. Wenn du etwas von mir willst, dann frage mich bitte in eigenem Namen danach. Ich glaube nicht daran, daß die Toten die Fähigkeit haben, sich diesbezüglich in die Angelegenheiten der Lebenden einzumischen.«

»Das liegt nur daran, daß du nicht an den Tod glaubst.«

»Was meinst du damit, Nikolaj?«

»Ich meine damit, daß dir Möglichkeiten eröffnet worden sind, zu ungeheurer Macht zu gelangen, aber du wendest dich ab. Entweder willst du die Mühe nicht auf dich nehmen, oder du hast Angst.«

Nikolajs Stimme wurde tiefer und seine Sprechweise veränderte sich. Er sah beinahe aus, als befände er sich in Trance. Das erweckte meine berufliche Neugier und ich sagte, nur um ihn zum Weitersprechen zu bewegen: »Was glaubst du denn, welche Mühe ich auf mich nehmen sollte?«

Zum erstenmal seit Beginn unserer Bekanntschaft wurde Nikolaj richtig wütend. Seine Augen glitzerten kalt, und seine Worte klangen hart.

»Zuallererst mußt du aufhören, deine dummen Spiele mit mir zu treiben, und mir wirklich zuhören. Du betrügst dich selbst, nur damit du nicht glauben mußt, daß das, was ich dir sage, wichtig ist. Sobald du aufhörst, davor wegzulaufen, wirst du das einsehen.«

Diese Strafpredigt klang aus dem Munde des sanftmütigen jungen Mannes so ungewöhnlich, daß ich nicht darauf antworten konnte. Verblüfft starrte ich ihn an.

Er fuhr fort: »Dir ist Wissen und Macht angeboten worden. Nur wenige Auserwählte bekommen eine solche Chance. Das Wissen würde dich befähigen, jedes Problem zu lösen, das dir in deinem Leben begegnet. Nichts kann dir mehr etwas anhaben, wenn du dieses Wissen angenommen hast.«

Ich hatte mich wieder soweit gefaßt, daß ich sprechen konnte, und unterbrach Nikolaj: »Das hört sich wirklich verlockend an. Aber würdest du mir bitte sagen, warum ausgerechnet ich für dieses bedeutsame Wissen auserwählt wurde?« Ich war überzeugt, daß er den Sarkasmus in meiner Stimme gehört hatte, aber sein Gesicht blieb ernst und nachdenklich.

»Olga, dies ist nicht der richtige Zeitpunkt für leeres Geschwätz. Du mußt dich entscheiden. Man wird dich nicht zweimal vor eine solche Wahl stellen, überlege es dir also bitte gut, bevor du diese Chance vertust. Und um deine Frage ernsthafter zu beantworten, als du sie gestellt hast: Du bist unter anderem deswegen auserwählt worden, weil du in deinem Beruf bereits gelernt hast, anderen dabei zu helfen, ihre Probleme und Krankheiten zu bewältigen. Aber hast du nur eine einzige Möglichkeit entdeckt, menschliches Leiden zuverlässig zu lindern, geschweige denn zu heilen? Auch wenn du dich noch so sehr bemühst, viele deiner Patienten bleiben weiterhin krank, unglücklich und von Angst besessen. War deine Suche nach einer Möglichkeit, Leiden zu beenden, erfolgreich? Jetzt sei ehrlich und antworte mir.«

»Nein. Ich habe wohl versagt, vielen Dank für den Hinweis. Aber was würdest du denn vorschlagen?«

»Nichts Besonderes, nur eine ganz einfache Sache. Ich will dir klarmachen, daß alle Schmerzen dieser Welt nur eine Ursache haben: Wir können den Tod nicht akzeptieren. Das größte menschliche Leid, das wir kennen, rührt daher, daß wir zwar wissen, daß wir alle sterben müssen, und trotzdem von der Sehnsucht erfüllt sind, ewig zu leben.«

»Nikolaj, über dieses Thema könnte ich dir auch einen kleinen Vortrag halten«, unterbrach ich ungeduldig, »aber ich sehe immer noch nicht, worauf du hinauswillst.«

»Mir liegt nicht daran, dir Vorträge zu halten, ich will dich lehren, den Tod zu akzeptieren. Du bist dazu noch nicht bereit. Deswegen kannst du anderen nicht auf diese Weise weiterhelfen. Aber wenn du noch ein paar Tage hierbleibst, kann ich dir etwas mit auf den Weg geben, das du brauchen wirst, wenn du das Leiden wirklich lindern willst, das dir tagtäglich begegnet.«

Zum erstenmal, seit Nikolaj begonnen hatte, sein Anliegen zu erläutern, wurde ich unruhig. Stück für Stück hatte er meine Skepsis ausgeräumt. Ich hegte keinen Zweifel daran, daß meine Erlebnisse wichtig gewesen waren und mich stark beeinflußt hatten. Alles einfach auf sich beruhen zu lassen und ohne die letzte Erfahrung, die Nikolaj mir gerade angeboten hatte, in die Stadt zurückzufahren, erschien mir viel verrückter, als hierzubleiben.

Mir war aber auch klar, daß es auf Anna und Marija einen sehr merkwürdigen Eindruck machen würde, wenn ich hierbliebe. Ich hatte keine Ahnung, wie ich es ihnen erklären sollte, und war ganz durcheinander.

»Also gut, Nikolaj. Ich muß zugeben, daß du mich verunsichert hast. Vielleicht ist es tatsächlich vernünftig, noch ein bißchen länger hierzubleiben. Aber ich brauche Zeit, um darüber nachzudenken. Gib mir eine Stunde für meine endgültige Entscheidung.«

»Kein Problem, Olga. Aber ich weiß, daß du dich bereits entschieden hast.« Nach diesen Worten kehrte Nikolaj rasch zu Marijas kleinem Anwesen zurück und verschwand im Haus.

In Gedanken versunken, ging ich in die entgegengesetzte Richtung, ohne ein bestimmtes Ziel vor Augen. Um mich herum wirkte alles auffallend ruhig und friedlich. Der Rhythmus meiner Schritte und die natürliche Schönheit der Berge versetzten mich in einen traumähnlichen Zustand. Ich dachte an nichts Bestimmtes und war mir keiner Gefühle bewußt. Es kam mir so vor, als würde sich die Welt um mich herum auflösen. Ich ging auf die Berge zu, die sich am Westrand des Dorfes erhoben. Wo die Straße aufhörte, führte ein schmaler Fußpfad weiter den Berg hinauf.

Die Sonne stand über mir und schien auf den Weg. Ich stieg höher, der Weg wurde steiler und schmaler, und die Anstrengung erhitzte mich. Ich zog meinen Mantel aus und legte ihn über den Arm. Schließlich erreichte ich die Schneegrenze. Hohe grüne Nadelbäume ragten aus dem Weiß des Schnees in das Blau des Himmels empor. Der Wald wuchs nun ganz bis an den schmalen Fußweg heran und verdunkelte ihn, und ich blieb stehen, weil mir plötzlich bewußt wurde, daß ich mich mitten in der Wildnis befand und es an der Zeit war, darüber nachzudenken, wo ich eigentlich hinwollte.

»Olga.« Die Stille wurde von einem tiefen Flüstern zu meiner Rechten unterbrochen. Angst überfiel mich, und ich hätte beinahe aufgeschrien. War mir jemand gefolgt? Als ich mich blitzartig nach dem Geräusch umdrehte, sah ich Umaj auf einer Lichtung neben einer Felsspalte im Schnee stehen. Sie war umgeben von Sonnenlicht, und ich konnte gar nicht richtig hinsehen, so sehr blendete die gleißende Helligkeit. Aber es war Umaj, und plötzlich überkam mich so große Freude, als würde ich einen geliebten Menschen nach langer Trennung wiedersehen. Ich lief durch den Schnee auf sie zu.

»Ich freue mich so, dich wiederzusehen, Umaj!«

»Ich bin extra deinetwegen hergekommen«, antwortete sie in fließendem Russisch.

»Das ehrt mich sehr.«

»Olga, wir haben nicht viel Zeit. Ich bin hier, um dir ein paar wichtige Dinge zu sagen. Ich weiß, was in dir gerade vorgeht. Nikolaj hat dir einen Vorschlag gemacht, über den du jetzt nachdenkst. Das ist der Grund, warum ich gekommen bin.

Hör mir gut zu. Du bist mitten in einen schweren Kampf geraten und kannst nicht einmal einen Bruchteil dessen verstehen, worum es dabei geht. Ich zähle also nicht auf dein Verständnis. Ich bitte dich nur, mir zu glauben.«

Ich hatte absolutes Vertrauen zu Umaj und bestätigte ihr mit einem Blick, daß ich ihr glaubte, was auch immer sie nun sagen würde.

»Sei aufmerksam und hör gut zu«, fuhr Umaj fort. »Dieser Kampf hat vor so langer Zeit begonnen, daß du mir nicht glauben würdest, wenn ich dir sagte, wann. Das Phänomen der Zeit zu verstehen ist nicht so einfach, wie du denkst. Im Moment mußt du nur wissen, daß Zeit in Spiralen abläuft und daß der Menschheit große Veränderungen bevorstehen, wenn zwei Spiralen sich berühren. Genau das geschieht gerade.«

Umaj berührte sanft meine Hand und bedeutete mir, ihr zu folgen. Sie näherte sich der Felsspalte. Ich ging hinter ihr her. Wir schritten über glitzernden Schnee, der allmählich in Eis überging. Das gleißende Licht der Sonne, reflektiert vom spiegelblanken Untergrund, blendete mich so sehr, daß ich kaum etwas sehen konnte.

»Hör gut zu. Ich möchte dir etwas zeigen.« Umaj blieb stehen, am Rand der Spalte, wo nichts war außer Schnee und Eis. »Ich möchte, daß du dich hier auf den Boden legst.«

»Wo?« Ich konnte mir nicht vorstellen, daß sie den eisigen, unwirtlichen Fleck meinte, auf dem sie stand.

»Genau hier, auf das Eis.«

Ungläubig sah ich sie an.

»Breite deinen Pelzmantel aus und lege dich darauf. Dir wird nichts geschehen.«

Ich folgte ihren Anweisungen, doch gleichzeitig lehnte sich mein wissenschaftlich geschulter Verstand dagegen auf. Ich wollte mehr von dem, was hier vor sich ging, begreifen, bevor ich mich damit einverstanden erklärte. Was würden meine Kollegen in der Psychiatrie wohl von mir halten, wenn sie sehen könnten, was ich hier machte? Dieser Gedanke brachte mich vollends durcheinander. Aber als ich mich hinlegte, räumten die Heiterkeit der Sonne und des kristallblauen Himmels alle meine Zweifel aus. Ich atmete die frische Luft ein und spürte die Wärme von Umajs Hand, die sie mir auf die Stirn legte.

»Schließ die Augen und hör dir an, was ich sage. Wir sind nicht an die Erde gebunden. Dein Atem ist ein Tor zu Orten, die von diesem Land und von dem Körper, den du im Moment bewohnst, weit entfernt sind. Laß dich nicht von der Angst überwältigen, daß du dich selbst verlieren könntest. Laß deinen Atem sein eigenes Leben führen und gib ihm Freiheit. Vertrau mir. Folge meiner Geschichte, und ich werde dir folgen. Du wirst beschützt.«

Vielleicht trägt das gleißende Sonnenlicht zu meiner Vision bei, aber der Raum vor meinen geschlossenen Augen verdunkelt sich jetzt. Dann tut sich eine Leere auf, durch die ich mich mit unglaublicher Geschwindigkeit bewege. Ich sehe Lichtblitze, zunächst vereinzelt, rechts und links von mir, dann überall um mich herum. Umajs Stimme höre ich nicht mehr.

Ich begreife, daß ich mich zwischen den Sternen bewege. Ein Stern in der Form eines Polygons kommt auf mich zu. Ich halte eine seiner Spitzen in den Händen. Der Stern dreht sich um seine Achse, und Raum und Zeit drehen sich mit ihm. Ich spüre, daß ich im Begriff bin, in eine neue Dimension meines Lebens vorzudringen. Als ich das Gefühl habe, mich genau über dem Ort zu befinden, an dem ich erwartet werde, lassen meine Hände den Stern los. Augenblicklich falle ich in eine andere Realität, so schnell, daß ich den Übergang nicht wahrnehmen kann. Bevor ich weiß, wie mir geschieht, befinde ich mich in dieser neuen Realität und bin mir meiner Umgebung völlig bewußt.

Ich bin zusammen mit ein paar Männern in einem kleinen Raum. Sie sind gerade dabei, etwas aus einem Kasten zu heben, der so ähnlich wie ein Tresor aussieht. Es ist die alte, ausgetrocknete Mumie eines Mannes, die von verschlissenen, vergilbten Bandagen zusammengehalten wird. Vorsichtig legen die Männer die Mumie in der Mitte des Raumes auf den Fußboden. Während ich ihre geschmeidigen Bewegungen beobachte, spüre ich, wie ich von Ener-

gie durchströmt werde. Im nächsten Moment begreife ich, daß diese Energie mir zeigen wird, was ich mit diesem vertrockneten Körper tun soll.

Ich erlebe alles in schnell aufblitzenden Bildern, wie in einem Film, der rasch und übergangslos von einer Szene zur nächsten wechselt. Jetzt knie ich neben der Mumie und wickle die Bandagen ab, behutsam, damit die eingetrockneten Muskeln ihre Form bewahren.

Rechts von mir steht eine Tasse mit Salz. Ich nehme mit der linken Hand ein wenig davon und streue damit ein weißes Kreuz auf das Gesicht der Mumie, von der Stirn bis hinunter zum Kinn und quer über die geschlossenen Augen. Während ich das tue, habe ich eine so deutliche Empfindung davon, als würde ich mein eigenes Gesicht berühren.

Links von mir steht eine Tasse mit Erde. Mit der rechten Hand nehme ich von der Erde und ziehe einen schwarzen Kreis um das weiße Kreuz.

Ich weiß, daß die Mumie zum Leben erweckt werden muß, und ich trage das Wissen in mir, wie man es macht. Ich muß damit beginnen, dem Mann den Wunsch nach Leben einzuflößen. Ich atme knapp über seinem Körper und wecke mit jedem meiner Atemzüge die Sehnsucht nach Leben in dem Toten. Ich spüre die Reaktion des Mannes, nehme sein aufflammendes Begehren wahr. Es entfesselt einen Energiesturm, der ihn in sein neues Leben hineinkatapultieren wird.

Der Mann kann es jetzt kaum noch erwarten, das Vergnügen, das ihm sein physischer Körper früher bereitet hat, erneut zu erleben. Aber er ist noch nicht soweit. Sein Mumienkörper muß erst so verwandelt werden, daß er als Brücke für den Übergang in die neue Existenz dienen kann. Einer der Männer im Raum reicht mir eine Fackel. Die flackernde Flamme verströmt soviel Hitze und Helligkeit, daß sie mir angst macht.

Dann erinnere ich mich an etwas Wichtiges, und meine Angst verschwindet; mir fällt ein, daß Feuer meinem Körper nichts anhaben kann. Ganz ruhig halte ich meine Hand in die Flamme. Flamme und Hand verschmelzen schmerzlos, denn mein Körper und das Feuer sind wesensgleich. Ich fahre so lange mit der Fackel über die Mumie, bis sie überall von der Flamme berührt worden ist. Dann sagt eine Stimme über mir: »Jetzt ist er bereit, geboren zu werden.«

Sofort beginnt sich der Raum mit Nebel zu füllen. Ich weiß, daß meine Zeit an diesem Ort zu Ende geht, der Nebel ist gekommen, um mich aus dieser Realität zu entfernen. Bevor sich alles auflöst, höre ich mich rufen: »Wartet! Wartet! Zeigt mir, wie ich selbst geboren wurde.«

Der Raum ist bereits halb mit Nebel gefüllt. Aber für ein paar Minuten lichtet sich der Nebel wieder, und durch den Dunst kann ich meinen eigenen, reglosen Körper ausgestreckt auf dem Boden liegen sehen. Drei Gestalten beugen sich über ihn und lenken meine Lebenskraft, die allmählich in meinen Körper einströmt.

Das Bild zerfließt unvermittelt, und eine Männerstimme spricht zu mir. »Wir konnten dich nicht mehr sehen lassen als das. Es hätte deinem Herzen Kummer bereitet. Du hast heute alles richtig gemacht. Kehr zurück.«

Ich kann mich nicht entsinnen, wo ich bin, und wieder erfüllt mich Angst. Ich weiß nichts über mich. Ich höre mich schreien. Dann berührt eine weiche, warme Hand meine Stirn. Langsam kommt die Erinnerung zurück. Ich bin bei der Frau, die auf mich aufpaßt. Ich bin erleichtert und atme ruhiger.

Umaj beginnt zu sprechen. »Es gibt noch etwas, was du

wissen mußt. Ursprünglich sollten die KAMS *nur eine Unsterblichkeitslinie bewahren, aber jetzt gibt es mehrere. Du und Mamusch, ihr gehört verschiedenen Linien an. Olga, du mußt heute noch abreisen. Wenn du bleibst, wie Mamusch es von dir verlangt, wird er versuchen, deine Linie zu zerstören. Durch den Tod anderer Menschen erhält er seine eigene Linie am Leben. Das haben die* KAMS *immer so gemacht. Seine Unsterblichkeit kann nur andauern, wenn andere sterben. Du bist für ihn sehr wichtig. Er will dich lehren, den Tod zu akzeptieren. Das hätte zur Folge, daß du die Unsterblichkeit ablehnst. Aber das ist nicht deine Bestimmung. Du sollst die Unsterblichkeit annehmen.«*

Mein Körper wird schwer wie Blei, während ich Umaj zuhöre. Ich kann die Augen nicht öffnen. Ich kann nicht den kleinsten Muskel bewegen, aber ich kann mit ihr sprechen.

»Warte. Du hast von Mamusch gesprochen. Aber Mamusch ist doch schon tot. Er hat mir keine Vorschläge gemacht. Das war Nikolaj.«

»Zwischen Mamusch und Nikolaj besteht kein Unterschied. Sie sind identisch. Das Phänomen der Zeit zu verstehen ist nicht so einfach, wie du denkst. Du bist nicht nur Olga, die als Psychiaterin in einer sibirischen Klinik arbeitet. Du bist noch etwas anderes, und das mußt du herausfinden.«

Ich spüre, wie mich ein Frösteln durchläuft. Vielleicht habe ich Fieber. Mir fällt ein, daß ich schon wer weiß wie lange auf dem Eis liege. Die Erde unter mir beginnt zu beben.

In der Ferne höre ich den Hufschlag eines galoppierenden Pferdes. Das Geräusch wird immer lauter. Jetzt spüre ich das Aufstampfen der Hufe. Dann wird ein weißes Pferd sichtbar. Von ihm geht eine leidenschaftliche Energie aus.

Eine Stimme sagt zu mir: »Setz dich auf den Rücken des Pferdes und reite fort!« Erst jetzt bemerke ich die kleine, kräftig gebaute junge Frau, die neben dem Kopf des Pferdes steht und es am Zügel hält. Mein Blick wandert von dem Pferd zu dem bloßen Arm der Frau, der vollständig mit Tätowierungen bedeckt ist. Etwas Derartiges habe ich noch nie gesehen. Unbekannte Tiere umkreisen einander, von der Schulter der Frau hinunter bis zu ihrem Handgelenk. Während ich sie anstarre, werden mir die Tiere allmählich immer vertrauter, auch wenn ich sie noch nicht richtig erkennen kann und mich nicht erinnere, wo ich sie schon gesehen habe.

Einen Augenblick lang befällt mich wieder Angst. »Umaj! Was bedeutet das? Warum machst du das mit mir?«

Noch einmal höre ich ihre Stimme. »Weil ich Vorfahren aus beiden Linien habe. Ich muß dir helfen, eine Wahl zu treffen. Niemand außer mir kann das für dich tun.«

»Man kann also zwei Linien angehören? Wenn du das kannst, dann muß es doch möglich sein!«

»Es stimmt, ich gehöre tatsächlich zwei Linien an.«

Das Pferd und der Traum lösten sich auf, und ich war wach. Ich wußte, daß ein weit entferntes Geräusch mich geweckt hatte, aber ich wußte nicht, was es gewesen war. Ich fragte mich, wie lange ich wohl auf dem Eis gelegen haben mochte. Dann hörte ich das Geräusch wieder, und ich erkannte Annas besorgte Stimme. Sie irrte am Fuß des Berges umher und rief nach mir, ein ganzes Stück weiter unten, aber ich konnte sie deutlich hören.

»Olga! Wo bist du? Antworte mir! Wir verpassen den Bus, und dann kommen wir nie mehr von hier fort!«

Rasch erhob ich mich, warf mir den Mantel über die Schultern und sah mich nach Umaj um. Keine Spur von ihr. Ich verspürte den Drang, diesen Ort zu verlassen, und begann zu laufen. Der Weg schien weiter zu sein, als ich es in Erinnerung hatte, und als ich Anna endlich erreichte, ging mein Atem in kurzen heftigen Stößen.

»Bist du verrückt, Olga? Wo bist du bloß die ganze Zeit gewesen? Du siehst ja schrecklich aus, so, als wärst du völlig von Sinnen. Ich muß dich wohl als Patientin mit zurücknehmen. Der Bus ist schon beladen und abfahrbereit. Der Fahrer hat gesagt, er würde nur noch ein paar Minuten warten. Komm, laß uns laufen.«

»Warte, ich muß mein Gepäck noch holen«, stieß ich hervor.

»Dein Gepäck ist schon im Bus und fährt vielleicht in diesem Moment ohne uns ab. Los, komm Olga, wir müssen uns beeilen.«

Nach der Miene des Fahrers zu urteilen hatten wir den Bus gerade noch rechtzeitig erreicht. Er war nur mit wenigen Fahrgästen besetzt, die uns mit ärgerlichen Blicken begrüßten. Ich hatte ein schlechtes Gewissen, weil wir sie so lange in der Kälte hatten warten lassen.

Im letzten Augenblick bemerkte ich, daß Nikolaj neben der Tür des Busses stand. Erstaunt fragte er: »Was hast du vor, Olga?«

»Ich fahre, Mamusch – entschuldige, Nikolaj meine ich natürlich.«

»Aber ich dachte, du hättest dich entschlossen hierzubleiben. Willst du wirklich abreisen?«

»Ja.«

»Ist Umaj bei dir gewesen? War sie es?« Nikolajs Gesicht war blaß, und seine Stimme klang angespannt. »Hast du gewußt, daß sie sterben wird, weil sie das für dich getan hat?«

»Nein! Das kann nicht wahr sein!«

»Also war es wirklich Umaj. Dann kann sie nicht länger zu den KAMS gehören. Sie ist für dich gestorben.«

Seine Worte erschütterten mich. Alles, was ich noch sagen konnte, war: »Auf Wiedersehen, Nikolaj. Bitte sag Marija vielen Dank für alles.« Dann schob sich die Tür des Busses zwischen uns.

12. Kapitel

Die Rückfahrt im Bus kam mir endlos lang vor. Ich weinte die ganze Zeit, während Anna vergeblich versuchte, mich zu trösten. Schließlich mußte ich sie bitten, mich in Ruhe zu lassen. Zuerst verstand sie mein Bedürfnis nach Abstand nicht, aber irgendwann schlief sie ein.

Als wir endlich aus dem klapprigen alten Bus ausgestiegen waren, mußten wir stundenlang im kalten Bahnhof auf unseren Zug warten. Anna sah mich immer wieder an in der Hoffnung, daß ich ihr mein seltsames Verhalten erklären würde, aber ich konnte ihr nichts dazu sagen. Normalerweise verbarg ich nichts vor ihr, aber bis jetzt hatte ich nicht einmal für mich selbst Worte gefunden, die erklärten, was geschehen war. Es war noch viel zu früh, um mit Anna darüber zu sprechen. In Nowosibirsk würde ich Zeit brauchen, um meine Erlebnisse im Altai zu verarbeiten.

Ich seufzte erleichtert, als ich endlich die Tür zu meiner kleinen Wohnung aufstieß. Ich war sicher, daß mein Zuhause mir helfen würde, in meine normale Realität – oder jedenfalls in das, was ich dafür hielt – zurückzukehren. Ich stellte meinen kleinen Koffer ab und ging in die Küche, um mir einen starken Kaffee zu kochen und eine Zigarette zu rauchen. Die verwirrenden Ereignisse der Reise hielten meine Gedanken gefangen, und ich mußte mich bewußt darauf konzentrieren abzuschalten. Ich war nicht mehr derselbe Mensch, der vor wenigen Tagen ins Altaigebirge aufgebrochen war. Doch hier stand ich nun und sah dasselbe Gesicht im Spiegel. Ich hoffte, die beruhigende Geborgenheit, die mein altes, vertrautes Ich mir bot, wiederzufinden.

Ich sah meine Post durch und legte die Zeitungen beiseite, um sie anschließend zu lesen. Endlich machte ich es mir auf meinem alten Sofa bequem und schlug die erste Tageszeitung auf. Die Meldungen schienen sich in nichts von den Nachrichten der Woche vorher zu unterscheiden. Doch als ich umblätterte, fiel mir die Schlagzeile »Wissenschaftliche Untersuchungen in Sibirien« ins Auge. Unter dieser Überschrift befand sich ein großes Foto von der Öffnung eines uralten Grabes im Altaigebirge. Das Foto sah interessant aus, also las ich den Artikel.

Dort wurde berichtet, daß man im vorigen Sommer das Grab einer jungen Frau entdeckt hatte. Die Frau war zum Zeitpunkt ihres Todes etwa fünfundzwanzig gewesen. Man hatte sie hoch oben in den Bergen begraben, in einer Felsspalte, die sich in den kurzen Sommern mit eisigem Schmelzwasser füllte, das Winter für Winter steinhart gefror. Die Archäologen nahmen an, daß die Frau Priesterin gewesen war und einer längst vergessenen Religion angehört hatte, die vor zwei- bis dreitausend Jahren praktiziert worden war. Der Inhalt des Grabes war noch nach Jahrtausenden in bemerkenswert gutem Zustand, als wäre er in einer Tiefkühltruhe gelagert worden. Als Wegzehrung für ihre Reise in die Welt der Geister hatte man der Toten Fleisch mitgegeben, und als es aufgetaut wurde, wies es noch immer die Konsistenz und den unverkennbaren Geruch von Hammelfleisch auf.

Das Foto und die Beschreibung des Grabes erinnerten mich an die Stelle, an der meine letzte Begegnung mit Umaj stattgefunden hatte, und als ich weiterlas, schlug mein Herz schneller.

Dem Artikel zufolge barg das Grab eine archäologische Sensation. Die Arme der Frau waren mit Tätowierungen von fremdartigen Tiergestalten bedeckt. Diese Fabelwesen umkreisten Ober- und Unterarme und verschmolzen miteinander. Die Tätowierungen waren von der gleichen Art wie die, die auf der Mumie eines Mannes gefunden worden waren, dessen Grab man vor fast fünfzig Jahren ebenfalls im Altaigebirge entdeckt hatte. Auch bei ihm nahm man an, daß er Priester einer längst untergegangenen Religion gewesen war.

Ich war mir sofort sicher, daß es sich bei der weiblichen Mumie um die gleiche Frau handelte, die ich in meinem Traum gesehen hatte. Ein Schwindelgefühl erfaßte mich. Ich legte die Beine auf mein kleines Sofa und streckte mich aus, Zeitungen und Briefe fielen unbeachtet zu Boden. Ich schob mir ein Kissen unter den Kopf und schloß die Augen.

Mit einer Stimme, die nur deswegen ruhig klang, weil ich fest entschlossen war, sie so klingen zu lassen, sagte ich zu mir: »Ich will nicht mehr denken. Ich muß schlafen. Bitte laßt mich einfach so schlafen wie früher, ohne diese seltsamen Träume.« Meine Worte beruhigten mich zwar nicht im geringsten, aber ich gab nicht auf, sondern bemühte mich weiter, wenigstens im Tonfall meiner Stimme Fassung zu bewahren. »Entspanne dich und denke an gar nichts.«

»Ganz richtig. Dies ist nicht der richtige Zeitpunkt zum Denken. Du hast andere Dinge zu tun.« Die Worte werden von einer kräftigen Männerstimme gesprochen, doch sie klingen, als kämen sie aus meinem Inneren.

»O Gott! Was ist denn jetzt los?« Ich schreie in wahnsinniger Angst.

»Du träumst. Beruhige dich«, befiehlt die Stimme. Es überrascht mich, aber ich fühle mich tatsächlich ruhiger. Vielleicht hat die Stimme recht. Ich bin eingeschlafen, ohne es zu merken, und alles ist nur ein Traum.

»Es gibt ein paar Dinge, die du jetzt lernen mußt. Was möchtest du gerne zuerst erfahren?«

»Ich möchte das Wichtigste erleben, was ich in meiner derzeitigen Verfassung verstehen kann.«

»Gut. Folge mir.« Ich akzeptiere diese Stimme als die Stimme meines Lehrers, deshalb folge ich bedenkenlos der Gestalt eines weißgekleideten Mannes, die ich jetzt wahrnehme. Ich bin neugierig auf das, was er mir zeigen wird. Seine Bewegungen zeugen von Entschlossenheit, und er beginnt, eine Leiter hinunterzuklettern, die in einem Schacht nach unten führt. Das überrascht mich, denn als ich um eine Offenbarung bat, hatte ich damit gerechnet, daß sie mir, wie schon sooft, in der Höhe schwebend zuteil würde.

Ich folge dem weißgekleideten Mann in die Tiefe der Erde. Während wir hinabsteigen, wird es zunehmend heißer. Finsternis umgibt uns. Endlich sehe ich, wie mein Lehrer durch eine schwere schwarze Eisentür einen Raum betritt. Schnell schlüpfe ich hinter ihm hinein, denn ich will nicht allein gelassen werden. Rote Feuerzungen flackern an den Wänden des Raumes. Nackte Männer stehen an riesigen schwarzen Ambossen, schwere Hämmer in den Händen. Ich sehe, wie die weiße Gestalt meines Lehrers durch die gegenüberliegende Tür den Raum verläßt. Um ihm zu folgen, muß ich durch den Kreis dieser Männer gehen, und sie haben offensichtlich nicht die Absicht, mich ohne weiteres passieren zu lassen. Sie grinsen, flüstern miteinander und sehen mich dabei mit unverhohlener Geringschätzung an.

Die Flammen berühren fast mein Haar. Langsam bewegen sich die nackten Kerle auf mich zu. Sie sagen nichts, aber ich weiß, daß sie beschlossen haben, mir etwas Furchtbares anzutun. Die eiserne Tür fällt mit einem dumpfen Krachen hinter mir ins Schloß. Jeder Fluchtweg ist mir versperrt. Als ich erkenne, daß ich tatsächlich gefangen bin, beginne ich zu weinen. Wie konnte ich so leichtgläubig sein, diesen Abgesandten des Teufels als Lehrer zu akzeptieren? Wie konnte ich mich von ihm hierher führen lassen? Statt der Offenbarung, die er versprochen hatte, steht mir Entsetzliches bevor.

Die Männer kreisen mich ein, und ich sehe jetzt, daß sie total betrunken sind. Angst überwältigt mich, ich verliere die Kontrolle über mich selbst und fange an zu schreien.

Dann, aus dem Nichts, kommt mir eine einfache Erkenntnis. Dieser Ort und die Männer, die mich bedrohen, sind Schöpfungen meiner eigenen Ängste. Alle Bilder in diesem Traum habe ich selbst geschaffen. Ich kann sie beherrschen und mit ihnen tun, was ich will. Dieses Wissen verleiht mir ein Gefühl großer Macht, und zuversichtlich gehe ich auf die betrunkenen Männer zu. Die roten Flammen verblassen, die furchterregenden Kerle schrumpfen zu kleinen, formlosen Gestalten zusammen und verschwinden schließlich ganz. Ich durchschreite den leeren Raum und verlasse ihn durch die gegenüberliegende Tür.

Draußen wartet der weißgekleidete Mann auf mich. »Hast du dich an die Lektion erinnert?« fragt er.

»Ja.« Ich verstehe, daß ich von meinem Inneren aus die Realität – oder was ich dafür halte – steuern kann. Ich kann sie willentlich verändern. Ich erinnere mich an Umajs Worte über die beiden Aufgaben, die wir Menschen erfüllen müssen – unsere Realität und uns selbst zu erschaffen. Ich weiß, daß Umaj mir noch mehr erklären kann, und ich brenne darauf, mit ihr darüber zu sprechen.

»Ich möchte mit Umaj sprechen«, sage ich zu meinem Lehrer, denn ich spüre, daß er von ihr weiß und vielleicht in der Lage ist, mich mit ihr zusammenzubringen.

»Du kannst sie nicht wiedersehen. Sie hat getan, was wir ihr aufgetragen haben. Ihre Zeit ist um.«

»Nein! Ich will sie sehen!« schreie ich meinen Lehrer an. Jetzt erst merke ich, wie sehr ich Umaj vermißt habe; ich würde alles tun, um sie wiederzusehen.

»Es ist unmöglich«, wiederholt er. Seine Stimme klingt gereizt, so, als würde er mit einem ungehorsamen Kind sprechen.

Aber er kann mich nicht davon abbringen. »Das ist nicht wahr. Es ist möglich!« widerspreche ich hartnäckig, denn ich weiß, daß ich in der Lage bin, die Wirklichkeit zu steuern. Ich weiß, wie ich mich mit all meiner Kraft darauf konzentrieren muß, um Umaj zu mir zu bringen. Das tue ich, und plötzlich steht sie vor mir.

»Sieh mal einer an. Du bist eine gute Schülerin«, sagt mein Lehrer schmunzelnd und verschwindet.

Voll freudiger Erwartung wende ich mich Umaj zu. Auf ihrem Gesicht liegt ein wunderschönes, freundliches Lächeln, und wieder wird mir klar, daß ich ihr mein Leben anvertrauen würde.

»Warum hast du mich hergebeten?« erkundigt sie sich.

»Ich möchte mehr darüber wissen, wie wir uns selbst erschaffen. Ich beginne zu verstehen, wie ich mir meine Realität bilde. Jetzt möchte ich erfahren, was du damit gemeint hast, daß wir auch das Wesen erschaffen, das in dieser Realität lebt.«

»Betrachte dich und die Menschen in deiner Umgebung. Sie tun nichts anderes. Sie sind nur damit beschäftigt, ihr Selbst zu kreieren. Sie sprechen andauernd mit diesem sich verändernden, wachsenden Wesen und versuchen so, es zu formen.

Dabei laufen hauptsächlich drei Prozesse ab. Zum einen sprechen die Menschen im Kopf über ihre Vergangenheit und rekonstruieren sie: Sie verändern sie in Gedanken, löschen das aus, was zu dem Wesen, das sie zu erschaffen versuchen, nicht paßt, und gewichten das, was ihnen weiterhilft. Zum anderen denken sie an die Zukunft, sie stellen sich vor, was sie tun werden, wie sie aussehen werden, was sie besitzen werden und wie andere auf sie reagieren werden.

Die dritte Sache, mit der sich die Menschen beschäftigen, stellt ihre Verbindung zur Gegenwart her. Unbewußt registrieren sie, wie andere ihr Wesen und ihre Handlungen beurteilen, und reagieren dann ihrerseits wiederum auf diese Beurteilungen. Manche davon bestätigen ihr Selbstbild, während andere es zerstören. Menschen merken, ob andere sich von ihnen angezogen fühlen oder nicht. Wenn sie mit anderen zusammen sind, die ihr Selbstbild nicht bestätigen, entsteht ein Gefühl, das man als Abneigung gegen diese Personen bezeichnen würde. Wenn Menschen jedoch umgekehrt von ihrer Umgebung bestätigt werden, entwickeln sie ein Gefühl der Zuneigung für die anderen. Auf diese Weise verbinden Menschen Vergangenheit, Gegenwart und Zukunft, um die eigene Persönlichkeit zu erschaffen. Wenn du aufmerksam hinschaust, wirst du feststellen, daß diese Prozesse in jedem Menschen und in jeder Situation ablaufen. Sieh dich um. Du wirst viele interessante Beispiele dafür finden.

Aber wenn du diesen Prozeß durchschaut hast, wirst du auch erkennen, daß es noch ein weiteres Selbst gibt, das zwar von all dem weiß, aber unabhängig davon ist. Das ist dein innerstes Selbst und dort beginnt die wahre Freiheit, das Wunderbare. Dort liegt der Ursprung der großen Kunst, Entscheidungen zu fällen. Aber du hast für heute genug gehört.«

Ich war erschöpft, und bald schob sich eine Flut von Träumen über mein Bewußtsein. Als ich schließlich die Augen öffnete, fühlten sich meine Glieder steif und bleiern an, weil ich die ganze Zeit in unveränderter Stellung auf dem Sofa gelegen hatte. Ich massierte meine Beine so lange, bis ich sie wieder spürte, und stand dann auf, um mir einen Kaffee zu machen. Mit dem Kaffee setzte ich mich an meinen kleinen Küchentisch und schlürfte ihn langsam aus einer alten Porzellantasse, wobei ich nicht so sehr das Trinken genoß, als vielmehr den angenehmen, beruhigenden Duft. Draußen war es schon lange hell, und durch das Fenster konnte ich die Kinder sehen, die im Hof herumtobten und vor Vergnügen schrien und lachten.

Von meinem Fenster im dritten Stock wirkten die Kinder weit entfernt, genauso weit entfernt, wie mir die Realität in diesem Moment erschien. Mein Kopf war immer noch schwer, und mein Körper schwebte zwischen Schlafen und Wachen. Ich wußte, daß ich alles, was ich gehört und gesehen hatte, durchdenken mußte, um es zu verstehen, aber dazu war ich im Moment nicht fähig.

Mein Bewußtsein war in einem so konfusen Zustand, daß ich es nicht beachten durfte, wollte ich mein Leben wieder in geordnete Bahnen lenken. Zunächst war ich gezwungen, meinem Unbewußten die Arbeit zu überlassen.

Ich mußte mich darauf vorbereiten, am nächsten Tag wieder zu arbeiten. Es gab viel zu tun, und ich ging ziemlich spät ins Bett. Das kam mir durchaus gelegen, denn ich fiel schnell in einen tiefen Schlaf, der endlich einmal traumlos war.

Am nächsten Morgen erschien mir mein gewohnter Alltag zugleich vertraut und fremd, und ich merkte, daß ich alles durch den Filter der Erfahrungen erlebte, die ich in den letzten Tagen gemacht hatte.

Schon ein normaler Urlaub rief widerstreitende Gefühle in mir hervor. Zuerst empfand ich es als Segen, daß ich meine Arbeit hinter mir lassen konnte, die von Krankheit gezeichneten Gesichter, die unangenehmen Gerüche, das unvermittelte Geschrei auf den Stationen, den Papierkram, der zum großen Teil überflüssig war. Nach einer Weile stellte ich dann erstaunt fest, daß ich anfing, genau diese Dinge zu vermissen. Schließlich hoffte ich, daß die Zeit schnell vergehen würde, damit ich wieder in meine Klinik zurückkehren konnte. Auch diesmal war das nicht anders. Ich freute mich und war erleichtert, die angenehme Routine des Krankenhausalltags wieder aufnehmen zu können.

Während ich durch die vertrauten düsteren Flure ging und mit Krankenschwestern und Patienten sprach, registrierte ich in Gedanken alles, was sich in den wenigen Tagen, die ich fortgewesen war, verändert hatte. Bei dem Anblick der geschlossenen weißen Tür der Notaufnahme stieg Furcht in mir auf. Jede Kleinigkeit, die mich an die

Tote erinnerte, jagte mir Angst ein. Aber das hier war meine Arbeit, ich mußte meine Pflichten erfüllen, und deshalb kämpfte ich mit allen Mitteln gegen meine Ängste an. Ich begann mit der Visite.

Es wunderte mich nicht, daß nur wenige Patienten Fortschritte gemacht hatten. Die Mehrzahl von ihnen war ein lebender Beweis für die Verwundbarkeit und Labilität der menschlichen Psyche.

Zum Glück bereitete mein junger Soldat mir eine angenehme Überraschung. Als ich mein Büro betrat, saß er bereits in dem Ledersessel vor meinem Schreibtisch. Er war von seiner akuten Psychose völlig genesen und allen Anzeichen nach fast soweit, daß er nach Hause entlassen werden konnte. Mit lässig übereinandergeschlagenen Beinen saß er vor mir, und ich bemerkte, daß seine Hände kaum noch zitterten. Sein Anblick bildete einen komischen Gegensatz zu dem riesigen, grobschlächtigen neuen Pfleger, der neben ihm stand und mich vor Gewalttaten der Patienten schützen sollte. Der Pfleger wirkte viel gefährlicher und gewalttätiger als der freundliche junge Mann.

»Guten Morgen. Wie geht es Ihnen heute, Andrej?«

Er sah verwirrt aus, offensichtlich erinnerte er sich nicht an mich. »Guten Tag, Frau Doktor.«

»Sie erkennen mich wohl nicht wieder, oder? Als wir uns kennenlernten, waren Sie zu sehr mit anderen Dingen beschäftigt, kann das sein?«

»Allerdings! Es war die Hölle! Ich weiß gar nicht, wie ich das den Leuten hier erklären soll. Diese Wesen aus dem UFO, die mir überallhin gefolgt sind, waren für mich ganz wirklich. Sie waren entsetzlich. Sie haben mich bedroht und wollten mich nicht in Ruhe lassen. Niemand konnte mir helfen, ihnen zu entkommen.«

»Das stimmt nicht ganz, Andrej. Wir haben Ihnen mit unserer Betreuung und unseren Medikamenten geholfen, diese Wesen zu vertreiben. Ohne diese Hilfe würden sie immer noch von Ihren Visionen heimgesucht werden. Verstehen Sie jetzt, daß diese Bilder nichts als Halluzinationen waren?« Der junge Mann schien über meine Worte nachzudenken. Dann nickte er bestätigend.

»Es ist eigentlich ziemlich egal, wie man sie nennt. Aber ich verstehe, was Sie meinen. Sie gehörten nicht zu dieser Welt. Das weiß ich. Wenn ich jetzt an sie denke, kommen sie mir wie Figuren aus einem intensiven bösen Traum vor. Aber als ich noch in diesem Traum war, waren es Wesen in einem richtigen Raumschiff, die mich verfolgten und mich zwangen, alles zu tun, was sie wollten.«

»Was denn zum Beispiel?«

»Zum Beispiel dem fahrenden Zug entgegenzulaufen und zu versuchen, mich umzubringen. Oder an meinen Kleidern herumzureißen und zu versuchen, mich selbst zu verletzen. Es war, als wollten sie mich zwingen, alles, was ich über mich und mein Leben wußte, zu vergessen. Diese Wesen wollten, daß ich ihr absolut gehorsamer Diener wurde.«

»Und Sie hatten nicht die Kraft, ihnen Widerstand zu leisten?«

»Ich hatte überhaupt keine Kraft. Sie haben meinen ganzen Kopf ausgefüllt. Ich hatte keinen eigenen Gedanken mehr. Ich konnte nur noch ihre Stimmen hören.«

»Was halten Sie jetzt von diesen Wesen?«

»Ich weiß nicht. Ich habe keine Angst mehr vor ihnen, und sie haben über eine Woche lang nicht zu mir gesprochen. Ja, und außerdem bin ich meistens ein bißchen schläfrig, und meine Gefühle sind wie betäubt.«

»Das ist die Wirkung der Medikamente, die Sie eingenommen haben. Jetzt können wir anfangen, die Dosis zu verringern, und Sie auf Ihre Heimkehr vorbereiten.«

Zum erstenmal strahlten seine Augen, und sein rundes, offenes Gesicht sah sehr kindlich, sehr glücklich aus. Offensichtlich war er begeistert von der Nachricht, daß er diesen Ort bald würde verlassen können.

Ich erklärte ihm, es sei mein Wunsch, daß er auf dem Klinikgelände zu arbeiten beginne und dort dem Personal zur Hand gehe. Damit war eine große Einschränkung in seinem Leben als Patient der Klinik aufgehoben, und er konnte jetzt nach draußen an die frische Luft gehen, wann immer er wollte. Er würde die Wege säubern und vielleicht noch andere einfache Arbeiten auf dem Gelände verrichten. Nach mehreren Wochen Isolation war Andrej von der Aussicht auf dieses bißchen Freiheit sichtlich erfreut. Er wußte, daß er jetzt endlich auf dem Weg nach Hause war und verließ mein Büro als glücklicher Mensch.

Als ich anschließend die übliche Beurteilung von Andrejs Fall vorbereitete, wurde mir wieder klar, wie sehr ich mich verändert hatte. Meine Wahrnehmung hatte sich in wenigen Tagen so dramatisch gewandelt, als hätte ich jahrelang psychologische Studien betrieben und gleichzeitig intensive persönliche Erfahrungen gemacht. Es fiel mir nicht mehr leicht, jemanden als geisteskrank einzuschätzen oder die phantastischen Wahrnehmungen meiner Patienten einfach als Hirngespinste abzutun. Die unauslöschlichen Eindrücke meiner intensiven Träume im Altai waren ständig präsent und hatten mein Verständnis von Wirklichkeit verunsichert. Da ich mir im klaren darüber war, daß ich selbst bei vollem Bewußtsein solche Visionen erlebt hatte, fiel es mir nicht mehr so leicht, die Grenze zwischen Traum und Realität zu ziehen. Was war wirklich und was nicht? Ich wußte es nicht mehr.

Unerklärliche Ereignisse, die viele Jahre hätten füllen können, waren in einem extrem kurzen Zeitraum geschehen, und sie hatten mir ein ganz neues Verständnis von den menschlichen Fähigkeiten vermittelt. Oder, genauer gesagt, sie hatten mich vor völlig neue Fragen gestellt und ließen mich an meinen alten Wahrnehmungsmustern zweifeln. Etwas verwandelte sich in mir – ich konnte es buchstäblich fühlen –, aber es war noch nicht soweit, daß es in meinem Verstand hätte Form annehmen können. Das würde Zeit brauchen, wenn es überhaupt jemals geschehen würde.

Im Moment war ich mir nicht mehr sicher, ob ich Andrejs Krankheit richtig einschätzte. Während ich versucht hatte, ihn zu beruhigen, und ihn darauf hinwies, daß seine beängstigenden Visionen nur die Halluzinationen seines erkrankten Bewußtseins gewesen waren, waren Zweifel in mir aufgestiegen. Ich sah es nun als möglich – ja sogar als wahrscheinlich – an, daß die Wirklichkeit auf kompliziertere Weise in Erscheinung treten konnte, als wir bisher angenommen hatten. Meine alten Grundsätze und Überzeugungen hätten nicht einmal einen Bruchteil von dem abdecken können, was ich im Altai erlebt hatte. Ich spürte, daß ich in einem ungeheuer weiten, unerforschten Ozean schwamm.

Ich warf einen Blick aus dem Fenster und war beruhigt, als ich den alten Straßenbahnwaggon sah, der nach wie vor mitten im Gelände stand. Der abblätternde blaue Lack, der die Karosserie überzog, bildete einen schönen Kontrapunkt zum hellen Blau des Frühlingshimmels. Mir kam der Gedanke, daß dieses unergründliche alte Wrack vielleicht die einzige Konstante in meiner Wirklichkeit war.

Ich schlug mein Berichtsheft auf und verfaßte das obligatorische Protokoll über Andrejs Fortschritte. Ich hatte noch eine Menge anderer Dinge zu erledigen und schalt mich, weil ich soviel Zeit mit meinen Tagträumen vertrödelt hatte.

13. Kapitel

Einige Wochen vergingen, und nach und nach fühlte ich mich im Klinikalltag wieder wohl. Es kam mir vor, als würde ich meine Arbeit, die ich schon immer als sehr befriedigend empfunden hatte, jetzt noch einmal völlig neu entdecken.

Eines Morgens tauchte unvermittelt ein fröhliches, offenes Gesicht in meiner Tür auf. »Hallo!« bekam ich zu hören. »Sind Sie die Ärztin, die ich aufsuchen soll?« Ohne eine Antwort oder eine Aufforderung abzuwarten, trat ein kleiner Mann mittleren Alters in einem dunkelblauen Anzug in mein Büro und stellte sich vor meinen Schreibtisch.

»Mein Name ist Dmitrijew. Ich bin Physiker in der akademischen Stadt. Hier ist meine Einweisung ins Krankenhaus.«

Als mein Besucher die akademische Stadt erwähnte, wurde mir klar, daß er zur intellektuellen Elite gehörte. ›Akademgorodok‹, wie diese Stadt der Wissenschaft genannt wurde, war in den frühen sechziger Jahren ein Experiment der Sowjetregierung gewesen, das sich inzwischen etabliert hatte. Man hatte in einer schönen sibirischen Landschaft komfortable Häuschen gebaut und die bedeutendsten Wissenschaftler aus der gesamten Sowjetunion dorthin eingeladen. Mit dieser Einrichtung verfolgte man das Ziel, der sowjetischen Wissenschaft neue Impulse zu geben. Die Menschen dort arbeiteten unter den besten Bedingungen im ganzen Land. Ihnen standen die modernsten wissenschaftlichen Geräte und die neuesten Technologien zur Verfügung. Auch Angestellte und Arbeiter in untergeordneten Positionen konnten problemlos die besten Lebensmittel einkaufen und nachts in bequemen Betten schlafen.

Die Einrichtung hielt, was man sich von ihr versprochen hatte, es wurden dort einige der bedeutendsten Theorien und Technologien jener Zeit entwickelt. Die Bewohner der Stadt waren hochintelligent, und sie lebten in einem demokratischen, freiheitlichen Klima, das es ihnen ermöglichte, ein individuelles Leben zu führen. Das verschaffte ihnen eine unverkennbare Ausstrahlung, eine Mischung aus Selbstvertrauen und Aufgeschlossenheit.

Beides nahm ich an dem Mann wahr, der vor meinem Schreibtisch stand. Er zog seine Einweisung heraus, einen Bogen Papier, den er einfach zusammengeknüllt in die Tasche gestopft hatte, und präsentierte sie mir, indem er sie mit einer lässigen Handbewegung auf meinen Schreibtisch warf. Dann, ohne meine Aufforderung abzuwarten, setzte er sich. Ich hatte das Gefühl, daß er ein Spiel mit mir spielte, bei dem er geschickt eine Gratwanderung zwischen harmlosem Witzbold und unverschämtem Flegel vollführte.

Ich schaute mir das Papier an, das er mir so achtlos vor die Nase geworfen hatte. Es stammte von seinem Hausarzt und besagte, daß bei Herrn Dmitrijew ein ›neurotisches Syndrom somatischer Genese‹ aufgetreten war und daß wir angewiesen wurden, ihn stationär zu behandeln.

»Wollen Sie mich etwa mit Hypnose behandeln?« fragte der neue Patient spöttelnd. Seine Augen lachten dabei, und seinem freundlichen Gesichtsausdruck sah ich an, daß er mich mit seinem bissigen Humor nicht verletzen wollte.

Mir wurde klar, daß ich mich mit einem Menschen unterhielt, der die Fähigkeit besaß, zwischen verschiedenen Persönlichkeiten zu wechseln, aber das vertraute, schmerzhafte Gefühl, das mich sonst befiel, wenn ich entdeckte, daß jemand schizophren war, blieb aus.

»Es tut mir außerordentlich leid, Sie enttäuschen zu müssen, Herr Dmitrijew, aber ich werde Sie nicht mit Hypnose behandeln. Ich werde Sie nämlich überhaupt nicht behandeln. Ihr Überweisungsschein ist für die Station ausgeschrieben worden, auf der neurotische Patienten behandelt werden. Das hier ist die psychiatrische Station. Sie müssen Ihren Einweisungsschein wieder mitnehmen und zum zweiten Gebäude linker Hand gehen. Dort werden Sie den Arzt finden, der Sie behandeln wird.«

»Nein! Bitte nicht. Das ist unfair! Ich erkenne sofort, daß Sie die Ärztin sind, die mir helfen könnte. Warum leben wir nicht zur Zarenzeit? Da hätte ich mir einen Arzt nach meinen Wünschen aussuchen können, ohne irgendwelche dummen Einschränkungen von wegen Stationszugehörigkeit oder sonst was!« rief er theatralisch. Dann senkte er die Stimme und fügte hinzu: »Vielleicht ist es besser so. Das Gehalt, das ich als berühmter Physiker verdiene, würde nicht ausreichen, um einen Arzt anzustellen. Es ernährt kaum mich selbst. Guten Tag, Frau Doktor. Auf Wiedersehen.«

Als er mein Büro verließ, war sein Gesicht wieder völlig ernst, ohne eine Spur jener scherzhaften Ironie, die sich auf seinen Zügen abgezeichnet hatte. Was für merkwürdige Menschen man als Psychiaterin kennenlernt, dachte ich, und dann vergaß ich ihn bis zu meinem Nachtdienst in der folgenden Woche.

Ein Arzt hatte nachts immer Bereitschaftsdienst und kümmerte sich um die Patienten und um die Notfälle, die außerhalb der normalen Zeiten eingeliefert wurden. Wir wechselten uns mit diesem Dienst ab, und ich war etwa alle zwei Wochen an der Reihe. In manchen Nächten war soviel zu tun, daß an Schlaf gar nicht zu denken war, aber das System bot den Vorteil, daß ich mit anderen Patienten als meinen eigenen arbeiten konnte. Manche von ihnen waren interessant, und mir machte die Arbeit Spaß. Darüber hinaus waren die Nachtdienste finanziell gesehen höchst willkommen, denn wir bekamen dafür fast doppelt soviel Lohn wie für den regulären Dienst tagsüber.

In jener Nacht begannen meine Runden durch die Stationen ohne besondere Vorkommnisse, bei ein paar Patienten, deren Zustand sich verändert hatte, mußte lediglich die Medikation angeglichen werden. Als ich zum Eingang der Station für neurotische Patienten kam, stand Dmitrijew in der offenen Tür, und meine Ankunft schien ihn so wenig zu überraschen, als hätte er bereits gewußt, daß ich nun jeden Augenblick den Flur entlangkommen würde.

»Wie geht es Ihnen, Frau Doktor?« fragte er. Er war ruhiger und viel höflicher als bei unserer letzten Begegnung.

»Danke, gut. Ihnen scheint es auch besser zu gehen?«

»Ja, viel besser. Haben Sie einen Augenblick Zeit? Ich möchte mit Ihnen sprechen«, bat er.

»Wenn Sie meine Hilfe brauchen, gerne«, erwiderte ich. Es gab in der Klinik eine Vorschrift, die besagte, daß die Ärzte sich jedem Patienten widmen mußten, der sie während des Nachtdienstes um ein Gespräch bat, und ich fragte mich, welche besondere Aufgabe Dmitrijews gescheiter Kopf wohl für mich ausgeheckt hatte.

»Dann lassen Sie uns mal annehmen, daß ich Ihre Hilfe brauche, Frau Doktor.«

Ich bat die Nachtschwester, das Büro des Stationsarztes für mich aufzuschließen. Sie unterbrach ihre Tätigkeit und ging den Flur entlang zu einer schwarzen Holztür, an der ein Schild mit dem Namen ›Dr. Fedorow‹ hing. Mit einem Schlüssel aus der Sammlung, die sie bei sich trug, öffnete sie die Tür.

Ich betrat den Raum als erste. Die Untersuchungszimmer anderer Ärzte wirkten auf mich immer imponierender und weniger gemütlich als mein eigenes. Doch in diesem Fall war es auch möglich, daß Dr. Fedorows Ruf mich beeinflußte. Er war dafür bekannt, daß er regelmäßig rätselhafte, riskante Behandlungsmethoden anwandte, und zwar bei neurotischen Patienten, die von anderen Ärzten als hoffnungslos aufgegeben worden waren. Niemand bestritt seine unglaublichen Erfolge, aber es wußte auch keiner, wie er sie erzielte, weil er sich über seine Methoden beharrlich ausschwieg.

»Kommen Sie herein, Herr Dmitrijew, und nehmen Sie Platz.«

Meine Aufforderung kam, wie schon bei unserem letzten Treffen, zu spät. Herr Dmitrijew war bereits eingetreten, hatte es sich auf einem Stuhl bequem gemacht und wartete nun geduldig darauf, daß auch ich mich setzte, bevor er zu sprechen begann. Ich blickte ihn erwartungsvoll an.

»Ich fürchte, Sie werden den Grund, weswegen ich Sie um ein Gespräch gebeten habe, erst einmal merkwürdig finden. Aber ich möchte Sie bitten, versuchen Sie zu verstehen, worum es mir geht.

Ich betreibe Forschungen auf dem Gebiet der Quantenphysik. In meinem Laboratorium werden unter anderem verschiedene Phänomene der Realität untersucht. Ich würde sogar soweit gehen zu behaupten, daß ich durch meinen Beruf eine konkretere Beziehung zur Realität gewonnen habe als jeder andere Mensch. Ich habe sehr viel Freiheit in dem, was ich tue. Bei meinen Forschungen über die Realität setze ich größtenteils physikalische Experimente ein, aber daneben haben wir begonnen, auch Techniken anzuwenden, die sich an den Koordinaten menschlicher Wahrnehmung und den Funktionen des Unterbewußten orientieren. Ich möchte Ihnen gerne mehr über unsere Arbeit erzählen und Sie zu einem Besuch in unserem Labor einladen.«

Diese unerwartete Einladung überraschte mich, dennoch hörte ich ihm weiterhin mit professionell geschulter Aufmerksamkeit zu.

»Ich möchte Ihnen etwas Wichtiges sagen. Die Langzeitstudien der Realität haben meine Weitsicht völlig verändert. Viele Gewißheiten, die ich zu Beginn meiner Arbeit über das Wesen der Realität hatte, haben sich in Ungewißheit verwandelt, und diese Ungewißheit hat mir bei meiner weiteren Arbeit faszinierende neue Türen geöffnet. Die Mehrzahl der Menschen in meiner Umgebung erwartet von mir, daß ich mich im Rahmen ihrer ›normalen‹ Lebensbereiche bewege, und das stört mich auch nicht. Es ist eins der Gesetze, die ich als Mensch befolgen muß. Jetzt allerdings gestatte ich mir, die Grenze unseres Verhältnisses als Ärztin und Patient zu überschreiten und Ihnen unverblümt zu sagen, warum ich Sie um diese Unterhaltung gebeten habe.«

Er wirkte ganz ernst, und mir gefiel diese Stimmung besser als seine frühere Schauspielerei. Er schien eine Reaktion von mir zu erwarten, daher forderte ich ihn auf: »Bitte, sprechen Sie weiter.«

»Erst einmal glaube ich keineswegs, daß mich der Zufall auf Ihre Station geführt hat. Mir unterlaufen praktisch nie solche Fehler wie diese Verwechslung, die mich zu Ihrer Tür brachte. Ich habe gelernt, mit meiner Intuition zu kommunizieren, und sie sagt mir, daß es kein Zufall war, daß Sie mich kennengelernt haben.«

Ich traute meinen Ohren nicht. »*Ich* habe *Sie* kennengelernt?« fragte ich.

»Ja, ganz richtig. Ich bin zufrieden mit dem, was ich bin und was ich tue. Ich brauche nichts. Aber ich spüre, daß Sie eine sehr intensive Phase durchleben und möglicherweise nahe daran sind, etwas Bedeutungsvolles zu begreifen. Ihre Energie hat ein ungewöhnliches Profil, das habe ich bereits bei unserer ersten Begegnung gespürt. Ich glaube, daß ich Ihnen vielleicht helfen kann. In unserem Labor haben wir eine neue Methode entwickelt, mit der wir unter Anwendung physikalischer Hilfsmittel, wie zum Beispiel runder Spiegel, Kanäle zu anderen Bewußtseinszuständen öffnen können. Frau Doktor, Sie haben kürzlich seltsame Zustände durchlebt, für die Sie noch keine Erklärungen gefunden haben, stimmt das?«

Ich war schockiert. Meine Stimme klang leise, als ich antwortete: »Ja, das stimmt.«

»Sehen Sie? Und ich bin überzeugt, daß Sie gern in dieser einmal eingeschlagenen Richtung weitergehen und wenn möglich zu einem Verständnis dieser Erfahrungen gelangen möchten. Ist das richtig?«

»Ja.« Seine offensichtliche Ernsthaftigkeit ermöglichte

es mir, ihm zu vertrauen, und ich hatte das Gefühl, ihm gefahrlos zustimmen zu können.

»Hier ist meine Visitenkarte. Rufen Sie mich an, wann immer es Ihnen paßt. Es wird mir eine Freude sein, Ihnen mein Labor zu zeigen.«

Dmitrijew reichte mir die imposanteste Visitenkarte, die ich je gesehen hatte. Sein Name war unterstrichen, und darunter stand, er sei ›Leiter des Physiklabors‹. Obwohl ich mir sicher war, daß ich die Karte wegwerfen würde, nahm ich sie aus seiner ausgestreckten Hand entgegen und stand auf, um zu gehen. Da kam mir eine letzte Frage in den Sinn.

»Herr Dmitrijew, aus welchem Grund sind Sie in die Klinik eingewiesen worden? Welches Problem hat Sie zu uns gebracht?«

»Können Sie das nicht erraten, Frau Doktor?« stellte er die Gegenfrage, und wieder leuchtete ihm der Schalk aus den Augen. Wir trennten uns ohne ein weiteres Wort, und während ich die Station der Neurosekranken verließ, überlegte ich, ob ich nicht vielleicht selbst ein paar Wochen hier verbringen sollte, um wieder einen klaren Kopf zu bekommen.

Als ich schließlich mit meinem Rundgang fertig war, kehrte ich in mein eigenes Büro zurück. Auf der Station war es ausnahmsweise einmal still, alle Patienten schliefen. Statt Dmitrijews Visitenkarte wegzuwerfen, wie ich es eigentlich vorgehabt hatte, brachte ich sie sorgfältig in der Ablage auf meinem Schreibtisch unter. Dann machte ich mir ein Nachtlager auf meinem Sofa zurecht und legte mich hin in der Hoffnung, daß es in der Nacht keine Notfälle geben würde. Beim Einschlafen fragte ich mich noch einmal, warum ich Dmitrijews Karte nicht weggeworfen hatte; wahrscheinlich lag es an meinem unbewußten Respekt vor der Physik, den mir meine wenig erfolgreichen Versuche, im Gymnasium die Relativitätstheorie zu verstehen, eingeflößt hatten. Ich hatte nach wie vor nicht die Absicht, sein Angebot anzunehmen.

14. Kapitel

Die Nacht blieb ruhig, und ich schlief friedlich, tief und ohne zu träumen. Normalerweise wachte ich morgens von selbst auf, aber mein Körper brauchte wohl zusätzliche Ruhe, und ich hatte deswegen beinahe das Frühstück verschlafen. Nachdem ich schnell etwas gegessen hatte, machte ich mein Sofa wieder zurecht, stopfte Kissen und Laken in den Schrank und bereitete mich auf meine Vormittagsvisite vor. Da klingelte mein Telefon, und voll Dankbarkeit, daß es die ganze Nacht geschwiegen hatte, nahm ich den Hörer ab.

Eine unbekannte Stimme sagte: »Frau Dr. Kharitidi? Mein Name ist Swetlana Pawlowna Saijzewa. Ich bin Bezirkspsychiaterin in einer der hiesigen Kliniken.«

»Womit kann ich Ihnen helfen, Swetlana Pawlowna?« fragte ich.

»Ich brauche von Ihrem Krankenhaus Unterlagen über einen meiner Patienten. Er heißt Viktor Isotow und wurde bis vor etwa sechs Monaten in Ihrer Klinik stationär betreut. Seitdem behandle ich ihn hier. Kann sein, daß Sie sich nicht an ihn erinnern. Könnten Sie bitte seine Akte aus dem Archiv anfordern und sie mir schicken?«

»Doch, doch, ich erinnere mich sehr gut an Viktor. Ich

habe oft an ihn gedacht und bin froh, daß er nicht wieder in die Klinik eingewiesen werden mußte. Geht es ihm gut? Brauchen Sie seine Unterlagen für ein Rehabilitationsprogramm?«

»Nein, um ehrlich zu sein. Viktor hat letzte Nacht Selbstmord begangen. Jetzt muß ich einen Bericht schreiben. Wie Sie ja wissen, litt er unter Schizophrenie. Er hat so gut wie gar keine Fortschritte gemacht.«

Ich war es nicht gewohnt, bei der Arbeit zu weinen. Schon vor langer Zeit hatte ich mir beigebracht, mich von den Schicksalen meiner Patienten emotional zu distanzieren. Aber bei Viktor war das anders gewesen. Meine erste Reaktion auf die Nachricht von seinem Selbstmord war, der Anruferin die Schuld an seinem Tod zu geben, aber ich wußte, daß ich dazu kein Recht hatte. Vielleicht hatte sie ihn mit größerer Fachkenntnis behandelt, als ihre Worte vermuten ließen. Wie dem auch sein mochte, ich war außerstande, weiter mit ihr zu sprechen, und mußte so schnell wie möglich auflegen. Ich hörte mich sagen: »Entschuldigen Sie, ich bin gerade sehr beschäftigt. Bitte geben Sie mir Ihre Telefonnummer, ich rufe Sie dann in etwa einer Stunde zurück.«

»Bemühen Sie sich nicht«, erwiderte sie. »Sie brauchen sich damit nicht abzugeben. Ich rufe Ihre Oberschwester an und bitte sie, sich darum zu kümmern. Haben Sie vielen Dank.« Swetlana Pawlowna legte auf, und ich wußte, daß sie meinen Kummer gespürt hatte.

Viktor Isotow war gerade erst zwanzig Jahre alt gewesen, als er aus einer Spezialklinik in unser Krankenhaus überwiesen worden war. Solche Kliniken hatte es jahrzehntelang überall in der Sowjetunion gegeben. Sie widmeten sich der Behandlung krimineller Patienten, vor allem solcher, die als gefährlich eingestuft wurden. Wir wußten nicht viel über diese Anstalten, denn sie waren dem Innenministerium unterstellt, nicht dem Gesundheitsministerium.

Eines der schlimmsten Verbrechen in der Sowjetunion wurde in Paragraph 70 des sowjetischen Gesetzbuches definiert. In diesem Paragraphen ging es um antisowjetische Agitation und Propaganda. Die Verurteilung nach Paragraph 70 war für die meisten Betroffenen praktisch gleichbedeutend mit einem Todesurteil. Der einzige Unterschied bestand darin, daß sie nicht hingerichtet wurden, sondern statt dessen den Schrecken der ›Sonderbehandlung‹ ausgeliefert waren. Viele der Verurteilten waren auf immer für die Welt verloren, und von denen, die zurückkehrten, blieben die meisten ihr Leben lang seelische Krüppel.

Viktor Isotow war als einem seltenen Ausnahmefall die Chance gegeben worden, in die Gesellschaft zurückzukehren. Nach zwei Jahren seelischen Horrors in einer Spezialklinik in Kasachstan hatte man ihn nach Hause geschickt und zur Weiterbehandlung in unsere Klinik eingewiesen. Er kam mit dem Etikett ›schleichende Schizophrenie‹ auf meine Station, einer Diagnose, die alles und nichts besagte und bei jedem so lauten konnte, der die Kriterien gesellschaftlicher Normalität, die die Regierung aufgestellt hatte, nicht erfüllte.

Wer mit dieser Diagnose behaftet war, hatte, auch wenn er in Wirklichkeit geistig völlig gesund war, unter den schrecklichen Folgen zu leiden, die auch jede diagnostizierte Schizophrenie nach sich zog. Fast alles, was den Betroffenen im Leben lieb und wert war, wurde ihnen geraubt. Sie verloren ihre Arbeitsstelle und ihre Freunde. Sie durften weder zur Schule gehen noch in sozialen Organisationen mitwirken.

Das wichtigste Syndrom in Viktors Krankengeschichte

war nach den Aufzeichnungen seines letzten Arztes ›metaphysische Intoxikation‹ gewesen. In seiner Krankenakte hieß es: »Der Patient zeigt anomales Interesse an Literatur mit philosophischem, religiösem und metaphysischem Charakter. Er behauptet, er könne den ganzen Tag damit verbringen, Bücher zu lesen, ohne irgendwelchen anderen Interessen nachzugehen. Er hat nicht viele Freunde, denn seine Kriterien für Freundschaft sind sehr streng. Seine Redeweise ist abstrus und kompliziert. Er verbreitet antisowjetisches Gedankengut. Er ist der Überzeugung, die sowjetische Gesellschaft sei unvollkommen und könne in vieler Hinsicht verbessert werden.«

Viktors Verbrechen – seine Geisteskrankheit – bestand darin, daß er im Alter von siebzehn Jahren entschieden hatte, das Leben in der Sowjetunion sei verbesserungswürdig: Die Menschen hier sollten größere Freiheiten haben. Er hatte einfache, handgeschriebene Flugblätter angefertigt, auf denen er Vorschläge machte, wie diese Veränderungen aussehen könnten. Diese Flugblätter hatte er in seiner kleinen Heimatstadt an ein paar öffentlichen Gebäuden an die Mauern geklebt.

Was dann folgte, war typisch. Die örtliche Abteilung des KGB verhaftete Viktor, man leitete eine psychiatrische Untersuchung in die Wege, die die Diagnose Schizophrenie stellte, diese Diagnose wurde dem Gericht vorgelegt, und das Gericht schickte Viktor in die Spezialklinik.

Ich fragte mich, warum man ihn schließlich doch nach Hause gelassen hatte. Vielleicht hatten sie endlich erkannt, wie lächerlich es gewesen war, ihn überhaupt als Bedrohung für die Gesellschaft zu bezeichnen. Oder aber, sie hatten beschlossen, ihn als geheilt zu betrachten. Als Viktor mein Patient wurde, wäre ich nie auf die Idee gekommen, ihn als gefährlich einzustufen. Er hatte einen schmalen, weißen Nacken und blickte immer demütig zu Boden. Seine Stimme war leise, und er legte alle Symptome einer tiefen Depression an den Tag.

Viktor war der erste Patient gewesen, den ich aus einer Spezialklinik übernommen hatte. Ich mußte feststellen, daß er vor allem und jedem Angst hatte. Er war sehr kooperativ und beantwortete gehorsam alle meine Fragen. Das Problem war, daß er seine Antworten alle gewissenhaft auswendig gelernt und eingeübt hatte. Es waren immer kurze, förmliche Sätze, die er ohne Abwandlung wiederholte. »Ich war krank. Das sehe ich jetzt ein. Ich möchte meine Medikamente weiternehmen, um der Krankheit vorzubeugen.«

Während einem unserer Gespräche entdeckte ich dann eine Spur von Viktors früherem Leben in seinen Gesichtszügen. Er hatte ein Samisdat-Buch bei mir liegen sehen, ein verbotenes, im Eigenverlag veröffentlichtes Werk, das eine Freundin heimlich für mich kopiert hatte. Der Autor war Sri Aurobindo, ein indischer Philosoph und Mystiker, und normalerweise bewahrte ich es in meinem Schreibtisch versteckt auf. Nachdem Viktor die Fotokopien gesehen hatte, veränderte sich unsere Beziehung allmählich, und er begann, mir zu vertrauen. Dieses Ereignis war der Anfang eines sehr langen, komplizierten Prozesses, bei dem ich Viktor half, so viele Bruchstücke wie möglich von der Person wiederzuentdecken, die vor seiner sogenannten Spezialbehandlung einmal existiert hatte. Ich setzte Antidepressiva und entgiftende Medikamente ein und errichtete so fast unmerklich eine Brücke für ihn, auf der er in die Gesellschaft und zu sich selbst zurückkehren konnte.

Viktor glaubte nun nicht mehr, daß die Gesellschaft Veränderungen nötig hatte, wahrscheinlich, weil er den Gedanken, daß Veränderungen überhaupt möglich waren, aufgegeben hatte. Ich hörte niemals eine Äußerung von ihm, die als antisowjetisches Gedankengut hätte interpretiert werden können. Man hatte ihn darauf konditioniert, solche Themen zu vermeiden. Aber nach und nach entwickelte er eine nebelhafte Vision seiner Zukunft.

Er begriff, daß er außerordentliches Glück gehabt hatte, aus der Spezialklinik entlassen worden zu sein. Ihm bot sich jetzt die Chance, in seiner Heimatstadt den eigenen Lebensunterhalt mit einer einfachen Arbeit zu verdienen und zu seinen geliebten Büchern zurückzukehren. Viktor wurde klar, daß er seine früheren Hoffnungen auf ein Studium für immer begraben mußte, und ich versuchte nie, ihn vom Gegenteil zu überzeugen. Die Universitäten würden ihm für immer verschlossen bleiben. Diese Erkenntnis hatte traumatische Folgen für ihn, denn er war intelligent und neugierig. Auch nach den beiden Jahren, in denen er den destruktiven Behandlungsmethoden der Spezialklinik ausgesetzt war, war er immer noch von einem leidenschaftlichen Wissensdurst erfüllt. Ich versuchte, mir diese Wißbegierde zunutze zu machen, um ihn wieder in die Realität einzubinden. Ich wies ihn darauf hin, wie viele Klassiker er noch nicht gelesen hatte und von wie vielen aufregenden wissenschaftlichen Entdeckungen er noch erfahren konnte, sogar über die Stadtbücherei seines Heimatortes.

Ich war besorgt darüber, was nach seiner Entlassung mit ihm geschehen würde, und behielt ihn so lange wie möglich im Krankenhaus. Aber auf die Dauer war das keine Lösung. Eines Tages erschien seine Mutter, eine alleinstehende Frau, die in einer Fabrik als Buchhalterin arbeitete, um ihn nach Hause zu holen. Obwohl eine Frau mittleren Alters, war sie aufreizend gekleidet, ein ebenso offensichtlicher wie erfolgloser Versuch, ihre Jugendlichkeit zu bewahren. Meine früheren Bemühungen, sie in die Rehabilitation ihres Sohnes miteinzubeziehen, waren alle fehlgeschlagen. Sie hatte deutlich gemacht, daß sie für etwas anderes als für ihr eigenes Privatleben wenig Zeit hatte und daß es ihr schwerfiel, ihr Image als verführerische Frau mit der Betreuung ihres kranken Sohnes zu vereinbaren. Schon bei dem Wort Schizophrenie verzog sie angewidert das sorgfältig geschminkte Gesicht.

Nach seiner Freilassung hatte Viktor mir einen kurzen Brief geschrieben, in dem er von seinen Versuchen berichtete, eine Arbeit zu finden. Die wenigen Betriebe, bei denen er sich vorgestellt hatte, hatten ihn abgewiesen, aber er gab die Hoffnung nicht auf. Außerdem erwähnte er, daß seine Mutter während seiner Abwesenheit alle seine Bücher verkauft hatte.

Danach hatte ich nichts mehr von ihm gehört, aber ich hatte häufig an ihn gedacht. Manchmal war ich kurz davor gewesen, seinen Bezirksarzt anzurufen, aber immer war etwas Dringendes dazwischengekommen, und ich hatte den Gedanken wieder beiseite geschoben. Schließlich war ich mit meiner Reise in das Altaigebirge und ihren Folgen beschäftigt gewesen und hatte bis heute nicht mehr an ihn gedacht.

Jetzt hatte Viktor sich das Leben genommen, und mir war, als sei ein Teil meiner selbst mit ihm gestorben. Als ich den ersten Schock überwunden hatte, stellte ich fest, daß die Nachricht bei mir nicht nur Trauer ausgelöst hatte, sondern auch ein Gefühl des Verlustes, für das selbst die starke Zuneigung, die ich Viktor entgegengebracht hatte, keine hinreichende Erklärung war. Immer wieder versuchte ich, meine eigenartige Gemütsverfassung zu analysieren und für mich zu klären, um welchen Verlust ich eigentlich trauerte. Schließlich begriff ich. Nachdem ich aus dem Altai zurückgekehrt war, hatte ich versucht, mein Berufsleben so weiterzuführen wie bisher, und hatte alles, was im Altai geschehen war, zur Seite geschoben, als wäre es für mein Leben in Nowosibirsk völlig belanglos. Die Tragödie von Viktors verschenktem Leben führte mir vor Augen, daß ich mir nicht länger einbilden durfte, ich könne problemlos ein Doppelleben führen.

Mir war klar, daß ich, ohne es mir bewußt einzugestehen, ein anderer Mensch geworden war. Meine wichtigsten Überzeugungen und Vorstellungen hatten sich durch die Reise in den Altai gewandelt, und es war völlig unlogisch, daß ich mein Leben und meine Arbeit so weiterführte, als wäre nichts geschehen. Ich konnte es nicht mehr rechtfertigen, ein sogenanntes ›normales‹ Leben als erfolgreiche Psychiaterin an einer staatlichen Klinik zu führen. Wenn ich, worauf ich in meinem bisherigen Leben immer stolz gewesen war, meinen inneren Überzeugungen treu bleiben wollte, blieb mir gar keine Wahl.

Viktors Tod war der Auslöser dieses Erkenntnisprozesses, und ich gab mir das Versprechen, immer an ihn zu denken, wenn ich versucht sein sollte, Kompromisse einzugehen oder in mein altes, engstirniges Leben zurückzufallen. Das sollte mein letzter Tribut an meinen früheren Patienten sein. Diese Entscheidung verschaffte mir ein Gefühl großer Erleichterung.

15. Kapitel

Ein paar Tage später nahm ich Dmitrijews Visitenkarte aus meiner Ablage und wählte die Telefonnummer seines Labors. Er war selbst am Apparat und erkannte meine Stimme sofort. Ich sagte ihm, daß ich seine Einladung gern annehmen würde, und wir vereinbarten, uns zwei Tage später im Labor zu treffen. Weil man für den Besuch des Institutes prinzipiell eine Sondergenehmigung brauchte, würde er mich am Haupteingang abholen.

Als ich ankam, stand er vor dem Hauptportal des weißen, neunstöckigen Gebäudes, in dem er arbeitete. Er sah völlig anders aus als bei unserer letzten Begegnung auf der Station der neurotischen Patienten. Er trug einen langen schwarzen Mantel und eine lederne Aktentasche und wirkte viel größer, als ich ihn in Erinnerung hatte. Während wir die Eingangshalle durchquerten, grüßten ihn seine Mitarbeiter, und ich erkannte an ihrem Verhalten, daß er Respekt von ihnen verlangte. Wieder einmal staunte ich über seine Fähigkeit, wie ein Chamäleon in verschiedene Rollen zu schlüpfen.

Wir nahmen einen Fahrstuhl in den siebten Stock und gingen durch lange, leere Flure mit endlosen Reihen identischer Türen auf beiden Seiten zu seinem Labor. Als wir endlich die letzte Tür linker Hand erreicht hatten, blieb Dmitrijew stehen. Auf dem unauffälligen Schild über der Tür stand nur ›Labor‹. Während Dmitrijew energisch die Tür öffnete, fiel mir aus irgendeinem Grund ein, daß ich seinen Vornamen nicht wußte.

»Guten Tag allerseits«, sagte Dmitrijew fröhlich. Sein Stimmfall verriet mir, daß die drei Männer, die auf uns zukamen, nicht nur seine Kollegen, sondern auch gute Freunde waren. »Das ist Olga«, stellte er mich vor. »Wir werden heute ein paar Experimente machen. Wir brauchen deine Hilfe, Sergej, um die Spiegel zu aktivieren.«

Sergej betrachtete mich mit wohlwollendem Interesse. »Ich bin bereit«, sagte er.

Das Labor bestand aus zwei großen Räumen. Den einen füllten modernste Computeranlagen aus, während der zweite von einem riesigen, röhrenförmigen Gebilde beherrscht wurde. Der sonderbare Apparat war aus einem schimmernden Metall, das wie Aluminium aussah. Aus der Hauptröhre ragten verschiedene kleinere Röhrchen und Verbindungsstücke heraus. Das Ganze wirkte wie ein kleines Raumschiff.

Dmitrijew lächelte. »Sie können mich übrigens Iwan Petrowitsch nennen. Und ich hoffe, daß Sie nichts dagegen haben, wenn ich Sie Olga nenne, wo ich doch fast doppelt so alt bin wie Sie. Haben Sie von dem Astrophysiker Kosirew gehört, Olga?«

»Nein, tut mir leid, der Name sagt mir nichts.«

»Nun, das überrascht mich nicht. Zunächst vermute ich, daß die Physik nicht zu Ihren Interessensschwerpunkten gehört. Stimmt das?«

Ich nickte bestätigend.

»Und außerdem war es bis vor gar nicht so langer Zeit verboten, seinen Namen auszusprechen. Er hat viele Jahre im Gulag verbracht. Er war sehr klug und begabt. Einer seiner Kollegen, der auf demselben Gebiet arbeitete, war eifersüchtig auf ihn und verfaßte einen denunziatorischen Brief. Daraufhin wurde Kosirew vom KGB einkassiert.«

Ich fiel Iwan ins Wort. »Ich weiß, wie so was passiert. Mein Urgroßvater hat im Ersten Weltkrieg als Arzt in der Armee des Zaren gedient. Er schickte damals einen Bericht an den Zaren, in dem er die völlig unzureichende medizinische Versorgung der Soldaten im Heer schilderte. Dafür wurde er nach Sibirien geschickt und dort viele Jahre lang in einem Straflager gefangengehalten. Sein Sohn, mein Großvater, wurde auch Arzt und arbeitete in einer großen Fabrik in Sibirien. Er schrieb einen Bericht an die Stalinregierung, in dem er die unmenschlichen Bedingungen anprangerte, unter denen die Fabrikarbeiter lebten und arbeiteten. Auch er wurde für schuldig erklärt und in den Gulag geschickt. Erst nach Stalins Tod, fast zwanzig Jahre später, kam er frei. Danach hat er noch ein Jahr gelebt. Ich habe meinen Großvater gar nicht gekannt.«

»Die gleiche Geschichte wie bei Kosirew, so kommt es mir vor. Dann wissen Sie also, daß die fähigsten Köpfe oft zusammen mit Priestern, Schamanen und hartgesottenen Kriminellen im Gulag festgehalten wurden. Kosirew hat viele Jahre dort verbracht. Er hatte im Gulag Kontakte zu sibirischen Schamanen, aber darüber hat er nie viel geredet.

Als er schließlich aus dem Konzentrationslager zurückgekehrt war, galt sein wissenschaftliches Interesse der Theorie der Zeit. Er erdachte phantastische Experimente, die es ihm ermöglichten, eine komplexe Theorie der Zeit aufzustellen und zu beweisen, daß die Zeit substantieller Natur ist. Sie hat eine eigene Dichte, die sich je nach der

Stellung der Erde zu den übrigen Planeten verändert. Folglich weist die Zeit an verschiedenen Punkten der Erde eine unterschiedliche Dichte auf. Es ist natürlich völlig unmöglich, das mit unserem normalen menschlichen Wahrnehmungsvermögen zu registrieren, aber Kosirews ausgeklügelte Apparatur konnte die Unterschiede tatsächlich messen. Damit hat er seine mathematischen Theorien, wie die Dichte der Zeit verändert werden kann, bewiesen.

Dieses große und recht merkwürdig aussehende Gerät mitten im Raum ist Ihnen ja sicher schon aufgefallen«, fuhr Iwan schmunzelnd fort. »Es ist eine Röhre, hergestellt aus einer besonderen Kombination von polierten Metallen, die als Spiegel dienen. Wir haben herausgefunden, daß das eine der Methoden ist, mit der wir die Zeitwahrnehmung des Menschen verändern können. Auf eine Weise, die wir noch nicht ganz verstehen, transformieren die Spiegel für die Person, die in der Röhre sitzt, Raum und Zeit. Verstehen Sie das?«

»Ja, ich glaube schon.« Eigentlich verstand ich nur wenig von dem, was Iwan gesagt hatte, aber ich vertraute ihm und war bereit, ihm bei der Erforschung seiner Theorien behilflich zu sein. »Ich brauche aber genaue Anweisungen von Ihnen, was ich tun soll«, meinte ich.

»Selbstverständlich, keine Sorge«, erwiderte Iwan. »Wir werden Ihnen alles Schritt für Schritt erklären. Ziehen Sie Ihre Stiefel aus, und setzen Sie sich in die Röhre, in einer Haltung, die für Sie bequem ist. Sergej gibt Ihnen dann Kopfhörer, durch die Sie Aufnahmen hören werden. Das soll Ihnen helfen, sich zu entspannen und einen Kanal zu Ihrem unterbewußten Erleben zu öffnen.

Die zylindrische Form der Spiegel wird zusammen mit den Klängen, die Sie hören werden, Ihre Wahrnehmung beeinflussen. Sie müssen versuchen, sich eine klare Vorstellung von der Art der Erfahrung zu machen, die Sie hervorrufen wollen. Warten Sie dann darauf, daß dies eintritt, und seien Sie sich dabei ständig aller Nuancen Ihres Zustandes bewußt. Wir werden nicht mit Ihnen sprechen und auch sonst in keiner Weise eingreifen, es sei denn, wir haben das Gefühl, daß Sie Hilfe brauchen.«

Ich zog meine Stiefel aus und war froh, daß ich morgens kein Kleid, sondern eine bequeme lange Hose angezogen hatte. Dann kletterte ich in die Röhre und hatte augenblicklich sonderbare Empfindungen. Ich verstand, warum die Röhre als Spiegel bezeichnet wurde. Ich sah nur runde Metallwände, die so poliert waren, daß ihre Oberflächen verschwommene, uneindeutige Bilder wiedergaben. Ich hatte mich noch nie in einem vergleichbaren Raum befunden, und es war schwierig, meinen Körper so in die Röhre einzupassen, daß ich meine Haltung als bequem empfand. Ich experimentierte mit verschiedenen Positionen und wählte schließlich eine Embryonalstellung, in der ich in meinem runden Gehäuse halb saß und halb lag.

Sergej hielt mir die Kopfhörer hin. Von dort, wo ich mich befand, konnte ich sein Gesicht nicht sehen, und es kam mir vor, als würde die körperlose Hand irgendeines fremden Geschöpfes zu mir in die Röhre hereingreifen. Ich setzte die Kopfhörer auf und bemühte mich, Iwans Anweisung Folge zu leisten und mich zu entspannen. Eine weit entfernte Melodie, angenehm und harmonisch, breitete sich in meinem Kopf aus.

Meine Augen waren noch offen, aber ein bestimmter Rhythmus der Musik ließ mich so empfinden, als ob ich bereits schliefe.

Ich versuchte, mich auf eine meiner gewohnten Entspannungstechniken zu konzentrieren, aber die Spiegelwände hatten einen eigentümlichen Einfluß auf meine Selbstgespräche und unterdrückten sie fast völlig. Ich fühlte mich an die früheren Zustände erinnert, in denen ich mich in einem Traum als wach und aufmerksam wahrgenommen hatte. In meinem Herzen spürte ich die vertraute Empfindung von großer Freude, gemischt mit Schmerz.

»Olga! Hör zu.« Es ist eine Männerstimme – aber weder die von Sergej noch die von Dmitrijew, sondern eine neue, mir unbekannte Stimme. Die Melodie verbindet sich harmonisch mit der Stimme. »Ich weiß, daß du Metaphern schätzt. Versuch es mal mit dieser. Wir haben in der Physik gelernt, daß Elementarteilchen eine duale Natur haben, die einzig und allein von den sie umgebenden Bedingungen abhängig ist. Sie können als einzelne Teilchen existieren, und sie können gleichzeitig eine Welle sein. Das weißt du vielleicht schon. Aber vermutlich hast du noch nicht gewußt daß der gleiche Dualismus auch bei Menschen zu beobachten ist. Wir sind gleichzeitig voneinander getrennte Teilchen und Wellen. Es hängt von der Position des Beobachters in uns ab. Weil wir glauben, daß wir unabhängige Individuen sind, nehmen wir uns als einzelne Teilchen wahr, die voneinander getrennt sind. Aber gleichzeitig sind wir immer auch Wellen, die keine Grenzen haben.«

Ich höre den pochenden Rhythmus in meinem Kopf. Die Melodie ist verschwunden, sie hat sich in merkwürdige, künstlich erzeugte Geräusche verwandelt, die ich nicht identifizieren kann. Die Stimme spricht zu mir im Rhythmus eines klopfenden Herzens, und ich erkenne, daß dieser Rhythmus genau mit meinem eigenen Herzschlag übereinstimmt, so, als würde dieser aufgenommen und mir dann wieder vorgespielt.

»Du solltest jetzt in der Lage sein, die Wahrnehmung deiner selbst so zu verändern, daß du die Wellennatur deines Wesens erfahren kannst. Diese Welle ist Teil von allem, was existiert. Sie kann sich nach allen Seiten ausbreiten und überall enden. Laß deinen Körper den Rhythmus seiner Welle entdecken, und werde eins mit ihr.«

Ich spüre, wie die Grenzen, die meinem physischen Körper Gestalt geben, immer dünner und schwächer werden. Dann lösen sie sich auf und augenblicklich explodiert mein Bewußtsein und nimmt den gesamten Raum um mich herum ein. Ich bin jetzt ein unendliches Wesen, mit dem Universum verbunden und nicht davon zu unterscheiden. Die lineare Zeit verschwindet. Alle meine Erlebnisse im Altaigebirge blitzen gleichzeitig in meiner Erinnerung auf.

Dann stehe ich mitten in einem Garten, von weißen Blumen und von Bäumen umgeben. Menschen in langen weißen Gewändern gehen schweigend darin spazieren.

Ein Mann tritt auf mich zu. Ich erkenne in ihm denselben Mann, dem ich in den Raum gefolgt bin, in dem die betrunkenen Schmiede waren, dort, wo ich einen ersten Eindruck davon bekam, wie man Realität steuern kann. Ich respektiere ihn als Lehrer. Sein ruhiges Gesicht ist weder alt noch jung und strahlt Wärme und Herzlichkeit aus, daneben jedoch vermittelt seine ganze Erscheinung ein Gefühl von ungewöhnlicher Energie und Entschlossenheit. Er nimmt mich an der Hand und führt mich zu einer Bank aus Holz, die unter einem der Bäume steht. Wir setzen uns, aber keiner von uns spricht.

Mein Lehrer scheint darauf zu warten, daß ich den Anfang mache, aber ich habe keine Ahnung, was ich sagen soll. Wir sitzen weiter schweigend nebeneinander, bis ich schließlich frage: »Was soll ich hier tun?«

»Du bist aus freien Stücken hergekommen, also mußt

du etwas brauchen, was du hier zu finden hoffst«, erwidert er.

Ich entsinne mich undeutlich, daß ich Antworten auf die vielen bohrenden Fragen suche, die sich mir nach meinen Erlebnissen im Altai gestellt haben. Ich bin so durcheinander, daß sich die Fragen in meinem Kopf zu einem einzigen, einfachen Satz verbinden: »Was bedeutet das alles?«

Die Antwort meines Lehrers hilft mir nicht weiter: »Das hängt davon ab, welche Bedeutung du deinen Erfahrungen gibst. Wie willst du sie bewerten? Es liegt ganz an dir.«

»Ich möchte wissen, was unsere Begegnung für dich bedeutet. Wer bin ich für dich? Wie verstehst du mein Erscheinen hier? Welchen Sinn hat es aus deiner Sicht gesehen?«

»Nun, was meinst du?« fragt er gelassen.

Wieder weiß ich nicht, was ich antworten soll. »Ich bin verwirrt«, ist die passendste Erwiderung, die mir einfällt.

»Wenn du von den Gründen für deine Verwirrung befreit wärst, wie würdest du dann über dein Hiersein denken?«

»Ich würde denken, daß ich einem Teil meiner Realität begegne, der mir vorher nicht bewußt war, und daß das von großer Tragweite ist, nicht nur für mich, sondern auch für viele andere.«

»Das ist richtig. Daß du hier bist, ist nicht nur für dich selbst wichtig, sondern auch für andere. Und es ist ebenfalls richtig, daß du bisher nur wenig über die vielen verschiedenen Aspekte der Realität weißt, in der du lebst. Die Menschen deiner Zeit sind das Resultat eines Evolutionszweiges, den ein Teil der Menschheit durchleben mußte. Deine Zeitgenossen haben bestimmte Eigenschaften der menschlichen Natur entwickelt, die vor allem mit der intellektuellen Denkfähigkeit zusammenhängen. Diese Ent-

wicklungsrichtung machte es erforderlich, eine Mythologie zu erfinden, in der die Realität und ihre Gesetze sehr streng definiert sind. Die Spezialisierung der Wahrnehmung hat euch zwar in die Lage versetzt, die Aufgaben zu erfüllen, die euch gegeben wurden, aber in anderer Hinsicht hat sie euch eingeschränkt.«

»Wenn du von meinen Zeitgenossen als Menschen sprichst, soll das heißen, daß du kein Mensch bist?«

»Nein. Ich bin ein Mensch, aber ich gehöre zu einem anderen Entwicklungszweig. Deine Leute sind nicht die einzigen Vertreter der Menschheit. Es gibt ganz verschiedene Abstammungslinien innerhalb der Gattung Mensch. Jede einzelne hat eine spezielle Aufgabe. Jede von ihnen sollte eine andere Dimension menschlicher Fähigkeiten erkunden. Ihr Wahrnehmungsvermögen wurde eingeschränkt, um einen Austausch zwischen den Zivilisationen zu verhindern. Es hat natürlich trotzdem Kontakte zwischen ihnen gegeben. Manchmal haben ganze Zivilisationen ihre evolutionäre Richtung geändert, eine andere Zivilisation entdeckt und sich ihr angeschlossen. Das hinterließ rätselhafte Lücken in der Art und Weise, wie dein Volk seine Geschichte erinnert.

Deine Anwesenheit hier bedeutet, daß die Interaktionen zwischen der Realität deiner Zivilisation und der Realität anderer Zivilisationen zunehmen. Unsere Zeitspiralen nähern sich einander an, und bald wird es zur endgültigen Integration aller Abstammungslinien kommen. Die gesamte Menschheit wird ihr Larvendasein beenden. Sie ist sich dessen noch nicht bewußt, genauso, wie die verpuppte Raupe weder von der Gestalt des Schmetterlings, die sich in ihr bildet, noch von ihren zukünftigen Flügeln weiß. Sogar die Flügel selbst erkennen ihre Bedeutung erst im Moment des Fliegens. Die Menschen deines

Realitätszweiges waren unentwegt damit beschäftigt, den festen Körper eines neuen Organismus zu formen, und jetzt kommt für diesen Organismus die Zeit auszuschlüpfen und sich in diesem Entwicklungsstadium mit anderen Zweigen der Menschheit zu vereinen.

Deine Zeitgenossen werden ungeheure persönliche Veränderungen durchmachen. Es wird ihnen vielleicht wie das Ende der Welt erscheinen. In vieler Hinsicht wird es das auch sein, denn vieles, was ihr aus der alten Welt kennt, wird dann tatsächlich durch eine neue Daseinsweise abgelöst. Die psychische Struktur jedes einzelnen wird transformiert werden, denn die alten Realitätsmodelle werden nicht mehr ausreichen. Die Menschen werden eine andere Seite ihres Wesens erfahren und verstehen lernen. Das wird für jeden Menschen anders aussehen. Bei einigen wird die Veränderung mühelos und fast augenblicklich geschehen. Andere werden eine anstrengende, schmerzhafte Zeit durchmachen müssen. Es wird sogar einige Menschen geben, die so tief in euren alten Realitätsgesetzen verwurzelt sind, daß sie überhaupt nichts bemerken werden.

Ich möchte dir noch mehr sagen. Es ist wichtig, daß du mir jetzt zuhörst, ohne mich zu unterbrechen. Ich sehe ein, daß es dich vielleicht viel Mühe kostet, das, was ich sage, zu verstehen und zu akzeptieren, aber du mußt es tun. Dir bleibt keine andere Wahl, als die Wahrheit anzuerkennen.«

Kaum hat mein Lehrer mir die Anweisung gegeben, ihn nicht zu unterbrechen, zwingt mich mein Widerspruchsgeist, ihm eine Frage zu stellen. Sie ist wichtig, und ich habe das Gefühl, nicht damit warten zu können.

»Entschuldige, aber du hast gesagt, die verschiedenen Zweige der Menschheit seien getrennt und wüßten nichts voneinander. Wie kommt es dann, daß du offensichtlich

nicht nur von mir und meinem Volk weißt, sondern anscheinend auch von vielen anderen?«

»Also gut«, schmunzelt er, »du konntest einfach nicht warten, stimmt's?«

Obwohl ich seine Bitte ignoriert habe, indem ich ihm ins Wort gefallen bin, bleiben seine Stimme und sein Gesichtsausdruck freundlich.

»Als individuelle Persönlichkeiten haben wir alle ganz verschiedene Wesensaspekte, die sich in eigene, einzigartige Richtungen entwickeln. Aber erinnere dich an das innerste Selbst, das jeden einzelnen Aspekt unseres Lebens integriert und ihm Bedeutung zuweist. Das gleiche gilt für die Menschheit als Ganzes. Wenn du die Menschheit als ein Wesen betrachtest, wirst du trotzdem viele Gesichter erkennen. Aber auch sie besitzt ein innerstes Selbst, das alle Richtungen kennt und sie integriert. Sein Ort ist hier, wo wir sitzen.«

Eine Welle der Erregung durchströmt meinen Körper. »Heißt dieser Ort Belowodje?«

»Er hat verschiedene Namen und seine eigenen Hierarchien.«

Belowodje hat in meinen Gedanken immer größeren Raum eingenommen, seit ich zum erstenmal davon gehört habe, und als wir jetzt davon sprechen, befällt mich wieder das geheimnisvolle und zugleich aufregende Gefühl, das ich bei meinen Erlebnissen im Altai empfunden habe. Ich warte darauf, daß er fortfährt, denn ich möchte unbedingt mehr hören, das mir helfen könnte, meiner ständigen Verwirrung Herr zu werden. Ich konzentriere mich auf jedes Wort und versuche, mir jede Einzelheit zu merken, als er wieder zu sprechen beginnt.

»Bereits in der Vergangenheit haben Zivilisationen aus anderen Realitätszweigen ihre Evolutionsrichtung geän-

dert und sind der euren begegnet. Jedesmal, wenn das geschah, war es für euch ein Anreiz zur Weiterentwicklung. Würdet ihr zurückblicken und eure Weltgeschichte aus dieser Perspektive betrachten, könntet ihr diese Verbindungspunkte ganz deutlich sehen.

Jetzt steht die größte Veränderung bevor. Bald werdet ihr Einblick gewinnen in viele verschiedene Facetten der menschlichen Natur, die in anderen Realitätsstrukturen entwickelt wurden, und werdet sie selbst erfahren. Die Menschen aus den anderen Evolutionszweigen werden über eure Ansichten und eure Lebensweisen genauso wenig wissen wie ihr über deren Weltanschauung. Daher werden euch die Unterschiede Schritt für Schritt enthüllt werden. In der Vergangenheit haben deine Mitmenschen sich normalerweise vor solchen Kontakten geschützt, indem sie Menschen aus anderen Realitäten mystische Namen gaben und sie so zu Mythen werden ließen. Aber Mystizismus ist etwas ganz anderes und obendrein der Realität viel näher, als ihr denkt.

Eine der wichtigsten Lehren, die du dir merken mußt, ist, daß die Wesen aus anderen Realitätszweigen, die euch begegnen werden, Menschen wie ihr seid, die einfach eine andere Art der evolutionären Entwicklung erfahren haben. Das heißt, daß ihre Sichtweisen und Erfahrungen für euch prinzipiell verständlich sind und daß ihr wie auch die anderen in der Lage sein werdet, die Errungenschaften der anderen Zivilisationen in die eigene zu integrieren. Es wird eine Zeit der bewußten Interaktionen sein.

In deinem besonderen Fall ist zu sagen, daß es in allen evolutionären Realitätszweigen Menschen gibt, denen es möglich ist, in andere Dimensionen vorzudringen. Du bist eine von jenen, die in der Lage sind, die Grenzen zwischen den Realitätszweigen zu überschreiten. Du wirst noch weitere solche Grenzüberschreitungen erleben. Genauso gab es Menschen, die in den Zivilisationen parallel zu der deinigen leben und gelernt haben, in den Raum deiner Realität einzudringen.

Und, wie gesagt, wenn deine Leute auf die Völker einer anderen Welt treffen, wird das nicht nur eure Vorstellungen verändern, sondern es wird die Wesensstruktur aller Menschen verwandeln. In einer ersten Phase haben deine Leute geglaubt, daß sie in einer Realität leben, die völlig unabhängig von ihren Wahrnehmungen existiert. Diese Überzeugung verschaffte ihnen Wissen und viele wichtige Werkzeuge. Dann, als sich eure Zeitspirale der anderer Welten auf verschiedenen evolutionären Bahnen anzunähern begann, wurden eure sogenannten Mystiker und schließlich auch eure Wissenschaftler auf Mechanismen aufmerksam, durch die nicht nur die Realität, sondern auch die zukünftigen Ereignisse des eigenen Lebens beeinflußt werden können. Bei dem Versuch, dieses Phänomen zu erkunden und es mit euren Vorstellungen zu vereinbaren, habt ihr viele neue Theorien aufgestellt und viele neue Werkzeuge geschaffen.

Der nächste Schritt wird der sein, den du in diesem Moment machst, nämlich zu erkennen, daß jeder ein Selbst besitzt, mit dem er sich seine persönliche Realität erschafft. Das ist das innerste Selbst, das wahre Selbst. Jeder Mensch muß das selbst erleben, um es zu verstehen.«

Obwohl mir einerseits bewußt ist, daß der Vortrag meines Lehrers mit dem rationalen Verstand außerordentlich schwer zu begreifen ist, erscheint mir das Gesagte andererseits irgendwie klar, und ich nehme es ohne große Mühe auf. Einen Augenblick lang frage ich mich, ob die Gegenwart des Lehrers vielleicht jenseits der verbalen Erklärungen einen Verständniskanal für mich öffnet.

»Das, was ihr euer ›Ego‹ nennt, ist nicht so schlecht, wie es vielen von euch beigebracht worden ist. Tatsächlich«, sagt er lächelnd, »gibt es bessere und schlechtere Egos. Die Menschen sind verschieden. Aber das Phänomen Ego war die wichtigste Voraussetzung dafür, daß ihr eure evolutionäre Aufgabe erfüllen konntet. Eure Zivilisation hätte ohne Ego nie ihren jetzigen Status erreichen können. Der Grund dafür, daß so viele von euch inzwischen das Gefühl haben, daß das Ego schädliche Auswirkungen hat und abgebaut werden sollte, ist, daß diese Menschen unbewußt bereits den nächsten Entwicklungsschritt vorhersehen. Eure Gesellschaft wird nur in der Lage sein, andere Zivilisationen zu erkennen und sich mit ihnen zu vereinigen, wenn sie ihr innerstes Selbst findet und sich darauf einläßt. Das Ego hilft euch nicht mehr.«

»Wie kann ich diesen Prozeß beschleunigen?« lautet meine nächste Frage.

»Indem du daran arbeitest und dich darin übst. Viele esoterische Schulen in eurer Welt haben Methoden entwickelt, mit denen sie euch darauf vorbereiten. Die Praktizierenden dieser Schulen haben diese Transformationen bereits durchgemacht. In der Vergangenheit waren Instruktionen dieser Art ein Privileg, in dessen Genuß nur wenige Auserwählte gelangten. Eine der wichtigsten Veränderungen der vor euch liegenden Zeit besteht darin, daß solche Wandlungen gleichzeitig von vielen Menschen auf der ganzen Welt erfahren werden. Es gibt bereits Anzeichen für diese Veränderungen, und eure Kultur muß darauf vorbereitet sein.

Du, Olga, stehst mit einer der Veränderungen in Verbindung. Die Verbindung wurde im Altai hergestellt, aber geographisch bezieht sich das Geschehen auf Belowodje. Du spielst eine Rolle in dieser Geschichte, aber im Moment weißt du noch nicht viel darüber. Doch das wird zu seiner Zeit kommen.«

Das Herz schlägt mir bis zum Hals. Ich spüre, daß er dabei ist, mir von etwas zu erzählen, das für mich persönlich sehr wichtig ist. Gleichzeitig nehme ich das Sonnenlicht wahr, das strahlend hell geworden ist. Wenn ich meinen Lehrer ansehe, muß ich so stark blinzeln, daß meine Augen fast geschlossen sind. Mir kommt die absurde Idee, daß ich meine Sonnenbrille hätte mitbringen sollen.

Wenn dem Mann neben mir mein respektloser Gedanke bewußt ist, so zeigt er es jedenfalls nicht. Er fährt fort: »Einige der alten Gräber, die von euren Wissenschaftlern geöffnet wurden, gehören eigentlich zu anderen Dimensionen, zu anderen Evolutionszweigen. Diese Gräber sind nicht nur materielle, physische Offenbarungen. Ihre scheinbar toten Bewohner haben Absichten, die das Leben betreffen. Sie eröffnen Kommunikationskanäle zu anderen menschlichen Dimensionen. Diese Kanäle wurden freigegeben mit dem Ziel, Kontakt zu deinem Volk herzustellen. Es gibt nur wenige Orte auf der Erde, wo das stattgefunden hat. Einer davon ist das Altaigebirge. Deine Reise dorthin war keine Verkettung von Zufällen. Jeder Schritt, den du gemacht hast, war dazu bestimmt, eine Erinnerung zu wecken. Und du gehst deinen Weg weiter.

Das Grab, das im Altai entdeckt wurde, sollte eigentlich erst dann freigelegt werden, wenn ein großer Teil der Weltbevölkerung die bevorstehenden Veränderungen sehen kann. Die Tatsache, daß die Öffnung bereits stattgefunden hat, bedeutet, daß sich die Veränderungen auf natürliche Weise beschleunigt haben und immer mehr Menschen das Bedürfnis nach einer neuen Art von Exi-

stenz haben werden. Viele verschiedene Lehrer und Schulen werden kommen, aber sie werden alle in die gleiche Richtung weisen.

Um deinen persönlichen Fortschritt zu beschleunigen, mußt du den richtigen Weg wählen. Wegweiser sind in den Moralvorstellungen und den großen Religionen eurer Gesellschaften enthalten, aber sie wurden immer mit sozialen Grundbedürfnissen kombiniert, um das Verhalten der Menschen zu steuern. Jetzt mußt du sie in ihrer reinen Gestalt erfassen. Du mußt diese Regeln lernen, damit du sie anderen beibringen kannst, die ebenfalls die Transformation suchen.«

Die saftigen grünen Blätter des Baumes hinter unserer Bank bewegen sich sacht am Rand meines Blickfeldes. Die Vögel zwitschern, und mir wird unwillkürlich klar, wie geschärft meine Sinne sind.

»Jetzt werde ich dir die erste Regel offenbaren. Sie ist die wichtigste von allen, und du darfst sie nie vergessen. Die erste Regel besagt, daß alle Entscheidungen in deinem Leben, die wichtigen ebenso wie die belanglosen, ganz bewußt getroffen werden wollen. Vor jeder Entscheidung mußt du dich fragen, ob deine Wahl fünf unabdingbare Wesenheiten befriedigt. Wenn auch nur eine davon unerfüllt bleibt, mußt du nach einer anderen Lösung suchen. Auf diese Weise wirst du immer den richtigen Weg wählen. Die fünf Wesenheiten sind Wahrheit, Schönheit, Gesundheit, Glück und Licht.

Wenn du deine Entscheidungen nach dieser Regel fällst, kannst du immer sicher sein, daß sie richtig sind. Du bist dann in Kontakt mit deinem wahren Selbst, deinem innersten Selbst, und schaffst dir unüberwindliche Willenskraft. Das ist die erste Lektion. Lebe danach, und dein Leben wird sich sehr schnell verändern. Erst, wenn du dazu bereit bist, wirst du die zweite Regel erfahren. Jetzt solltest du zurückkehren.«

Aber vorher muß ich meinem Lehrer noch eine Frage stellen, die mir sehr am Herzen liegt.

»Was kannst du mir über Umaj sagen? Sie hat mit mir über die Wahl zwischen Tod und Unsterblichkeit gesprochen. Ich möchte sie wiedersehen, ich habe noch viele Fragen an sie.«

»Umaj stammt aus dem Realitätszweig der Schamanen, aber gleichzeitig gehört sie zu Belowodje. Die Schamanen sind immer Botschafter zwischen den verschiedenen menschlichen Dimensionen gewesen. Sie sind Tatmenschen. Nicht alle haben genau verstanden, was sie eigentlich machten, aber Umaj war sich immer völlig im klaren darüber. Sie hat dich unterstützt, indem sie über deinen emotionalen Kanal mit dir gearbeitet hat. Darum fühlst du dich so sehr von ihr angezogen. Sie hat mit dir über Unsterblichkeit gesprochen, weil die zweite Regel der Evolution sich damit beschäftigt. Der Tod ist ein charakteristisches Merkmal deiner Zivilisation, und er wird zusammen mit vielen anderen Erscheinungen transformiert werden. Umaj wird dich das lehren, wenn du dafür bereit bist, dann nämlich, wenn du gelernt hast, die erste Regel anzuwenden.

Mach dir keine Sorgen um Umaj. Derjenige, der dir gesagt hat, sie sei gestorben, hat versucht, dich zu täuschen. Umaj kann nicht sterben. Sie ist Teil von Belowodje, und dort gibt es den Tod nicht.

Wenn du es dir wirklich wünschst, kannst du sie jetzt sehen. Aber weil du eine solche Zuneigung zu ihr hegst, erscheint sie dir möglicherweise in ganz anderer Gestalt als vorher, um dich etwas zu lehren. Das könnte deine Gefühle ihr gegenüber verändern. Bist zu bereit, von deiner Zuneigung zu Umaj abzusehen?«

Ich fühle mich keineswegs bereit dazu, dieses tiefe und intensive Gefühl für die Schamanin aufzugeben, daher antworte ich: »Nein, dazu bin ich wohl nicht bereit.«

»Es ist gut, daß du so deutlich sehen kannst, wo du stehst. Und jetzt ist es Zeit, daß du uns wieder verläßt.«

Mein Lehrer legt mir die Hand auf die Stirn, und ich spüre, wie mich eine starke, warme Energie durchströmt. Helle Lichtblitze erschrecken mich, und ich öffne kurz die Augen. Ich befinde mich an einem anderen Ort, aber ich kann mich nicht darauf besinnen, wo ich eigentlich bin. Die Hand eines anderen Mannes faßt mich am Handgelenk und hilft mir behutsam aus der Röhre hinaus.

Während ich wieder wach wurde, sah ich Dmitrijew und zwei seiner Kollegen mit ernsten, erschöpften Gesichtern um mich herumstehen. Dmitrijew nahm mir ein Notizheft aus der Hand, das, wie ich jetzt bemerkte, mit meiner Handschrift vollgeschrieben war.

»Darf ich mir das hier ansehen, Olga?«

»Was ist das denn?«

»Das ist Ihre Mitschrift. Wir haben Ihnen Stift und Papier gegeben, nachdem Sie Ihre Reise angetreten hatten. Sie haben ununterbrochen geschrieben, auch wenn Sie sich vielleicht nicht daran erinnern.«

Ich überließ ihm das Heft und ging langsam den Flur entlang zum Waschraum. Als ich in den Spiegel blickte, erschrak ich vor meinem eigenen Gesicht. Mitten auf meiner Stirn stand ein dunkelrotes Dreieck, das sich bis zur Nase hinunterzog. Instinktiv berührte ich es mit den Fingerspitzen, es fühlte sich warm an. Es war das Geburtsmal, mit dem ich zur Welt gekommen war. Die Ärzte hatten meiner Mutter gesagt, es sei ein Blutschwämmchen. Als ich ein Jahr alt war, verschwand es zum Glück, bis auf eine kurzzeitige, schwache Rosafärbung, die gelegentlich auftrat, wenn ich unter starkem Streß oder großer emotionaler Belastung stand. Aber selbst dann war das Dreieck kaum sichtbar, und außer mir hatte es noch nie jemand bemerkt. Jetzt allerdings war es tiefrot, so wie es nach der Beschreibung meiner Mutter bei meiner Geburt ausgesehen hatte.

Immer noch verwirrt, drehte ich den Wasserhahn auf und wusch mir das Gesicht mit eiskaltem Wasser. Ich hatte Chlorgeruch immer verabscheut, aber jetzt half mir eine Spur davon im kalten Wasser, wieder ganz zu mir zu kommen. Ich konzentrierte mich auf den Gedanken, daß ich in einem kleinen Waschraum im Institut für Kernphysik stand. Bald würde ich einen Bus zurück zu meiner Wohnung nehmen, wo ich, so hoffte ich, eine Nacht lang erholsam und traumlos schlafen würde.

Als ich wieder zum Labor zurückging, war das Dreieck auf meinem Gesicht fast verschwunden. Niemand erwähnte es, ja, die Männer schienen meine Rückkehr kaum zu bemerken. Sie standen alle um einen Tisch herum, auf dem eine Karte vom Altai ausgebreitet war. Sie hatten einen Punkt im südlichen Teil des Altaigebirges markiert, und ich sah, daß es die Stelle war, wo man vor kurzem das Grab mit der Mumie der Priesterin entdeckt hatte. Die Forscher unterhielten sich darüber.

»Seht mal, das liegt dicht an der Belucha. Gibt es schon Veröffentlichungen über die Mumie, die man dort gefunden hat?«

»Eigentlich nicht. Ich glaube, außer ein paar kleinen Zeitungsartikeln ist noch nichts erschienen. Soweit ich weiß, ist ein Team von *National Geographic* an der Ausgrabungsstätte gewesen und hat die Archäologen dort interviewt. Vielleicht veröffentlichen sie bald etwas darüber.«

In diesem Moment drehten sich die Männer alle wie auf Kommando um und sahen mich an. Dmitrijew gab mir das Notizheft zurück. »Das war faszinierend, Olga. Auf so etwas habe ich gewartet. Ihr Erlebnis heute hat mir geholfen, verschiedene Dinge neu miteinander zu verknüpfen. Aufgrund meiner Forschungsergebnisse in der Modernen Physik hatte ich bereits den Eindruck, daß Zeit und Materie kurz vor einem bedeutenden Umschwung stehen; bedeutende Veränderungen stehen bevor. Doch mein Wissen stammte aus der Mathematik und aus dem Studium von Energiefluktuationen, Schwingungen, wenn Sie so wollen. Aus der Sicht der Humanpsychologie und des menschlichen Bewußtseins habe ich mich diesem Thema bis jetzt noch nicht genähert. Sie haben mir neue Einblicke verschafft.

Ihre Notizen über das Grab im Altaigebirge waren ebenfalls hochinteressant. Sie wissen, daß bei der Öffnung des Grabes viele seltsame Dinge geschahen. Ein Teil der ortsansässigen Bevölkerung war strikt dagegen und sagte große Unruhen voraus, falls das Grab doch geöffnet werden sollte. Das gleiche geschah vor vielen Jahren, als man bei der Öffnung eines anderen alten Grabes die Mumie eines Mannes aus derselben Zeit fand, die ebenfalls Tätowierungen aufwies. Die Tatsache, daß sowohl der Mann als auch die Frau mongolische Priester einer unbekannten Religion waren, hat die Wissenschaftler vor ein Rätsel gestellt, denn alle anderen Funde aus früheren Zeiten, die man im Altai gemacht hat, waren indo-europäischer Herkunft und ließen sich der Pasyrik-Kultur zuordnen.

Die Entdeckung dieser Gräber kennzeichnet Ihren Aufzeichnungen zufolge möglicherweise den Beginn von höchst bedeutsamen Ereignissen. Wir wollen sehen, was als nächstes geschieht. Aber Sie sehen sehr müde aus, Olga.

Sie müssen nach Hause und sich ausruhen. Soll ich Sie heimbringen?«

So sehr ich Dmitrijews Angebot zu schätzen wußte, ich lehnte es ab. Ich war wirklich hundemüde, aber noch wichtiger als mein Schlafbedürfnis war mir, eine Weile allein zu sein, damit ich nachdenken konnte. Die Ereignisse des Tages nahmen mich noch völlig gefangen. Nur in einem war ich mir sicher: Ich hatte recht daran getan, herzukommen. Ich spürte, daß es vielleicht nicht das letzte Mal gewesen sein würde. Es kam für mich jetzt nicht mehr in Frage umzukehren, die neue Richtung zu verleugnen, die so plötzlich die Herrschaft über mein Leben gewonnen und es auf eine Art und Weise bereichert hatte, die ich vielleicht erst in Jahren oder womöglich erst in Jahrzehnten ansatzweise würde begreifen können.

16. Kapitel

Die lange Rückfahrt nach Nowosibirsk verging wie im Flug, ich dachte im Bus immer noch über meine merkwürdige Vision in Dmitrijews Spiegelröhre nach. Ich verstand nicht alles, was geschehen war, aber ich hatte eines erkannt, das für mich von großer Bedeutung war: Die Schamanen besaßen zwar einen Schlüssel zur Pforte des Wissens, das nach Belowodje führt, aber dieses Wissen an sich war allgemein zugänglich und konnte auf verschiedene Arten erlangt werden. Diese Einsicht hatte mich aufgewühlt, und ich wußte, daß ich meinem Traum wieder einen Schritt näher gekommen war.

Es war schon sehr spät, als der Bus schließlich in der Stadt ankam, und ich ging durch die dunklen, verlassenen Straßen schnellen Schrittes zu meiner Wohnung. Trotz der späten Stunde erfüllte mich immer noch eine sonderbare Erregung. An Schlaf war nicht zu denken, daher machte ich mir aus Brot, Käse und Tee einen kleinen Imbiß zurecht. Dann setzte ich mich an meinen Schreibtisch, knipste die kleine Tischlampe mit dem smaragdgrünen Schirm an und nahm die Aufzeichnungen zur Hand, die ich im Labor gemacht hatte.

Ich las die wenigen Seiten im Heft durch, die mit meinen hastig hingeschriebenen Worten bedeckt waren. Die Seiten faszinierten mich, als sie vor mir auf dem Schreibtisch lagen, denn sie trugen meine Handschrift, aber ich erinnerte mich nicht daran, sie geschrieben zu haben. Diese Mitschrift war die materielle Manifestation eines viel größeren Geheimnisses, das mich immer mehr in seinen Bann zog.

Erinnerungen an den Altai und an Umaj drängten sich mir auf. Meine Erlebnisse seit dem Tag, an dem Anna mich wegen Nikolaj angerufen hatte, standen mir wieder so deutlich vor Augen, als wäre alles erst gestern gewesen. Ich griff zur Feder und begann zu schreiben.

Stundenlang strömten die Worte, ohne daß ich darüber nachdachte, so, als wäre ich in Trance. Ich hielt erst inne, als ich sah, daß es draußen allmählich heller wurde. Ich hatte gar nicht bemerkt, daß meine Rolläden noch offen waren. Licht fiel durch die durchsichtigen Spitzengardinen, die vor dem Fenster neben meinem Schreibtisch hingen. Ich ließ die Rolläden herunter und ging schlafen.

Am nächsten Tag, dem Tag darauf und vielen folgenden Tagen wurde die Aufzeichnung meiner Erlebnisse im Altai zur wichtigsten und angenehmsten Tätigkeit in meinem vollen Tagesprogramm. Diese Aufzeichnungen führten auch dazu, daß ich meine Reise aus einer ganz neuen Perspektive sah. Anfangs hatte ich nur das Bedürfnis, einen Bericht über die äußeren Details der merkwürdigen Ereignisse zu verfassen, die ich erlebt hatte, aber nach und nach wurde mir klar, daß die Frustration, die Verwirrung und die Anspannung, die mir während und nach der Reise so zu schaffen gemacht hatten, auf mein hartnäckiges Bemühen zurückzuführen waren, meine Erfahrungen nur oberflächlich zu betrachten.

Mein erstes Erlebnis mit Umaj, bei dem ich unter ihrer

Führung den See des reinen Geistes entdeckt hatte, stellte den eigentlichen Beginn meiner Reise dar. Mir wurde klar, daß ich die heilige und anspruchsvolle Kunst, das Gleichgewicht zwischen äußeren und inneren Aufgaben zu halten, noch nicht wirklich beherrschte. Je mehr ich mich zwang, meine Erlebnisse in ihrer Bedeutung für mein inneres Selbst zu interpretieren, desto klarer traten mir die verborgenen Ebenen meiner Reise vor Augen. Alles, was Umaj getan hatte, sollte mir helfen, eine weitere Dimension dieses inneren Raumes zu erkunden.

Umaj hatte mich gründlich und kontinuierlich unterrichtet, so wie sie es versprochen hatte. Jede Seite meines Tagebuches zeigte mir das aufs neue. In den vielen Teilaspekten von Umajs erster Lektion waren alle meine späteren Erlebnisse bereits angelegt. Sobald ich nicht mehr auf die Äußerlichkeiten sah, sondern nach innen blickte, war ich in der Lage, die Kraft der Weisheit und das umfassende Wissen zu erkennen, die sich hinter den manchmal beängstigenden und manchmal angenehmen Bildern und Symbolen meiner Traumreisen verbargen.

Ich verstand das Konzept vom See des reinen Geistes und sah, daß dieser innere Raum bei den meisten Menschen durch die ständige Beschäftigung mit der materiellen Welt besetzt und aufgezehrt worden war. Ich verstand, wie wichtig es war, zu akzeptieren, daß wir die Fähigkeit und die Verantwortung haben, uns nicht nur unsere Realität zu schaffen, sondern auch das Selbst, das in dieser Realität lebt. Ich verstand den Prozeß des inneren Dialogs, durch den wir unsere Persönlichkeit formen. Ich sah, daß die erste Regel, die mein Lehrer mir gegeben hatte, ein wirksames Mittel war, um mir in jeder Situation eine ›Meta-Position‹ zu schaffen, einen von den Einflüssen der jeweiligen Umgebung unabhängigen

Standpunkt, der das reine Wesen des inneren Geistes wiedergab.

Alle diese Konzepte ergänzten meine psychiatrische Ausbildung auf faszinierende Weise. Es begeisterte mich, wie problemlos sich einige der neuesten Theorien über die Struktur der menschlichen Psyche darin wiederfanden und sie weiterentwickelten. Am meisten fesselte mich die Idee von dem eigentlichen Selbst in uns. Ich nannte es in meinem Tagebuch das ontologische oder Kern-Selbst, und es stand mit der großen Kunst, Entscheidungen zu treffen, in direkter Verbindung. Ich spürte, daß dieses Konzept neue, umfassende Verständnismöglichkeiten bereithielt, die unsere Fragen zur Natur des Menschen, zur Evolution und nach ihrem Ziel vielleicht beantworten könnten.

Als ich Schritt für Schritt meine Erlebnisse schreibend nachvollzog, kam ich schließlich zu meiner Arbeit mit Dmitrijew. Ich spürte, daß hier der Schlüssel zu allem anderen lag, auch wenn ich mein Erlebnis in der Spiegelröhre noch nicht ganz verstanden hatte. Ich war immer noch neugierig, ob es dieses geheimnisvolle Land namens Belowodje wirklich gab oder ob es nur in einer verborgenen Dimension unseres Geistes existierte. Auch konnte ich mir nicht erklären, in welcher Beziehung zueinander die archäologischen Gräberfunde im Altai, die Zeitspiralen und die verschiedenen menschlichen Evolutionsstränge standen. Und was sollte es heißen, daß die ›scheinbar toten Bewohner dieser Gräber Absichten haben, die das Leben betreffen‹?

Diese Fragen waren ohne ein weiterführendes Wissen nicht zu beantworten und bildeten deshalb den vorläufigen Abschluß meines Rückblicks. Voll Dankbarkeit Umaj gegenüber legte ich mein Schreibheft ins Bücherregal. Aber ich spürte weiterhin eine Energie, die mich mit meinen

Aufzeichnungen verband und die mir deutlich sagte, daß ich sie keineswegs beendet, vielleicht sogar gerade erst begonnen hatte. Wenige Nächte später hatte ich einen sonderbaren Traum.

Ich sehe mich selbst, ich betrete ein kleines Zimmer. In der Mitte befindet sich ein Tisch aus dunklem, poliertem Holz, und mehrere Bücherregale stehen in einem Halbkreis an den Wänden. Ich schaue mich um und versuche zu erfassen, wo ich bin.

Eine große, schlanke Frau betritt den Raum und lächelt mir wortlos zu. Ihre Haut ist schwarz mit einem sonderbaren Gelbton, anders als alle Hautfarben, die ich je gesehen habe. Die Frau hat ein schmales, fast rechteckiges Gesicht mit attraktiven, regelmäßigen Zügen. Ihr dickes, glattes schwarzes Haar ist zu einer komplizierten Hochfrisur aufgesteckt, die die Anmut ihrer Erscheinung unterstreicht. Mit geheimnisvollem Lächeln kommt sie auf mich zu.

Ich weiß, daß die Sprache dieser dunklen Frau mir völlig fremd ist, aber wir besitzen die Fähigkeit, durch die Energie unserer Gedanken miteinander zu kommunizieren, ohne zu sprechen.

Mein Geist bildet Fragen: »Wozu bin ich hier? Und wer bist du?«

Sofort ist ihre Antwort in meinem Kopf hörbar: »Du bist hier, um dich einer wichtigen Operation zu unterziehen. Ich betreue sie.«

Das Wort ›Operation‹ verursacht mir Unbehagen. Blitzartig tauchen die Bilder einer weit zurückliegenden Kindheitserinnerung vor meinem inneren Auge auf. Da ist ein riesiger weißer Saal mit einem großen Fenster in der Dekke; da sind die gedämpften Stimmen der Krankenschwe-

stern hinter den Gesichtsmasken, die die mir vertrauten Frauen zu furchterregenden, fremdartigen Wesen machen; da ist der widerliche Äthergeruch, der sich in meinen Kleidern festsetzte und tagelang als unangenehme Erinnerung haften blieb. Schließlich erinnere ich mich an die Gestalt meiner Mutter, die das Gesicht des Patienten operiert; oder, genauer gesagt, sie vollführt mit ihren Instrumenten eine Art chirurgisches Wunder auf einer Fläche, die eigentlich ein Gesicht sein soll, für mich aber wie ein bleicher, formloser Fleck aussieht, überströmt von scharlachrotem Blut, das pulsierend aus dem Körper austritt.

Als ich etwa neun Jahre alt war, hatte meine Mutter mich in das Krankenhaus mitgenommen, in dem sie als Ärztin arbeitete. An diesem Tag mußte sie eine Gesichtsoperation durchführen, und die Krankenschwestern, die alle meine Freundinnen waren, hatten mir erlaubt, einen OP-Kittel anzuziehen und heimlich mit in den Operationssaal zu kommen. Hinter den Rücken der Schwestern versteckt, hatte ich die ganze Operation beobachtet.

»Fürchte dich nicht.« Der Gedanke der dunklen Frau blitzt in meinem Geist auf. »Diese Operation ist anders.«

Wie in jedem Traum, so sind auch hier die verschiedenen Teile meiner Erlebnisse, einer eigentümlichen Traumlogik folgend, miteinander verknüpft. Deshalb bin ich nicht überrascht, als ich mich gleich darauf, ohne jeden Übergang, auf einem Tisch liegen sehe, um den Männer und Frauen herumstehen. Sie haben alle die schwarze Hautfarbe und die geometrisch geformten, regelmäßigen Gesichtszüge der Frau, der ich zuerst begegnet bin und die jetzt hinter mir steht. In ihrer Sprache sagt sie etwas zu den Menschen um mich herum. Dann spüre ich, wie ihre langen, schmalen schwarzen Finger meine Stirn berühren, und ich entspanne mich.

Mein ganzer Körper fühlt sich an, als bestünde er aus einer weichen Substanz, die leicht verformbar ist. Die Finger der Frau tanzen vor meinen Augen und berühren dabei gelegentlich meine Haut. In mir wird Energie erzeugt. Mein Körper beginnt, sich zu drehen, so als rollte ich mich zu einer Art Ball zusammen. Die Bewegung wird immer schneller, und ich werde zu einer rotierenden Spirale, die sich schließlich in ihren Mittelpunkt hineindreht. Dann ist es vorbei. Die Milliarden von Zellen, die meinen Körper bilden, haben sich neu geordnet, sie haben sich zu einer einzigen, großen, runden Zelle zusammengeschlossen, die alle Informationen enthält, die es über mich gibt.

Ich empfinde die vage Gewißheit, daß die Umstehenden etwas mit mir machen. Ich leiste keinen Widerstand, denn ich begreife, daß sie eine Wunde tief in mir heilen. Es dauert eine Weile, dann spüre ich, daß ich auf einer festen Unterlage liege. Um mich herum ist es stockfinster. Mir ist klar, daß ich immer noch träume, daß weiterhin die Traumlogik meine Wahrnehmung bestimmt, und bin deshalb nicht überrascht, als ich rechts neben mir ein leises Lachen höre.

»Wer ist da?« Der Klang meiner Stimme wirkt sich auf den Helligkeitsgrad meiner Umgebung aus, und während ich diese Frage stelle, wird es in dem Raum, in dem ich mich befinde, heller.

Eine Frau sitzt mit gekreuzten Beinen in einer Ecke auf dem Fußboden, eine Pfeife in der Hand. Es ist Umaj, und diese Pfeife habe ich sie schon im Altai rauchen sehen. Obwohl Umaj raucht, rieche ich keinen Tabakgeruch. Aus irgendeinem Grund überrascht mich das mehr als Umajs Anwesenheit.

Statt mich zu begrüßen, stellt sie mir eine Frage. »Weißt

du noch, warum du in den Altai gekommen bist und mich besucht hast?«

»Nein, leider nicht.«

»Dann versuche, dich daran zu erinnern«, sagt sie leise, aber bestimmt.

Zuerst kommt mir nur der äußere Anlaß der Reise in den Sinn. »Anna hatte mich gebeten, sie zu begleiten«, erwidere ich. Dann fällt es mir ein. »Ach ja! Ich wollte Heilmethoden von dir lernen.«

Während unseres Gesprächs lacht Umaj leise und wiegt ihren Körper rhythmisch hin und her. Ich habe den deutlichen Eindruck, daß sie sich zu jedem beliebigen Zeitpunkt in Luft auflösen kann.

»Kannst du eine Weile hier bei mir bleiben und nicht fortgehen?« Ich will nicht, daß sie mich verläßt, und versuche, mir ihre Gegenwart zu sichern.

»Und du, kannst du das?« stellt Umaj die Gegenfrage. Sie kneift ihre schmalen Mongolenaugen zusammen, bis sie fast geschlossen sind, und beim Ausatmen umhüllt sie mich mit einer Rauchwolke aus ihrer Pfeife.

»Ich glaube schon.«

»Und ich kann es auch.«

Vor Erleichterung muß ich lächeln, bemühe mich allerdings gleichzeitig, einen angemessen ernsten Gesichtsausdruck beizubehalten, denn ich erwarte, daß Umaj nun gleich damit beginnen wird, mich zu unterrichten.

Doch sie kichert laut, als würde sie gerade etwas Urkomisches sehen. Dann scheint ihr etwas einzufallen, und sie wird wieder ernst. Sie spricht etwas schneller, so als hätte sie es nun eilig.

»Gut. Du sagst, du bist in den Altai gekommen, um etwas über das Heilen zu lernen. Das ist völlig richtig. Heilen ist deine Bestimmung.

Du glaubst, daß für dich alles mit dem Erleben der Sphäre begann, in der du mit deinem See des reinen Geistes konfrontiert worden bist. Aber das stimmt nicht ganz. Die Lehre dieser Sphäre war bereits dein zweiter Schritt. Begonnen hast du deinen Weg, als ich dir gestattet habe, die Fische auf dem Holz schwimmen zu lassen. Das hat dir ermöglicht, die heilende Kraft erstmals zu erleben. Aber ich muß zugeben, daß du diese ersten beiden Lektionen gut mit den folgenden verknüpft hast.

Jetzt möchte ich eine Frage beantworten, die du bis jetzt nur im Geiste gestellt hast. Ich tue das, weil ich glaube, daß die Antwort dir bei deiner Arbeit als Heilerin helfen kann. Hier ist sie:

Für Geisteskrankheiten gibt es nur zwei Gründe, und diese beiden Gründe stehen in einem absoluten Gegensatz zueinander. Zum einen kann ein Mensch verrückt werden, wenn seine Seele oder ein Teil seiner Seele verlorengegangen ist. Normalerweise liegt das daran, daß ihm die Seele gestohlen wurde, aber manchmal kann ein Mensch sich auch unbewußt entscheiden, seine Seele fortzugeben, unter Umständen im Tausch gegen etwas anderes, das er gerne haben möchte. Der andere Grund, warum ein Mensch verrückt werden kann, ist der, daß er von einer fremden Macht überwältigt und in Besitz genommen wird.

Es gibt nur diese beiden Gründe, keine anderen. Das klingt simpel, aber es kann lange dauern, bis man gelernt hat, die Ursache einer Geisteskrankheit richtig zu erkennen und sie zu heilen. Wenn du dich in der Ursache täuschst, dann wird dein Versuch, die Krankheit zu heilen, ihr nur neue Nahrung zuführen und sie verschlimmern. Du mußt bereit sein, noch viel zu lernen, um eine gute Heilerin zu werden.

Deshalb wurde dir die Lehre vom See des reinen Gei-

stes gleich am Anfang vermittelt. Unsere Heilkraft entspringt diesem Raum. Dort wohnt unsere innere Heilerin. Gleichzeitig ist dieser Raum auch dein Weg nach Belowodje. Je mehr du dein inneres Wasser des Lebens erkundest, desto näher wirst du Belowodje kommen. Habe ich recht, daß du auf der Suche danach bist?«

»Ja«, antwortete ich. Wieder einmal spüre ich eine besondere Erregung im Körper, denn ich erwarte, daß ich gleich einen wichtigen Mosaikstein zu dem von mir ersehnten Wissen erhalten werde. Ich komme mir vor wie ein Jäger, der mit allen Sinnen bereit ist, Beute zu machen.

»Du fragst dich, ob Belowodje ein Land ist, das tatsächlich existiert. Darüber wirst du später mehr erfahren, aber im Moment spielt es eigentlich keine Rolle. Wichtig ist, daß dir klar ist, daß man Belowodje nur finden kann, sowohl in dieser Welt als auch in irgendeiner anderen, wenn man sein inneres Selbst erforscht. Der einzige Weg nach Belowodje führt durch einen inneren Raum, er setzt die Erweiterung deiner Selbsterkenntnis voraus.

Damit meine ich nicht das eitle Herumtheoretisieren, mit dem sich so viele Menschen zufriedengeben. Das hat mit dem See des reinen Geistes und seiner Sphäre überhaupt nichts zu tun. Ich spreche von ernsthafter, handfester Arbeit. Für dich wird es Arbeit im Heilbereich sein.

Merke dir gut, was ich jetzt sage, denn es ist von großer Bedeutung. Zu jedem Menschen gehört ein Wesen, das den Raum seines Sees des reinen Geistes bewohnt. Diese Wesen leben im inneren Raum der Menschen, sie warten am Eingang zu Belowodje. Ich nenne ein solches Wesen den inneren Zwilling, aber man könnte es auch als Geisthelfer, Schattenbeobachter, Geistführer oder inneren Wächter bezeichnen. Diese Wesen haben viele verschiedene Funktionen.

Zunächst stehen sie eng mit dem eigentlichen Ziel in Verbindung, das jedem Menschen bei seiner Geburt zugeordnet wird. Außerdem sind sie reine Beobachter, sie sind distanziert, und die Außenwelt kann ihnen nichts anhaben. Sie beobachten und denken in Ruhe über alles nach, was wir tun. Sie bewahren die ursprüngliche Essenz jedes neugeborenen Wesens. Wenn wir uns auf die richtige Weise und unter den richtigen Umständen an sie wenden, können sie wichtige Helfer für uns sein. Sie stehen uns bei den Handlungen zur Seite, die uns unserem wahren Ziel näher bringen. Und schließlich können sie auch unsere Führer nach Belowodje sein.

Es gibt sieben verschiedene Arten dieses inneren Zwillings. Nur sieben, nicht mehr. Die sieben Typen des inneren Zwillings, die den Menschen zugeordnet werden, sind folgende: Heiler, Magier, Lehrer, Bote, Beschützer, Krieger und Vollstrecker. Letzterer ist nicht jemand, der tötet, sondern der Dinge in Gang bringt.

Eine unserer wichtigsten Aufgaben besteht darin, die Identität unseres inneren Zwillings herauszufinden und uns dann ganz und gar mit ihm zu verbinden. Auf diese Weise werden wir eins mit dem eigentlichen Ziel unseres Daseins. Wenn unser Leben dann endlich vom reinen Licht unseres inneren Beobachters erhellt worden ist, wird alles, was wir tun, viel leichter. Erst wenn man das Wesen des eigenen inneren Zwillings entdeckt und sich völlig damit vereinigt, kann man das Tor nach Belowodje wirklich finden und öffnen.

Du, Olga, bist zur Heilerin bestimmt. Die Operation, der du dich gerade unterzogen hast, war ein erster Schritt, denn wenn du selbst nicht geheilt bist, wirst du anderen nie richtig helfen können. Dies war deine Initiation.«

»Ich bin für alles sehr dankbar. Ich danke auch dir von

Herzen, Umaj, weil du mir dieses neue Wissen vermittelt hast ...«

Umaj fällt mir rasch ins Wort:

»Keine Ursache, Olga. In gewisser Weise sind wir jetzt Kolleginnen, oder? Ich bin selbst auch nicht gerade die schlechteste Heilerin, wie du vielleicht weißt.«

Sie lacht und beginnt, immer noch im Schneidersitz, wieder hin- und herzuschaukeln. Diesmal ist die Bewegung heftiger, und ich weiß, daß meine Lehrerin gleich verschwinden wird. Ihre Gestalt verblaßt bereits, aber sie richtet noch einmal das Wort an mich: »Ich möchte dir ein letztes Geschenk machen, bevor ich dich verlasse. Dieses Geschenk ist eine Mitteilung: Du bist jetzt soweit, daß du direkt mit der Heilerin kommunizieren kannst, die dein innerer Zwilling ist. Wenn du beim Heilen Hilfe brauchst, bitte deine innere Heilerin, zu erscheinen und die Arbeit für dich zu tun. Aber sei dann nicht überrascht über deine Handlungen. Sie können dir merkwürdig oder sogar töricht vorkommen. Probiere es morgen aus, dann siehst du es selbst.«

Eine kleine Wolke Tabakrauch war alles, was in der Ecke zurückblieb, in der Umaj gesessen hatte. Das Wölkchen schwebte noch durch mein Gedächtnis, als ich in der Dunkelheit meines Zimmers die Augen öffnete und versuchte, ganz wach zu werden.

Ich bildete mir ein, daß mein Tagebuch nahezu glücklich wirkte, als ich es aus dem Bücherregal nahm und begann, alles aufzuschreiben, was ich von meinem Traum noch wußte. Ganz besonders beschäftigte mich Umajs letzter Vorschlag, der meine innere Heilerin betraf: ›Probiere es morgen aus, dann siehst du es selbst.‹

Ich war ein paar Tage lang nicht auf der Frauenstation

gewesen, daher beschloß ich am nächsten Morgen, meinen Arbeitstag dort zu beginnen. Ich teilte dort ein Büro mit Georgij, dem Stationsarzt. Er saß bereits an seinem Schreibtisch, als ich ankam, und sein ausgesprochen wohlwollendes Lächeln machte mich mißtrauisch. Bestimmt hatte er eine unangenehme Überraschung für mich.

»Sie sehen großartig aus, Olga! Frisch und voller Tatendrang!« rief er und gab damit meinem Mißtrauen weitere Nahrung.

»Danke. So, das reicht. Was haben Sie für mich?«

»Nichts Besonderes. Da ist nur dieser eine Fall, den ich Ihnen übergeben möchte. Ich glaube, Sie werden sich darüber freuen, denn Sie können sicherlich etwas daraus lernen. Die Patientin ist hochinteressant. Ich mache Ihnen ein großes Zugeständnis damit, daß ich sie Ihnen abtrete. Aber meiner Meinung nach sollten junge Kollegen jede nur denkbare Möglichkeit erhalten, mehr über unseren anspruchsvollen Beruf zu lernen. Und bitte keine Einwände. Sie behandeln die Patientin jetzt weiter. Hier ist ihre Epikrise.«

Er überreichte mir die Krankengeschichte der Patientin. Widerstrebend nahm ich sie entgegen, denn ich rechnete mit etwas Unerfreulichem. Ich hatte mich nicht getäuscht.

›Die Patientin Ljubow Smechowa wurde vor etwa einem Monat erstmals in unser Krankenhaus eingeliefert. Diagnose: Schizophrenie; Verlauf rapide; depressiv-paranoides Syndrom.‹

Die Patientin litt unter einer besonders rasch voranschreitenden und hochmalignen Form der Schizophrenie. ›Anamnese: Auf der Basis einer anhaltenden, voranschreitenden Depression begann die Patientin, paranoide Symptome zu entwickeln, darunter Beziehungswahn und Verfolgungswahn. Einweisungsgrund war auffälliges und unangemessenes Sozialverhalten. Während der ersten Woche der stationären Behandlung trat bei der Patientin eine kurzfristige Episode akut erhöhter psychomotorischer Aktivität auf. Vollständige Verhaltensenthemmung, keinerlei Selbstbeherrschung, bellte wie ein Hund und wurde völlig unzugänglich. Die psychomotorische Aktivität wurde durch hohe intravenöse Neuroleptikadosen gedämpft. In der Folge vollständiger Erinnerungsverlust der vorangegangenen Erlebnisse.

Gegenwärtig dominieren die negativen Symptome. Die Patientin zeigt eine Verflachung aller emotionalen und voluntativen Funktionen. Sie liegt auf dem Bett, gleichgültig gegenüber Umgebung, Familie, Arbeit oder Zukunft. Retardierung im kognitiven Bereich. Prognose: ungünstig. Empfehlung: Antrag auf Einstufung in die zweite Gruppe geistiger Behinderung.‹

Meistens dauerte es bei den Schizophreniepatienten acht bis zehn Jahre, bevor sie in die ›zweite Gruppe geistiger Behinderung‹ eingestuft wurden. Das bedeutete, daß keine Aussicht auf eine Besserung ihres Zustandes bestand und daß sie überhaupt nicht in der Lage waren, für sich selbst zu sorgen. Das ungewöhnlich schnelle Voranschreiten von Ljubow Smechowas Krankheit zeugte von ihrer Bösartigkeit. Die Patientin in der zweiten Gruppe einzustufen hieß aber auch, daß es unzählige Formulare auszufüllen gab, daß endlose Besprechungen mit Kollegen und Expertenkomitees bevorstanden, daß ein längeres Gutachten für die Akten erstellt werden mußte und daß abschließend eine Anhörung vor einer Kommission auf mich wartete.

»Nein! Das ist unfair! Das können Sie mir nicht antun. Ich bin mit den vier Kriminellen auf meiner Männerstation schon überlastet. Ich muß Beurteilungen, Diagnosen und Empfehlungen für sie schreiben, die bis Ende des Monats dem Gericht vorliegen müssen. Einen Fall von geistiger Behinderung kann ich nicht auch noch annehmen. Wollen Sie denn, daß ich im Krankenhaus wohne?«

Ich schrie fast, wußte aber, daß Georgij nicht umzustimmen war. Er war ein lieber alter Mann, sachkundig und immer hilfsbereit, aber gleichzeitig war er im ganzen Krankenhaus bekannt für seine eiserne Entschlossenheit, sich möglichst wenig mit Schriftstücken, Gerichten oder komplizierten Diagnosen abzugeben. Zudem hatte er als Chef der Station durchaus das Recht, Patientinnen an mich abzutreten. Mir blieb also nichts anderes übrig, als Ljubow Smechowa zu übernehmen.

Georgij blickte mich schweigend an, mit unendlichem Mitgefühl, während ich die Unterlagen meiner neuen Patientin an mich nahm und das Zimmer verließ. Ich schloß die Tür geräuschvoller als sonst, um meinem Ärger Ausdruck zu verleihen. Mir war, als könnte ich immer noch Georgijs väterliches Gesicht sehen, wie es mich durch die verschlossene Tür freundlich anlächelte.

Wie üblich stellte ich auch heute fest, daß ich eigentlich nicht länger als ein paar Minuten wirklich wütend auf ihn sein konnte. Als ich das Büro erreichte, in dem wir unsere Patienten untersuchten, hatte ich mich wieder gefaßt. Schwester Marina hatte Dienst, und ich bat sie, Ljuba zu mir zu bringen.

Während ich wartete, las ich ihre gesamte Krankenakte. Ljubas Fall war wirklich schrecklich. Ihre Psyche war bereits völlig ausgebrannt, um ein Hundertfaches schneller als bei den meisten anderen an Schizophrenie Erkrankten. Sorgfältig studierte ich die psychologischen und psychiatrischen Gutachten, die man über sie angefertigt hatte. Darunter war auch ein Bericht über die Krankengeschichte ihrer Familie, aus dem hervorging, daß es unter ihren engen Verwandten Personen gab, die unter der gleichen Krankheit gelitten hatten.

Ljubas Diagnose erschien mir völlig korrekt. Es bestand keinerlei Hoffnung, auch nicht auf eine kurzzeitige Besserung, daher sollte die Patientin in die ›zweite Gruppe‹ eingestuft und staatlicher Fürsorge unterstellt werden, diese Empfehlung war bereits beim ersten Ausbruch ihrer geistigen Störung ausgesprochen worden. Ich hatte zwar mehr als genug am Hals, fand aber keinen triftigen Grund, die Erledigung ihres Falles aufzuschieben.

Die Krankenschwester klopfte leise. »Ljuba ist da, Frau Doktor. Darf sie reinkommen?« fragte sie.

»Ja, bitte bringen Sie sie herein«, erwiderte ich. Ich sah, wie behutsam Marina meine neue Patientin ins Zimmer führte. Ihre Bewegungen waren voller Mitgefühl, als sie Ljuba half, sich auf den Stuhl vor meinem Schreibtisch zu setzen. »So ist es gut, meine Liebe«, sagte Marina dann. »Das ist Ihre neue Ärztin. Vielleicht hilft sie Ihnen, wieder gesund zu werden.«

Marinas Worte waren so offensichtlich unangebracht, daß ich mich darüber aufregte. ›Was redet sie denn da?‹ frage ich mich. ›Warum macht sie dieser Frau falsche Hoffnungen?‹ Mein ursprünglicher Ärger darüber, daß ich Ljuba als Patientin hatte annehmen müssen, stieg erneut in mir auf, aber jetzt richtete er sich gegen die Krankenschwester. Nach dreißig Jahren Arbeit in der Psychiatrie mußte sie wissen, was man zu Patienten im letzten, unheilbaren Stadium der Schizophrenie sagen durfte und was nicht. ›Gesund werden? Ha ha!‹

Wütend funkelte ich Marina an, als ich sie entließ. »Danke, das ist alles. Wenn ich fertig bin, rufe ich Sie, damit Sie Ljuba zurückbringen können.«

Marina ging schweigend und ließ mich mit einer Vierzigjährigen allein, die vor meinem Schreibtisch zu einer sitzenden Statue erstarrt war. Ihr kurzes, dichtes schwarzes Haar war zerzaust. Ihre großen, mandelförmigen Augen waren so leer und ausdruckslos, daß sie in ihrem Gesicht kaum auffielen. Ein leichtes Zittern der Hände war die einzige Bewegung, die Ljubas Körper sich gestattete. Ohne Anstoß von außen würde sie weder gehen noch sich bewegen oder sonst irgend etwas tun.

»Guten Morgen, Ljuba. Ich bin Ihre neue Ärztin.«

Sie zeigte keine Anzeichen einer Reaktion.

»Gut, Ljuba, ob Sie nun mit mir sprechen oder nicht, ich muß Sie über Ihren gegenwärtigen Zustand informieren und Ihnen mitteilen, wie wir Ihnen helfen werden.« Die Patientin war so abwesend, daß ich genauso gut zu mir selbst hätte sprechen können.

»Wie Sie wollen.« Ihre Stimme hatte einen mechanischen Klang, aus dem nicht die geringste Spur von Persönlichkeit oder Interesse herauszuhören war.

Wieder blätterte ich ihre Krankengeschichte durch. Sie war Lehrerin gewesen, verheiratet, zwei halbwüchsige Söhne. Nichts Ungewöhnliches. Aber während ich ihre Unterlagen durchsah, kehrten meine Gedanken unfreiwillig immer wieder zu dem unpassenden Satz zurück, den Marina gesagt hatte: ›Vielleicht hilft sie Ihnen, wieder gesund zu werden.‹

Plötzlich stieß dieser Satz in meinem Kopf auf Umajs letzte Worte: ›Bitte deine Heilerin, zu erscheinen und die Arbeit für dich zu tun. Sei nicht überrascht über deine Handlungen, auch wenn sie dir merkwürdig oder sogar töricht vorkommen. Probiere es morgen aus, dann siehst du es selbst.‹

Die beiden Sätze vereinigten sich, und mich überkam die Versuchung, eine Heilmethode auszuprobieren, mit der der rationale Teil meines Geistes überhaupt nichts anfangen konnte. Irgend etwas, vielleicht die völlige Leere, die Ljubas ganzes Wesen zu durchdringen schien, sagte mir, daß sie nicht krank geworden war, weil ein fremdes Wesen sie in Besitz genommen hatte, sondern weil sie ihre Seele verloren hatte. Die einzige Hoffnung für Ljuba bestand darin, sie einem Reiz auszusetzen, der in ihr den Willen weckte, aus sich herauszugehen, um das Verlorene zu finden und wiederzugewinnen.

›Du gehst dabei kein Risiko ein‹, sagte ich mir. ›Sie ist sowieso verloren. Tu, was Umaj gesagt hat. Probiere es einfach. Betrachte es als Experiment. Verschlimmern kannst du ihren Zustand keinesfalls.‹

Ljuba saß immer noch mit dem gleichen leeren Gesichtsausdruck vor mir. Ich hatte nicht das Bedürfnis, ihr zu sagen, was in mir vorging, denn ich wußte, daß ich zu ihrem Bewußtsein keinen Zugang hatte. Schweigend blickte ich noch eine Weile auf ihre Papiere, bis ich mich entschieden hatte.

Weil ich unsicher war in dem, was ich tat, traute ich mich nicht, die Worte laut auszusprechen, sondern sagte sie lautlos in meinem Kopf: ›Ich bitte die Heilerin in mir, zu erscheinen und diese Frau zu heilen.‹

Einen kurzen Augenblick lang wurde meine Wahrnehmung auf merkwürdige Weise unterbrochen. Es war, als würden sich mein Gesicht, meine Identität vom Kopf abwärts bewegen, bis dorthin, wo sich mein Herz befindet. Für ein paar Augenblicke war mir tatsächlich, als würde ich die Welt von der Mitte meines Körpers aus betrachten, so, als hätte mein Herz seine Augen geöffnet und könnte damit sehen. Dieses Gefühl wurde von einer Hitzewelle und heftiger Erregung begleitet, die blitzartig meine Brust durchfuhren und ebenso schnell verschwanden. Danach setzten meine gewohnten therapeutischen Verhaltensweisen wieder ein.

Ich stand auf, ging um meinen Schreibtisch herum, nahm mir den zweiten Stuhl und setzte mich dicht zu Ljuba, direkt vor sie.

»Ich möchte, daß Sie mir jetzt sehr gut zuhören. Es spielt keine Rolle, ob Sie auf das reagieren, was ich sage, denn ich weiß, daß ein Teil von Ihnen mir zuhören und meine Worte als Wahrheit akzeptieren wird. Ich weiß, daß Sie Ihre Krankheit gewählt haben, weil Sie einen triftigen Grund dafür hatten, Ljuba. Ich habe keine Ahnung, wovor Sie sich mit Ihrer Krankheit retten mußten, aber ich bin sicher, daß Sie damals eine sehr kühne Entscheidung getroffen haben. Mit Ihnen gemeinsam danke ich Ihrer Krankheit dafür, daß sie zur rechten Zeit zu Ihnen kam und etwas sehr Wichtiges für Sie leistete. Ist das soweit klar?

Und jetzt möchte ich, daß Sie mir noch konzentrierter zuhören, Ljuba.«

Das klang in meinen Ohren furchtbar jämmerlich. Die Patientin war weit davon entfernt, auch nur die geringste Reaktion auf meine Worte oder überhaupt auf meine Gegenwart zu zeigen. Trotzdem fuhr ich fort.

»Ich möchte Ihnen etwas sehr Wichtiges sagen. Ihre Krankheit war einmal sehr nützlich für Sie, aber Ihr Abkommen mit der Krankheit ist zeitlich begrenzt. Das Problem ist, daß Sie das vergessen haben, Ljuba. Sie erwarten immer noch, daß Ihre Krankheit Ihnen etwas Gutes tut. Aber das ist falsch. Es ist völlig falsch, denn die Zeit, in der Sie die Krankheit brauchten, ist vorbei. Ihre Krankheit hat keinen Wert mehr, sie ist nur noch destruktiv.«

Ich sprach mit großem Engagement mit meiner Patientin und brachte die Qualen, die Angst, die Liebe, den Haß und die Scham zum Ausdruck, die Ljubas Mann und ihre Söhne zweifellos empfanden. Ich hatte beinahe das Gefühl, meine Selbstbeherrschung zu verlieren.

»Sie brauchen keinen so hohen Preis zu bezahlen. Ihre Krankheit hat Sie betrogen. Sie ist ein Ungeheuer, das Sie selbst, Ihre Familie und Ihr ganzes Leben zerstören wird. Wissen Sie eigentlich, was Sie erwartet? Nein, das wissen Sie nicht. Ich will es Ihnen sagen. Ich bin sicher, daß es so kommt. Ich habe Ihre Zukunft gesehen, und jetzt sage ich Ihnen, wie Sie sie sich vorstellen müssen!« Ich schrie beinahe und hielt Ljubas Hand fest gepackt.

»Sehen Sie mich an, dann sage ich Ihnen, was aus Ihnen wird.«

Heftig schüttelte ich Ljubas Hand, um ihre Aufmerksamkeit zu gewinnen, aber ihre einzige Reaktion war ein kurzer, gleichgültiger Blick. Dann wandte sie das Gesicht ab und sah aus dem Fenster. Trotzdem sprach ich weiter.

»Sie werden so wie Larissa Tschernenko, ganz genauso. Mehr bleibt von Ihnen nicht übrig. Wenn Ihnen das recht ist, dann machen Sie nur so weiter. Ich kann im Moment nicht mehr für Sie tun, als Sie davor zu warnen.«

Auf der Frauenstation kannten alle Larissa Tschernenko. Sie hatte die letzten zwanzig Jahre in der Klinik verbracht. Früher war sie Sängerin gewesen, die Frau eines Generals und eine Schönheit, und jetzt war sie eine gewalttätige, schimpfende, tobende Furie, die alle terrorisierte, die Patientinnen genauso wie das Pflegepersonal. Ihr Geist war völlig zerrüttet. Sie pflegte sich nicht, lachte hysterisch ohne Grund, schüchterte selbst die psychotischsten Patientinnen in ihrer Umgebung ein und war die meiste Zeit an ihr Bett gefesselt, denn sie war in ihrem gewalttätigen Wahnsinn gefährlich. Die Gurte, mit denen sie an Händen und Füßen festgebunden war, wurden nur gelockert, wenn ihr Bettzeug gewechselt wurde, man ihr die Bettpfanne unterschob oder sie fütterte.

Ljuba reagierte nicht auf meine Worte und saß nach wie vor wie ein steinernes Denkmal auf ihrem Stuhl. Mit dem Gefühl, eine Niederlage erlitten zu haben, erhob ich mich und ging auf den Flur, wo Marina wartete.

»Bitte bringen Sie sie in Ihr Zimmer zurück«, sagte ich und blieb neben der Tür stehen, um zu beobachten, wie behutsam Marina der Patientin half aufzustehen und auf den Flur hinauszugehen. Marina schloß die Tür und ließ mich im Büro allein. Müde bedeckte ich das Gesicht mit den Händen und versuchte, die Scham und die Unzufriedenheit mit meiner Leistung nicht zuzulassen. Aber die Gefühle waren so stark, daß ich sie nicht unterdrücken konnte, und bald tadelte ich mich wegen meines dummen und unprofessionellen Vorgehens.

Ich fragte mich, was ich erwartet hatte, als ich meine innere Heilerin um ihr Erscheinen bat. Mit dem, was dann tatsächlich geschah, hatte ich jedenfalls nicht gerechnet. Das einzige ›Heilverfahren‹, das ich angewendet hatte, war die harmlose Technik, der Patientin Distanz zu ihrer Krankheit zu verschaffen, indem ich ihr erklärt hatte, daß die Erkrankung vorübergehend eine positive Funktion für sie gehabt habe, die nun nicht mehr gegeben sei. Man hätte sich für diese Technik keine ungeeignetere Patientin aussuchen können. Ljubas Psyche war durch ihre Krankheit bereits völlig unzugänglich, und offensichtlich besaß die Patientin weder die Energie noch die Fähigkeit, neue Bedeutungszusammenhänge oder Zeichen aufzunehmen.

Ich versuchte, mich mit dem Gedanken zu trösten und zu beruhigen, daß meine innere Heilerin diesmal vielleicht nicht hatte erscheinen wollen oder daß ich sie vielleicht nicht auf die richtige Art darum gebeten hatte.

Am Abend schrieb ich alles in mein Tagebuch und stellte dabei fest, daß das Schreiben über mein Versagen gar keine schlechte Sache war, denn es half mir, den Mißerfolg zu akzeptieren, und verschaffte mir zumindest eine gewisse Erleichterung.

Während der nächsten vier Tage sah ich Ljuba nicht, ich hatte ein freies Wochenende, und in der Woche darauf gab es auf meiner Männerstation ein paar Notfälle. Am fünften Tag ging ich wieder auf die Frauenstation. Ich hatte für meinen Besuch dort drei Stunden vorgesehen und beschloß, einen Teil der Zeit darauf zu verwenden, Ljubas Formulare auszufüllen. Es hatte keinen Sinn, das aufzuschieben, und je früher ich es erledigte, desto weniger Termine würden am Monatsende anstehen.

Wieder hatte Marina Dienst. Sie freute sich offensichtlich, mich zu sehen, und ich stellte erleichtert fest, daß mein kürzliches Fiasko mit Ljuba bei ihr weder Verlegenheit noch negative Gefühle mir gegenüber ausgelöst hatte.

»Hallo, Frau Doktor«, begrüßte Sie mich. »Ich hatte schon befürchtet, Sie wären uns abhanden gekommen. Ich hatte vor, Sie anzurufen, wenn Sie heute nicht aufgetaucht wären.«

»Warum solche Eile? Gibt's was Neues?«

»Allerdings gibt es etwas Neues.« Mit aufgeregtem Lächeln ging Marina mit mir durch den Flur und blieb dann vor dem Zimmer stehen, in dem Ljuba und drei andere Patientinnen lagen.

»Was ist denn los?« fragte ich, denn ich war von Marina ein anderes Verhalten gewöhnt.

»Ljuba möchte Sie sprechen, Frau Doktor.« Marina deutete auf das Krankenzimmer, also öffnete ich die Tür und trat ein.

Anfangs bemerkte Ljuba mich nicht. Sie saß auf ihrem Bett und las die Tageszeitung. Ihr schönes, lebhaftes Gesicht zeigte Interesse und Konzentration. Ihr Haar war sorgfältig frisiert. Sie hatte sogar eine Spur Lippenstift aufgetragen. Sie war mit einem von zu Hause mitgebrachten Strickkleid bekleidet, ein Privileg, das nur Patientinnen zuteil wurde, die bald entlassen werden sollten. Ich traute meinen Augen nicht. Völlig verblüfft stand ich in der Tür und betrachtete meine Patientin mit einer Mischung aus Ergriffenheit und Bewunderung.

Plötzlich sah sie mich. Augenblicklich ließ sie ihre Zeitung fallen, sprang vom Bett auf und lief mit einem herzlichen Lächeln auf mich zu, so, als würde sie eine lang vermißte Freundin begrüßen.

»Oh, Frau Doktor, ich freue mich so, Sie zu sehen. Ich habe so sehr auf Sie gewartet. Ich danke Ihnen für das, was Sie getan haben. Vielen, vielen Dank!« Dann schwieg sie plötzlich, unsicher, ob sie fortfahren oder meine Reaktion abwarten sollte.

Ich war so fassungslos, daß ich kaum sprechen konnte. »Guten Morgen, Ljuba. Ich freue mich auch, Sie zu sehen. Lassen Sie uns in mein Büro gehen, Ljuba. Jetzt gleich, bitte«, war alles, was ich herausbrachte.

Wir gingen in den gleichen Raum, in dem Ljuba noch vor wenigen Tagen so passiv und reglos wie ein Stein vor mir gesessen hatte. Jetzt war sie ein vollkommen anderer Mensch, lebendig, kommunikativ und kaum in der Lage, ihre Energie und ihre Begeisterung zu zügeln.

»Sie sehen vollkommen anders aus, Ljuba. Wie verwandelt. Ich nehme an, es geht Ihnen auch viel besser, oder?«

Ich sprach langsam und versuchte dabei, mich an das neue Bild meiner Patientin zu gewöhnen.

»Sie haben mich geheilt, Frau Doktor. Ich bin wieder unter den Lebenden. Ich bin gesund. Sie können sich gar nicht vorstellen, wie glücklich ich bin.«

Ich hörte ihr zu, dachte über ihre Worte nach und versuchte zu begreifen, was ich da sah und hörte. Offensichtlich war bei Ljuba völlig unerwartet eine Genesung eingetreten, ein Vorgang, der mir fast unmöglich erschienen war. Gleichzeitig wußte ich, daß die belanglose Therapiesitzung, die ich mit ihr abgehalten hatte, unter keinen Umständen zu einem derartigen Ergebnis hatte führen können. Es war mir ein Rätsel. Etwas anderes mußte Ljuba geheilt haben, und ich neigte zu der Erklärung, daß irgendein endogener biochemischer Prozeß, der nach seinen eigenen, unbekannten Gesetzmäßigkeiten ablief, ihre Genesung herbeigeführt hatte.

»Ljuba, ich weiß es zu schätzen, daß Sie glauben, ich hätte Ihnen geholfen. Aber ich selbst bin nicht der Meinung, daß ich eine so bedeutende Rolle bei Ihrer Heilung gespielt habe. Ich glaube, Ihr Körper hat sich selbst geheilt, und ich hatte damit wenig oder gar nichts zu tun. Ich wünschte, ich könnte diesen Erfolg für mich verbuchen, aber ich will mir nichts vormachen.«

»Sie hatten nichts damit zu tun? Bitte, sagen Sie das nicht. Sie waren doch diejenige, die mich aus diesem Alptraum herausgerissen hat!« Ljuba war aufgebracht.

»Ich will Ihnen erzählen, was passiert ist, nachdem Sie letzte Woche die Station verlassen hatten. Marina brachte mich aus Ihrem Sprechzimmer zurück zu meinem Bett, und ich habe mich hingelegt, genauso wie ich es immer tat. Mein Geisteszustand war höchst sonderbar gewesen, aber mir war alles egal. Ich war nicht mehr ich selbst. Ich war etwas Fremdes geworden, völlig ohne Gedanken, Gefühle oder den Willen, mich zu bewegen. Ich war ein totes, eingetrocknetes Stück Hölle.

In Ihrem Büro konnte ich hören, wie Sie mit mir sprachen. Ich verstand wohl, was Sie sagten, aber Ihre Worte waren mir vollkommen gleichgültig. Natürlich, zu der Zeit war mir ja alles egal, sogar meine eigenen Kinder. Aber Sie haben ein winziges Samenkorn Interesse gesät, als Sie zu mir sagten, ich würde genauso werden wie Larissa Tschernenko. Zuerst war meine Neugier noch so schwach, daß ich mich nicht dazu aufraffen konnte aufzustehen und nach ihr zu suchen. Aber in meinem nahezu leeren Kopf spielte ich weiterhin mit dem Gedanken, und das gab mir eine schwache Verbindung zu der Realität draußen. Langsam wuchs in mir die Frage, wer dieser Mensch wohl sein mochte, und irgendwann fragte ich dann Marina danach.

›Wir haben keine Patientin dieses Namens auf der Station‹, sagte sie. Und das war der Beginn meiner Veränderung. Marinas Antwort überraschte mich, und dieses Gefühl der Überraschung war das erste Gefühl, das ich seit langer Zeit verspürte.

Ich dachte eine Weile darüber nach. Dann fing ich an, beim Frühstück, beim Mittagessen und beim Abendbrot die anderen Patientinnen zu beobachten und versuchte herauszubekommen, wer Larissa Tschernenko war. Endlich wurde mir klar, daß Marina recht gehabt hatte. Eine Larissa Tschernenko gab es auf der Station nicht. Dieses Rätsel verstärkte meine Neugier, und mein Interesse wuchs wie ein Schneeball.

Es wurde so wichtig für mich herauszufinden, was Sie eigentlich gemeint hatten, daß meine Aufmerksamkeit völlig davon in Anspruch genommen wurde. Ich konnte an nichts anderes denken, und ich konnte nichts anderes tun, als mit den anderen Frauen den Stationsflur auf und ab zu gehen und nach Larissa Tschernenko zu suchen. Schließlich geriet ich in einen Zustand, in dem meine ganze Existenz davon abhing, daß ich diese Frau fand. Doch sie war nicht auf der Station.

Dann kam der Sonntag, der Tag, an dem unsere Verwandten uns besuchen durften. Meine eigene Familie war nach den letzten Versuchen, mit mir zu sprechen, so enttäuscht und so traurig, daß keiner von ihnen kam. Ich spazierte zwischen den anderen Patientinnen und ihren Verwandten herum, immer noch von meinem brennenden Verlangen erfüllt, Larissa Tschernenko zu finden.

Plötzlich hörte ich, wie ein Pfleger eine neue Besucherin ankündigte. ›Larissa ist da, um ihre Mutter zu besuchen.‹ Als der Pfleger diesen Namen aussprach, fühlte ich mich wie von einem elektrischen Schlag getroffen. Aufgeregt ging ich zur Tür und wartete darauf, daß sie eintrat.

›Die Arme, sie besucht ihre Mutter immer noch‹, hörte ich einen Pfleger sagen.

›Mutter bleibt Mutter, da kann kommen, was will. Aber man kann nichts für sie tun‹, erwiderte eine andere Stimme. Dann sah ich, wie der Pfleger ein junges Mädchen in den Raum führte, in dem die gewalttätigsten Patientinnen untergebracht waren.

›Tamara Tschernenko, Ihre Tochter Larissa ist da!‹ schrie der Pfleger in den Raum hinein, in dem die Frau lag, die von allen nur die ›schreckliche Tamara‹ genannt wurde. Man hatte sie vorübergehend vom Bett losgebunden, und als sie ihre Tochter sah, stieß sie die gröbsten Flüche aus und sagte furchtbar gemeine Sachen zu ihr.

Larissa stand in der Tür und weinte leise. Sie traute sich nicht, auch nur einen Schritt auf ihre gewalttätige Mutter zuzugehen. Tamara schrie und fluchte weiter. Dann lief sie plötzlich zu ihrer Tochter hin und schlug ihr mit der Faust ins Gesicht. Larissa rannte weg, während mehrere Pfleger Tamara packten und sie wieder an ihr Bett fesselten. Sie bekam sofort eine Beruhigungsspritze, aber sie schrie und spuckte und fluchte trotzdem noch fast eine halbe Stunde lang, bis das Medikament wirkte.

Ich habe nicht gesehen, wie Larissa die Station verließ. Ich blieb im Flur stehen, gegen die Wand gelehnt, völlig fassungslos. Endlich verstand ich, wen Sie gemeint hatten und warum Sie mir den Namen der Tochter genannt hatten und nicht den der Mutter. Es war einfach ein Trick von Ihnen, um mich zu verwirren, um mir etwas außerhalb meiner selbst zu geben, an dem ich mich festhalten konnte.

In dem Augenblick, als mir das klarwurde, geschah etwas mit mir. Es war ein Gefühl, als würde mich jemand buchstäblich an den Haaren packen und aus meiner Krankheit herausziehen. Ich mußte plötzlich an meinen Mann und meine Söhne denken und daran, wie sehr sie unter meiner Krankheit gelitten hatten. Ein Damm war gebrochen, und die gewaltige Energie, die dadurch freigesetzt wurde, floß in meinen Körper und erfüllte ihn wieder. Innerhalb von wenigen Augenblicken, während ich immer noch reglos im Flur an der Wand lehnte, fühlte ich mich völlig geheilt.

Und ich weiß, daß das ohne Ihre Hilfe nie geschehen wäre, Frau Doktor. Deswegen danke ich Ihnen.«

Verwundert hörte ich ihr zu. Die Patientin als ›Larissa‹ Tschernenko zu bezeichnen, war ein völlig unbewußter Versprecher gewesen. Mein Bewußtsein wäre nie und nimmer in der Lage gewesen, eine so sonderbare Strategie zur Heilung Ljubas zu erfinden. Aber irgendwie war es passiert, und es hatte funktioniert. Ljuba war der Beweis. Sie saß vor mir, gesund und schön. Meinen nächsten Schritt würde ich mit großem Vergnügen tun, er bestand nämlich darin, die Formulare für ihre Einstufung in die zweite Gruppe zu vernichten und statt dessen die Vorbereitungen für ihre Entlassung zu treffen.

Vor lauter Aufregung, Erleichterung und Glück konnte ich die Tränen kaum zurückhalten. Umajs Ratschlag hatte sich als richtig erwiesen! Meine innere Heilerin war wirklich erschienen und hatte dieser Frau geholfen. Ich hätte Ljuba küssen mögen, und am liebsten hätte ich mit ihr getanzt und wäre mit ihr durch das ganze Krankenhaus gelaufen, um allen zu berichten, was geschehen war.

Gleichzeitig war der Gedanke, anderen Ärzten die Geschichte zu erzählen, ernüchternd. Es war ja nicht einmal möglich, mit meinen Kollegen im Fachbereich Psychiatrie über die irreale, ›mystische‹ Vorstellung einer inneren Heilerin zu sprechen. Statt also voller Freude loszustürzen und die Neuigkeit zu verbreiten, unterhielt ich mich eine Weile mit Ljuba über ihre Heimkehr, ihre Arbeit und ihre Zukunft, und schickte sie dann fort, damit sie sich auf ihre Entlassung vorbereiten konnte.

Ich nahm Ljubas Akte und ging damit zu Georgij. Auf dem Flur sprang mir plötzlich die weiße Tür zur Notaufnahme ins Auge. Mir wurde bewußt, daß ich endlich, nach all den Tagen und Wochen, die seit dem Tod meiner Patientin vergangen waren, und den vielen rätselhaften Ereignissen, die damit zusammenhingen, zum erstenmal die Kraft besaß, diese Tür ohne Angst oder Schuldgefühle zu betrachten. Bis dahin hatte ich sie einfach ignoriert, hatte ihre Existenz geleugnet. Jetzt konnte ich sie wieder ansehen, und zwar mit dem Gefühl gesiegt zu haben. Ich war mir sicher, daß Ljuba und die andere Frau von derselben unaufhaltsamen Krankheit befallen worden waren. Das letzte Mal hatte sie ihre Beute erjagt und verschlungen. Aber dieses Mal hatte ich sie bezwungen.

Georgij war gerade vom Mittagessen zurückgekommen und dabei, seinen langen Wollmantel in den Schrank zu hängen, als ich eintrat.

»Ah, Olenika!« Er begrüßte mich mit meinem Spitznamen. »Schön, Sie zu sehen. Wie ich höre, gibt es gute Neuigkeiten über Ljuba!«

»Das stimmt. Sie wird entlassen.«

»Ja, ich habe sie gesehen. Es ist fast ein Wunder. Nein, nicht nur fast; es ist wirklich und wahrhaftig ein Wunder. Ich kann keine Erklärung für ihre Genesung finden. Ich glaube nicht, daß ich ihre Krankheit falsch diagnostiziert habe. Alles war völlig eindeutig. Und jetzt das. Na, ich kann nur sagen, daß es in unserem Beruf auch uns älteren Kollegen nicht schadet, immer noch ein bißchen dazuzulernen.«

Ljuba kehrte nach Hause zu ihrer Familie zurück. Den Lehrerberuf mußte sie aufgeben, denn der Makel, im ›Irrenhaus‹, wie unsere Klinik genannt wurde, gewesen zu sein, ließ ihr keine andere Wahl. Sie fand jedoch Arbeit als Bibliothekarin in der Stadtbücherei und schien damit ganz zufrieden zu sein. Ich verfolgte ihren Fall noch drei Jahre lang, und während dieser Zeit blieb ihr Gesundheitszustand stabil.

17. Kapitel

Trotz Ljubas dramatischer Genesung sorgten meine Erlebnisse im Altai in beruflicher Hinsicht noch eine Weile für beträchtliche Verwirrung. Unter anderem fiel es mir schwer, die in der Theorie als ›realitätsfern‹ bezeichneten psychotischen Zustände klar von geistiger Gesundheit abzugrenzen. Meine schriftlichen Aufzeichnungen und die Entdeckung meiner inneren Heilkraft halfen mir dann jedoch, zu einem tieferen Verständnis der menschlichen Natur zu gelangen und so den Zustand der Verwirrung zu beenden. Als Ärztin wurde ich dadurch selbstsicherer und erfolgreicher.

Ich begann die Rituale und die Heilungszeremonien der Ureinwohner zu studieren, wendete sie kombiniert mit konventionellen Behandlungsmethoden an und schuf so neue Therapieformen.

Der bei den sibirischen Ureinwohnern verbreitete Glaube an die Beseeltheit der Welt oder der Glaube, daß alles, was in der Natur existiert, belebt ist und einen eigenen Geist hat, mit dem man kommunizieren kann, wurde zu einem meiner nützlichsten psychiatrischen Hilfsmittel. Ich lernte, was die Schamanen meinten, wenn sie sagten, jede Krankheit habe ihren eigenen Geist.

Um nur ein Beispiel von vielen zu nennen: Die Altaier glaubten, daß Wachs die Fähigkeit besitzt, negative Energien aufzunehmen. Um diese Fähigkeit zu aktivieren, ging der Heiler mit einem Kessel heißen geschmolzenen Wachses immer wieder um den Patienten, der in einem tranceähnlichen Zustand mit fest geschlossenen Augen dastand, herum und sang dabei Zaubersprüche, die die Krankheit herausrufen sollten. Wenn der Heiler so die negative Energie vollständig aus dem Patienten herausgezogen hatte, bekam dieser die Anweisung zuzuschauen, wie das heiße Wachs in kaltes Wasser gegossen wurde. Beim Abkühlen und Erstarren bildete das Wachs bizarre Formen, die der Patient interpretieren und in denen er die Art der Krankheit erkennen konnte, von der er befreit worden war.

Um Kontroversen zu vermeiden, beschrieb ich dieses Heilverfahren sowohl Patienten als auch Kollegen gegenüber als neue projektive Methode, mit der ich experimentierte, und praktizierte sie nur in der Abgeschiedenheit des Hypnotherapieraumes. Diese List wandte ich auch bei allen anderen esoterischen Behandlungsmethoden an, die ich einführte. Es war bemerkenswert, wie sehr die Akzeptanz dieser Techniken davon abhing, wie ich sie wem gegenüber beschrieb. Wenn ich den traditionellen alten Methoden einen neuen Namen gab, wurden sie von Kollegen und Patienten automatisch gutgeheißen.

Diese zugleich alten und neuen Methoden hatten Erfolg und stärkten meine neue Heilkraft. Mit ihrer Hilfe konnte ich zumindest einige meiner Patienten aus ihrer geistigen Umnachtung befreien. Ich hatte jetzt einen völlig anderen Zugang zur Schizophrenie. Für mich war sie keine vage, abstrakte Vorstellung mehr, sondern ein deutlich erkennbares, feindliches Wesen; eine äußerst gerissene Kreatur mit bösen Absichten. Als ich die Fähigkeit entwickelt hatte, diese Absichten zu erkennen und vorherzusagen, wie sie sich äußern würden, konnte ich sie auch erfolgreicher bekämpfen. Ich wußte jetzt, daß man selbst Schizophrenie besiegen konnte, und ich wurde nicht mehr von lähmender Angst befallen, wenn diese Krankheit mir aus den Augen eines Patienten mit grausamem Blick entgegenstarrte.

Während ich immer mehr über alternative Heilverfahren lernte, begann ich, meine Behandlungsmethoden außer bei Geisteskrankheiten auch bei schweren physischen Krankheiten anzuwenden.

Ich hatte den Entschluß gefaßt, so intensiv wie möglich nach der ersten Regel zu leben. Ich überprüfte das Ergebnis jeder meiner Entscheidungen, der wichtigen wie auch der unwichtigen, alltäglichen, anhand der Kriterien von Wahrheit, Schönheit, Gesundheit, Glück und Licht. Sich an die erste Regel zu halten, war für mich eine Basis, die es mir ermöglichte, Entscheidungen zu treffen, die ich vorher nicht von mir hätte erwarten können. Manchmal waren diese Entscheidungen sehr schwierig, aber sie erwiesen sich immer als richtig.

Die Anwendung der ersten Regel führte sofort zu wichtigen Veränderungen und aktivierte mein politisches Leben, das bis dahin kaum existent gewesen war. Der tragische Tod Viktors brachte mich zu der Erkenntnis, daß ich mein Möglichstes tun mußte, um andere vor dem gleichen Schicksal zu bewahren. Trotz des damit verbundenen Risikos wurde ich Mitglied einer kleinen Gruppe in Nowosibirsk, die sich wiederum einer Organisation mit der Bezeichnung ›Internationale Gesellschaft unabhängiger Psychiater‹ anschloß. Als psychiatrische Fachleute berieten wir Menschen wie Viktor, die vom Staat aus politischen Gründen durch Mißbrauch der Psychiatrie unterdrückt worden waren. Wir konnten einer ganzen Reihe dieser Opfer helfen, als funktionierende Mitglieder in die Gesellschaft zurückzukehren, nachdem man sie fälschlicherweise als schizophren abgestempelt hatte.

Es war immer noch gefährlich, sich mit seinem politischen Engagement gegen das System zu stellen, und viele meiner Freunde mußten ihre Aktivitäten teuer bezahlen. Es dauerte nicht lange, und alle Mitglieder der Internationalen Gesellschaft unabhängiger Psychiater in Nowosibirsk außer mir wurden verhört und von der Klinik entlassen. Doch trotz dieses Risikos zweifelte ich nie an meiner Entscheidung. Ich wußte, daß ich nach den Kriterien Wahrheit, Schönheit, Gesundheit, Glück und Licht gehandelt hatte. Ich wußte, daß das, was ich tat, richtig war.

Schließlich wurde ich selbst zum Verwaltungsdirektor der Klinik gerufen. Ich rechnete mit dem gleichem Schicksal, das meine Kollegen ereilt hatte, doch bevor ich das Büro des Direktors betrat, bat ich meinen inneren Zwilling, mir beizustehen und meine Arbeit in der Klinik, die mein Leben war, zu schützen. Ich spürte die – inzwischen vertraute – Hitzewelle in meiner Brust, und für einen kurzen Moment sah ich die Welt wieder mit den Augen meines Herzens. Dann öffnete ich die Tür und trat ein.

Meine Begegnung mit dem Direktor gestaltete sich kurz. Obwohl ich innerlich ruhig war, vergaß ich aus irgendeinem Grund die vernünftigen Antworten, die ich mir zu meiner Verteidigung zurechtgelegt hatte. Statt dessen merkte ich, daß ich ununterbrochen redete, wie eine Schwachsinnige zwanghaft über fast alles plapperte, was mir in den Kopf kam.

Nach wenigen Minuten verschwand der ernste Ausdruck vom Gesicht meines Gegenübers. Bald begann der Direktor, unruhig auf seinem Stuhl hin und her zu rutschen. Kurz darauf verwandelte sich seine Ungeduld in Gereiztheit und dann in ein nahezu panisches Bedürfnis, mich loszuwerden. Schließlich unterbrach er mich mitten im Satz und sagte, ich sei eine politisch naive junge Frau, aber er wolle mich in meinem Privatleben nicht unter Druck setzen und ich könne wieder an die Arbeit gehen. Dann schickte er mich mit einem Blick verwirrter Erleichterung weg.

Auch ich selbst war angesichts des Wunders, das gerade geschehen war, erleichtert. Doch das Treffen hatte mich so mitgenommen, daß ich am ganzen Körper zitterte. Ich konnte mich nicht mehr konzentrieren, verließ deshalb das Krankenhaus ausnahmsweise eine Stunde früher als sonst und fuhr nach Hause.

Kaum war ich dort angekommen, fiel mir ein, daß ich in meiner Anspannung vergessen hatte, die Neuroleptika für einen meiner Patienten zu streichen. Das konnte sich als eine folgenschwere Nachlässigkeit herausstellen, denn es bestand die Gefahr, daß mein Patient ein malignes neuroleptisches Syndrom entwickelte, eine mögliche Komplikation seiner Therapie. Die Medikation konnte in seinen Stoffwechsel eingreifen, ihn stark beschleunigen und sehr hohes Fieber hervorrufen. Wenn es dazu kam, brauchte er bestenfalls eine Notfallbehandlung, und schlimmstenfalls konnte es ihn sogar das Leben kosten.

Ich versuchte sofort, auf meiner Station anzurufen, aber alle Leitungen waren besetzt. Obwohl es gegen die Vorschriften war, nutzten die Krankenschwestern vermutlich die ruhigen Abendstunden für Privatgespräche. Schließlich gab ich den Versuch auf, meine eigene Station zu erreichen, aber es gelang mir, mich mit der Aufnahme in Verbindung zu setzen. Ich fragte nach dem diensthabenden Arzt, aber keine der Schwestern schien zu wissen, wo er war.

Nach einer weiteren Stunde, in der ich immer verzweifelter und weiterhin vergeblich versuchte, meine Station zu erreichen, zog ich widerstrebend meinen Mantel an und machte mich auf den Weg zurück ins Krankenhaus. Mißmutig dachte ich an die lange Hin- und Rückfahrt im Bus, die mir bevorstand, aber es war die einzige verantwortungsbewußte Lösung. Und natürlich mußte ich zugeben, daß ich an der Situation zumindest zum Teil selbst schuld war.

Als ich ankam, war auf der Station alles still und in bester Ordnung. Der Patient, um den ich mir solche Sorgen gemacht hatte, schlief friedlich in seinem Zimmer. Er hatte kein Fieber. Ich nahm es als ein gutes Zeichen, schrieb die notwendigen Änderungen der Medikation auf seine Karte, sprach ein paar Minuten mit der Nachtschwester und ging dann wieder.

Die Abendluft strich frisch und kühl über mein Gesicht, als ich ins Freie trat. Im Licht der schmalen Mondsichel wirkten die Gebäude geheimnisvoll. Es hatte bis vor kurzem geregnet, und der Boden war matschig. Ich war froh, daß ich meinen langen Ledermantel trug, der meine Kleider vor den unvermeidlichen schwarzen Schlammspritzern schützte, die ich mit den Stiefeln aufwarf, während ich über den Hof ging.

Die surrealistische Silhouette des kaputten alten Straßenbahnwaggons tauchte vor mir auf, und ich hatte das eigentümliche Gefühl, daß er auf mich wartete. Ich ging langsam darauf zu, und mir fiel auf, daß die rostende

Karosserie im Mondlicht größer wirkte und sich zu einer Seite neigte. Die uralte Tür stand offen, und ich hatte die verrückte Idee, daß sie mich aufforderte einzusteigen.

Die geheimnisvolle dunkle Leere des Wracks, aber auch seine symbolische Bedeutung, die so sehr Teil meines täglichen Lebens geworden war, übten eine große Anziehungskraft auf mich aus. Leise trat ich näher. In der Dunkelheit sah ich kaum etwas, streckte deshalb vorsichtig die Hände aus und ertastete den Türrahmen. Dann stieg ich ein.

Das schwache Mondlicht erhellte nur den vorderen Teil des Wagens, deshalb setzte ich mich auf den Fahrersitz. Er war hart und unbequem. Ich legte die Hände auf das kalte Steuerrad und versuchte mir vorzustellen, wie ich dieses heruntergekommene blaue Geschöpf fuhr. Durch die geborstene Windschutzscheibe blickte ich zum Himmel empor. Die schmale Mondsichel war von zahllosen hellen Sternen umgeben. Ich glaubte, mit dem Straßenbahnwaggon durch ein fremdes, weit entferntes und grenzenloses Universum zu reisen.

Diese Metapher beschrieb genau die Situation, in der ich mich befand. Ich saß jetzt selbst am Steuer und war verantwortlich dafür, mein Leben in eine neue Richtung zu lenken. Ich konnte wählen, wohin ich fahren und welche Richtungen ich erkunden wollte, denn Umaj hatte mich aus der winzigen Zelle meiner Realität befreit, in die ich eingeschlossen gewesen war.

Ein Rascheln hinter mir erschreckte mich. »Guten Abend«, sagte eine leise Männerstimme. Ich erstarrte vor Angst. Jemand saß in der pechschwarzen Finsternis ganz hinten im Wagen. Ich war völlig wehrlos, und mir fiel ein, daß wir regelmäßig vor Ausbrechern aus der nahegelegenen Haftanstalt gewarnt wurden. Gab es ein besseres Versteck für die Nacht als diesen Straßenbahnwaggon? Vor lauter Angst konnte ich mich nicht mehr bewegen und traute mich auch nicht, mich umzudrehen.

»Du chauffierst uns also fort von allen unseren Illusionen?« Die Frage wurde von einem vertrauten Lachen begleitet.

»Anatolij?« rief ich erleichtert. »Bist du das?«

Ich wandte mich um und sah das kleine Lichtpünktchen einer glühenden Zigarette. Es flammte kurz auf, als der Mann daran zog, spiegelte sich in einem wohlbekannten Paar getönter Brillengläser und verschaffte mir einen kurzen Blick auf Anatolijs sympathisches Gesicht.

»Höchstpersönlich«, sagte er grinsend.

»Was machst du denn hier?« platzte ich heraus.

»Na, ich glaube, ich habe wohl eher das Recht, diese Frage zuerst zu stellen. Ich habe heute Nachtdienst und bin für ein paar Minuten hierher geflüchtet, um eine Zigarette zu rauchen. Und jetzt bin ich an der Reihe, dich zu fragen: Was machst du hier?«

»Natürlich, du bist es, der heute Dienst hat. Das hätte ich mir ja denken können, als ich so oft probiert habe, den diensthabenden Arzt zu erreichen, und mir immer gesagt wurde, niemand wüßte, wo er sei. Du bist schließlich bekannt dafür, daß du zwar deine Patienten gut betreust, dich aber überhaupt nicht um Regeln und Vorschriften kümmerst. Wer sonst könnte so unauffindbar sein, wenn er Nachtdienst hat?«

Wieder lachte Anatolij. Alles, was ihm das Gefühl gab, sich von den anderen Ärzten zu unterscheiden, schien ihn glücklich zu machen.

»Ich bin nur hergekommen, um die Medikation für einen meiner Patienten zu ändern, und eigentlich schon wieder auf dem Weg nach Hause«, erklärte ich.

»Wie schön für dich. Ich sitze hier bis morgen früh fest. Aber wenn du damit rechnest, daß dieses alte Wrack dich nach Hause bringt, dann sitzt du wahrscheinlich ebenfalls morgen früh noch hier, wenn nicht sogar noch länger. Darf ich dir übrigens noch eine Frage stellen, da wir anscheinend gerade dabei sind, Fragen zu stellen und zu beantworten?«

»Fragen darfst du, aber eine Antwort kann ich dir nicht versprechen«, erwiderte ich, kletterte vom Fahrersitz herunter und ging durch den Waggon nach hinten. Es mochte an der Dunkelheit liegen, aber ich hatte die Illusion, daß die Straßenbahn losfuhr. Ich langte sogar einen Augenblick nach dem Haltegriff, um zu verhindern, daß ich bei einem plötzlichen ruckartigen Halt stürzte.

»Weißt du, mir ist aufgefallen, daß irgend etwas an dir anders ist, seit du von deiner Reise in den Altai zurück bist«, sagte Anatolij. »Ich weiß nicht genau, was es ist, aber du hast dich verändert. Es ist, als hättest du jetzt eine Art Geheimnis, etwas sehr Machtvolles. Ich habe dich dabei beobachtet, wie du deine Diagnosen stellst, wie du irgendeinen verrückten Kerl mit einer deiner sagenhaft exakten Medikationen kurierst oder auch bei simplen Dingen, bei Gesprächen mit Patienten und Krankenschwestern. Und ernsthaft, mir kommt es vor, als würdest du dich in einem Kraftfeld bewegen, als würde die Kraft um dich herumtanzen.

Alle sprechen von deinen wunderbaren Erfolgen bei ein paar unserer hoffnungslosesten Patienten, manchmal mit Hilfe ungewöhnlicher Therapien, die du zwar als neue, experimentelle Techniken bezeichnest, bei denen ich persönlich allerdings den Verdacht habe, daß sie eher aus der alten als aus der modernen Welt stammen.

Du weißt, daß ich geradezu zwanghaft nach Erklärungen für alle menschlichen Verhaltensweisen suche, aber was bei dir vor sich geht, kann ich mir überhaupt nicht zusammenreimen. Es geht mich wohl auch nichts an, aber ich möchte meine Frage trotzdem stellen: Besteht da irgendein Zusammenhang mit dem Altai? Das ist für mich persönlich sehr wichtig. Wenn du willst, sage ich dir auch, warum.«

Die glühende Zigarettenspitze hatte mir geholfen, mich an die Dunkelheit zu gewöhnen, und jetzt sah ich Anatolij vor mir sitzen.

»Ja, es hat mit dem Altai zu tun«, erwiderte ich. »Aber ich habe das Gefühl, daß ich dir nicht erzählen kann, was sich da ereignet hat. Das liegt nicht daran, daß ich dir nicht vertrauen würde. Du weißt, daß dem nicht so ist. Ich glaube einfach, ich bin noch nicht soweit, Erklärungen dazu abgeben zu können.«

»Das verstehe ich sehr gut«, meinte Anatolij. »Statt dich also weiter über deine Veränderung auszufragen, möchte ich dir ein bißchen von meinen eigenen Erlebnissen im Altai erzählen. Hast du Zeit?«

»Ja. Ich muß den letzten Bus zurück nach Nowosibirsk nehmen, aber noch habe ich Zeit.«

Anatolij hatte den Altai noch nie erwähnt, und ich war neugierig auf das, was er mir erzählen wollte.

»Ich bin Jäger, wie du weißt«, begann er. »Ich meine nicht nur symbolisch, im Sinn von Bedeutungen nachjagen, sondern auch ganz konkret. Ab und zu fahre ich in die Taiga und jage dort Wild.

Meine Großmutter lebt im Altai. Ich brauche zwei ganze Tage für die Fahrt in ihr Dorf, deshalb besuche ich sie nur selten. Aber vor etwas über einem Jahr entschloß ich mich, Urlaub zu nehmen und in den Wäldern nahe dem Dorf meiner Großmutter auf die Jagd zu gehen. Ich nahm mein Lieblingsgewehr mit und fuhr mit großen Erwartungen los.

Ein paar Tage, nachdem ich in dem Dorf angekommen war, ging ich auf die Jagd. Der Winter war vorbei, der Schnee war größtenteils geschmolzen und hatte einen feuchten goldbraunen Teppich aus abgestorbenem Gras zurückgelassen. Bald würden die frischen grünen Frühjahrstriebe sprießen. Es war ein müheloses Gehen, und ich wanderte immer tiefer in den Wald hinein.

Weißt du, es ist erstaunlich, wie sich eine Veränderung der Wahrnehmung auf unseren Geist auswirken kann. Während ich so durch den Wald lief, merkte ich, daß sich mein Geisteszustand allein dadurch, daß ich den Lärm der Großstadt hinter mir gelassen und mich in diese ursprüngliche Stille hineinbegeben hatte, stärker veränderte als die Verfassung von manch einem meiner Patienten in der tiefsten Hypnose. Ich wanderte durch vollkommene Stille, entspannt und in eine besondere Art der Meditation versunken, doch immer noch mit dem scharfen Instinkt des Jägers. Genau diesen Zustand hatte ich mir gewünscht, und ich genoß ihn.

Dann erregte ein leises Geräusch rechts von mir meine Aufmerksamkeit. Ich blickte um mich, und da war sie. Eine schöne junge Hirschkuh stand zwischen den Bäumen. Sie machte einen eigenartigen Eindruck auf mich, und ich wußte intuitiv, daß ich eine besondere Strategie brauchen würde, um sie zu erlegen.

In absoluter Stille stand sie da und beobachtete mich. Sie bewegte sich überhaupt nicht, war aber nicht etwa von einem Schock oder von Angst gelähmt. Reglos wie eine

Statue stand sie vor mir. Ihre elegante Haltung und ihre schöne Gestalt waren nur mit einem meisterhaften Kunstwerk vergleichbar. Jede Linie ihres Körpers war Ausdruck höchster Anmut.

Vorher war meine Beziehung zu den Tieren, die ich jagte, rein utilitaristischer Natur gewesen. Sie waren meine Beute, und wenn ich sie überlisten und einen Volltreffer anbringen konnte, kamen sie als Braten auf den Tisch. Ich weiß nicht, warum ich nie mehr in den Tieren gesehen habe, aber bis zu diesem Augenblick im Wald hatte ich mir nicht vorstellen können, daß ein Tier von so großer Schönheit sein konnte.

Im nächsten Moment sahen wir uns in die Augen. Ihr Blick war klar und direkt. Ich verlor jegliches Zeitgefühl. Ich sah in die sanften schwarzen Augen der personifizierten Natur. Dann geschah etwas in meinem Inneren, und ich spürte, daß es meine eigenen Augen waren, die mich ansahen. Die Grenze zwischen mir als Mensch und der Hirschkuh als Tier löste sich auf, wir waren eins. Ich war Jäger und Beute zugleich. Das war tatsächlich so, ich habe es mir nicht bloß eingebildet. Es war unendlich viel stärker als meine Einbildungskraft. Ich war auf jeder Ebene meines Wesens mit diesem Tier verbunden, vom kleinsten Molekül bis in die Tiefen meiner Seele. In diesem Augenblick wurde der Fluch meiner verdammten Rationalität von mir genommen, meines immerwährenden Bedürfnisses, alles logisch zu erklären, in allem ein Symbol zu sehen. Es war ein Augenblick reiner, konzentrierter Existenz.

Meine Hand bewegte sich zum Abzug, ohne daß ich darüber nachgedacht hätte. Es war alles Teil des gleichen Energiestroms, der mich mit der Hirschkuh verband. Alles war natürlich und richtig, denn ich spürte in mir beide

Seiten des Geschehens. Ich war bereit zu töten, und ich war bereit getötet zu werden. Es war alles Teil eines einzigen Kontinuums, eines einzigen Gleichgewichtes.

Zu zielen und den Abzug zu betätigen waren eine Bewegung. Zuerst hörte ich kein Geräusch. Ich sah nur, daß dieses schöne, wilde Tier leicht schwankte und dann in den Vorderläufen einknickte. Jeder Bruchteil dieser Bewegung gab ein kompliziertes choreographisches Muster wieder, in sich selbst vollendet, so als würde eine Folge von schönen Bildern durch meinen Kopf ziehen. Und gleichzeitig spürte ich, wie ich selbst zusammensackte, wie ich aus diesem Leben heraustrat. Dann schloß sie die Augen, und die Verbindung brach ab.

Erst da hörte ich den Schuß, dieses urtümliche Geräusch, das den Tod ankündigt, ein Donnern, das den Raum um mich herum erfüllte. Ich hob den Kopf und sah zu den Wipfeln der hohen Kiefern empor, die uns umstanden. Und dann blickte ich in den Himmel. Es ist kaum zu glauben, aber fast senkrecht über mir stand ein herrlicher Regenbogen. Ich war überwältigt. Ich setzte mich auf das abgestorbene, nasse Gras und fing an zu weinen.

Ich hatte mich immer für einen sehr starken Mann gehalten, aber jetzt weinte ich wie ein Kind. Meine Tränen entsprangen einer Mischung aus Schmerz und Ekstase, ich befand mich geistig und körperlich in einem Schockzustand. Ich fühlte mich völlig verwandelt. Das ist wahrscheinlich das einzige Erlebnis in meinem Leben gewesen, bei dem ich nicht einmal den Versuch einer Deutung oder einer Erklärung unternommen habe.

Ich kehrte nach Nowosibirsk zurück, aber ich hatte mich verändert. Das Gefühl, das mich beim Tod der Hirschkuh erfaßt hatte, der wundersame schöne Schmerz, den die Verbundenheit mit meiner Umwelt verursachte und der mein Herz zerriß, wurde zu einem dauerhaften Bestandteil meines Lebens.

Du hast mich einmal gefragt, warum ich meine Karriere nicht weiterverfolge. Damals habe ich dir nicht geantwortet, aber heute abend habe ich dir wohl den Grund dafür verraten. Als ich aus dem Altai zurückkam, hatte der Gedanke an Karriere jede Bedeutung für mich verloren. Es ging mir nur noch darum, anderen Menschen mit meiner Arbeit zu helfen. Seitdem habe ich jedesmal, wenn ich einen Patienten untersuche, wieder das Gefühl, sowohl der Jäger als auch die Beute zu sein. Diese Sichtweise wirkt sich auf meine Beziehungen zu meinen Patienten aus. Ich glaube, sie macht mich zu einem etwas ungewöhnlichen Psychiater – hoffentlich zu einem besseren.«

Als Arbeitskollegen waren Anatolij und ich nicht gewohnt, uns allzu offen unsere Gefühle zu zeigen. Ich war froh, daß er mein Gesicht in der Dunkelheit nicht deutlich sehen konnte. Seine Geschichte hatte mich so sehr berührt, daß ich nicht wußte, was ich dazu sagen sollte.

»Danke, daß du mir deine Geschichte erzählt hast, Anatolij«, war alles, was ich schließlich hervorbrachte. Dann schwieg ich eine Weile.

»Danke fürs Zuhören«, erwiderte Anatolij nach einer Pause. »Ich habe dir das alles nur erzählt, weil ich gespürt habe, daß der Altai auch bei dir Spuren hinterlassen hat.«

»Das stimmt. Und ich glaube, die Wirkung hält immer noch an, genauso wie bei dir.«

Der Klang seiner Stimme hatte sich verändert, nachdem Anatolij seine Geschichte beendet hatte. Ich wußte, daß er wieder seine übliche Rolle spielte, als er nun weitersprach.

»Weißt du, ich habe anschließend viel über die Gegend

gelesen. Ich habe in einem Laden ein paar tolle alte Bücher gefunden, wirklich uralte Bücher. Der Altai gehört mit seiner Geographie, seiner Geologie, seiner Geschichte und den vielen Kulturen dort zu den rätselhaftesten und ungewöhnlichsten Gebieten der Erde. Dort sind viele verschiedene Traditionen und Kulturen entstanden, die durch Auswanderung über ganz Asien verbreitet wurden. Die Linguisten haben Zusammenhänge zwischen der altaischen Sprache und den Sprachen weit entfernter Gegenden hergestellt. Altaisch ist mit dem Mongolischen verwandt, das von der Mongolei bis nach Nordchina, Afghanistan und Ostsibirien gesprochen wird, und mit dem Tungusischen, das man in anderen Teilen Sibiriens spricht. Die alten Turksprachen, die sich in einem breiten Band über den gesamten asiatischen Kontinent hinziehen, von der Türkei im Westen über Zentralasien und Westchina bis ganz nach Nordostsibirien, gehören ebenfalls zur altaischen Sprachfamilie.

Kannst du dir die unablässigen Bewegungen vorstellen, das Vor und Zurück, die endlosen Migrationen, die zahllosen Aufstiege und Niedergänge unbekannter Zivilisationen über unzählige Jahrtausende hinweg, die notwendig gewesen sein müssen, damit es zu dieser ungeheuren sprachlichen Verbreitung kommen konnte? Ich glaube, wir werden mit der Zeit entdecken, daß der Altai etwas ganz Besonderes ist und daß man seine kulturelle Bedeutung für die menschliche Geschichte noch nicht vollständig erkannt hat.

Es macht mich sehr wütend, wenn ich sehe, wieviel Zerstörung in diesem Gebiet angerichtet worden ist. Viele Einheimische sind Alkoholiker. In den Läden gibt es keine Lebensmittel, die Leute müssen neben ihrer normalen Arbeit auch noch ihre Grundnahrungsmittel anbauen.

Die Umweltverschmutzung wird immer schlimmer, und ich habe gehört, daß am Katun ein neues Kernkraftwerk geplant ist. Es würde mich gar nicht wundern, wenn unsere Gesellschaft, dieses kopflose Ungeheuer, den Schatz, den wir im Altai besitzen, innerhalb der nächsten paar Jahrzehnte oder noch schneller völlig zerstörte.«

Anatolij seufzte tief und las dann trotz der Dunkelheit seine Uhr ab. »Na gut, wir könnten noch länger darüber sprechen, aber ich fürchte, dann müßtest du hier übernachten. Der letzte Bus fährt in fünf Minuten.«

»Danke, Anatolij, ich würde gern hierbleiben, aber morgen habe ich selbst Nachtdienst. Und ich habe keine Lust, zweimal hintereinander hier zu übernachten, deswegen verabschiede ich mich lieber. Und nochmals vielen Dank für deine Geschichte.«

Ich stand auf und machte mich auf den Weg zur Bushaltestelle. Als ich mich ein letztes Mal umdrehte und zurückblickte, sah ich im dunklen Wrack des Straßenbahnwaggons Anatolijs Zigarette aufglühen. Irgendwie ließ dieses winzige Licht alles ringsum lebendig und bedeutungsvoll erscheinen.

Ich weiß nicht, wie ich darauf kam, aber das Lichtpünktchen erinnerte mich daran, daß die kasernenartigen Stationsgebäude, die alle gleich aussahen und den Waggon umgaben, ihn nahezu zu beschützen schienen, voller Menschen waren. Hunderte von Patienten schliefen mehr oder weniger friedlich unter dem gleichen Mond, und ich würde nie mehr daran zweifeln, daß ihr Leben genauso sinnvoll war wie das Leben aller anderen Menschen. Wir waren alle miteinander verbunden, auch wenn diese wichtige Wahrheit vielen sogenannten ›geistig Gesunden‹ verborgen war.

Dann hörte ich ein Fahrzeug näherkommen und rannte

zur Haltestelle. Ich wußte, daß der Busfahrer zu dieser späten Stunde nicht mehr mit Fahrgästen rechnete, und stellte mich mitten auf die Straße, um sicherzugehen, daß er nicht an mir vorbeiraste. Der Bus war völlig leer, ich fuhr in wohltuender Stille nach Hause und dachte dabei über diesen Abend und die wundersamen Begebenheiten nach, die er mit sich gebracht hatte.

18. Kapitel

Anatolijs Geschichte war ein weiterer Beweis dafür, daß meine Suche nach Wissen und persönlichem Wachstum ihren Ursprung in einem Drang hatte, der allen Menschen innewohnte, ob sie sich dessen nun bewußt waren oder nicht. Wem dieses Bedürfnis nicht bewußt war oder wer es vielleicht nur von Zeit zu Zeit spürte, der konnte durch einen Schock damit in Kontakt gebracht werden, durch ein ungewöhnliches Ereignis wie Anatolijs Erlebnis im Altai. Ich begann, die Menschen um mich herum zu beobachten, und versuchte mir vorzustellen, welche Art von Ereignis sie wohl in Kontakt mit ihrem inneren Zwilling bringen und sie befähigen würde, das Wunder des Lebens ganz zu erfahren.

Je mehr Menschen ich beobachtete, desto stärker wurde meine Überzeugung, daß es für jeden einen eigenen Weg nach Belowodje gab. Die Frage war nur, wie man an den Anfang dieses Weges geführt wurde. Leider lagen derartige Vorstellungen für fast alle Menschen völlig außerhalb der Bereiche, die Tag für Tag im Zentrum ihrer Aufmerksamkeit standen. Der See des reinen Geistes wurde bei ihnen vollständig von äußeren Bedürfnissen aufgezehrt. Damit verbrauchten sie ihre Lebensenergie, und für die Erforschung des eigenen Selbst blieb kein Raum.

Mir wurde klar, daß dieser Sachverhalt großes Leiden verursachte. Mit den Augen meines inneren Zwillings sah ich, daß viele psychische Probleme und Krankheiten aus den unbewußten, aber dennoch kraftvollen Versuchen des Körpers resultierten, die Aufmerksamkeit des Betroffenen auf seine inneren Bedürfnisse zu lenken. Leider kämpften die meisten Menschen weiter gegen diese wichtige Verlagerung der Energie an, selbst angesichts ernsthafter Leiden, und widerstanden ihr hartnäckig, um ihr altes, unvollständiges Lebensmuster aufrechtzuerhalten.

Manchmal mußte man sie einem extremen Schock aussetzen, um sie von Grund auf zu erschüttern. Ihr falsches Gleichgewicht wurde damit zerstört, und sie konnten zu einem ausgeglichenen Gesundheitszustand zurückgeführt werden. Mir wurde klar, daß Umaj diese Methode bei Annas Heilung angewandt hatte. Meine Freundin hatte zwar anschließend nie großes Interesse daran gezeigt, darüber nachzudenken, was mit ihr geschehen war, aber ihre körperliche Gesundheit war völlig wiederhergestellt.

Ich selbst arbeitete mit jedem Patienten anders, aber ich begann meine Behandlungen so auszurichten, daß sie das Bewußtsein meiner Patienten für den inneren Raum öffneten, den sie alle in sich trugen. Für viele öffnete sich dadurch mit der Zeit auch eine Tür zu neuen Kräften, die nicht nur sie selbst heilten, sondern ihnen manchmal auch die Fähigkeit verliehen, anderen zu helfen.

Währenddessen blieb Belowodje weiterhin ein inspirierendes, rätselhaftes Symbol von großer Bedeutung für mich. Ich war sicher, daß es mehr war als eine bloße Legende, etwas Bedeutenderes als eine schöne Sage. Immer wieder dachte ich über meine besondere, persönliche Beziehung zu der prähistorischen altaischen Kultur nach, über diese innere Verbindung, die mir zum erstenmal in meiner Vision von der tätowierten Frau offenbart worden war. Es war wichtig für mich, daß die Archäologen mit der Entdeckung ihres Grabes ihre tatsächliche historische Existenz bestätigt hatten. Ich wußte, daß die Verbindung der Welten in mir lebendig war und daß sie eine große Bedeutung hatte.

In mir wuchs das Bedürfnis, noch mehr über Belowodje zu erfahren. Schon so bald wieder in den Altai zu fahren kam wegen meines Dienstplans nicht in Frage, daher wanderten meine Gedanken zu Dmitrijew. Ich hatte ihn seit meinem Erlebnis in der Spiegelröhre nicht wiedergesehen, obwohl wir in der Zwischenzeit mehrmals miteinander telefoniert hatten. Wir unterhielten uns immer nur über belanglose Dinge, aber jedesmal spürte ich einen besonderen Energieaustausch zwischen uns. Wie ein Strom floß er unter unseren Gesprächen dahin, so, als würden wir auf einer halbbewußten Ebene weiter nach der Gestalt und dem Gleichgewicht unserer neu entstandenen Beziehung suchen.

Unser Umgang miteinander wurde dadurch erschwert, daß Dmitrijew es gewohnt war, als bedeutender Wissenschaftler, als nationale Autorität auf seinem Gebiet angesehen zu werden. Bei unserer ersten Begegnung jedoch hatte ich als Ärztin die Autoritätsfigur gespielt, und er war Patient in einer psychiatrischen Klinik gewesen. Obwohl Dmitrijew größere Möglichkeiten der Persönlichkeitsentfaltung hatte als die meisten anderen Menschen, war nicht zu übersehen, daß es ihm viel bedeutete, im Rahmen seiner Forschungsarbeit und seiner akademischen Position definiert zu werden. Deshalb war es nötig, dem Wissenschaftler trotz unserer sich vertiefenden Freundschaft und meinem Empfinden, daß wir uns bei unseren Erforschungen alternativer Wirklichkeiten auf eine Art Partnerschaft zubewegten, beruflich Respekt zu erweisen und eine gewisse Distanz zu wahren.

Bei unseren Gesprächen war Dmitrijew sehr zurückhaltend und versuchte nicht, mich zu weiteren Besuchen in seinem Labor zu überreden, aber er ließ mich immer spüren, daß ich jederzeit willkommen war. Eines Tages wählte ich einfach seine Nummer und sagte ihm, daß ich gerne noch einmal in der Spiegelröhre arbeiten würde, wenn ihm das recht sei. Er war sofort einverstanden, und wir verabredeten uns für den nächsten Tag vor seinem Institut.

Der Frühling verabschiedete sich, die Bäume waren wieder belaubt; Kioske wurden auf den Straßen aufgestellt, Passanten kauften Eiswaffeln, und die ersten Anzeichen des heißen, drückenden sibirischen Sommers lagen in der Luft. Die Stadt erwachte, Geschäftigkeit füllte die Straßen, und die Menschen schienen sich entschlossener zu bewegen, voll neuer Energie.

Als ich im Institut ankam, staunte ich: Dmitrijew hatte sich einen kurzen Bart wachsen lassen. Er sah jetzt eher aus wie ein junger Dichter, wirkte nicht mehr so sehr wie ein angesehener Wissenschaftler. Sein Labor war voller Sonnenlicht, das durch die Fenster hereinströmte, und diesmal erschien es mir kleiner. Von Dmitrijews Assistenten war nur einer da, ein Mann, den ich noch nicht gesehen hatte und der an seinem Schreibtisch saß und eifrig Schreibarbeiten erledigte. Ich stellte fest, daß ich mich wohler fühlte, wenn weniger Personen anwesend waren.

Dmitrijew wirkte sehr ernst, fast angespannt, als er mich in den Raum mit der Spiegelröhre führte.

»Ich werde heute der einzige sein, der mit Ihnen arbeitet«, meinte er. Nach einer kurzen Pause fuhr er fort: »Darf ich Ihnen mein Material zeigen, bevor wir beginnen?«

Ich nickte.

»Olga, die Ergebnisse Ihres Experimentes hier haben mich in Erstaunen versetzt und neugierig gemacht. Nachdem Sie fort waren, habe ich immer wieder über Ihr Erlebnis nachgedacht. Vieles in Ihrer Mitschrift stand in Beziehung zu meiner Arbeit, wies Parallelen auf zu den Erkenntnissen meines rational-wissenschaftlichen Forschungssystems, das ich mit konventionellen Methoden und experimentellen Techniken betreibe. Dieses System hat uns sehr interessante Einblicke in die subjektive Natur von Zeit und Wirklichkeit verschafft, aber Ihr rein intuitiver Zugang, Olga, hat Sie sofort auf eine Ebene geführt, zu der wir noch nicht vordringen konnten. Es war eine Herausforderung für mich, Ihre subjektive, unstrukturierte Erkundung fortzusetzen. Also beschloß ich ein paar Tage später, selbst ein Experiment mit den Spiegeln durchzuführen und dabei Ihre Methode anzuwenden.

Die Ergebnisse waren faszinierend und anders als alles, was ich bis dahin erlebt hatte. Ich hatte kein Schreibzeug in die Röhre mitgenommen, aber als es vorbei war, habe ich mich gleich hingesetzt und alles festgehalten. Wenn es Ihnen recht ist, möchte ich Ihnen gern mein Protokoll zu lesen geben, bevor Sie heute selbst in der Spiegelröhre arbeiten. Ich glaube, meine Aufzeichnungen weisen einen direkten Bezug zu der Frage auf, der Sie hier nachgehen wollen.«

»Woher wissen Sie, weswegen ich hergekommen bin?« erkundigte ich mich.

»Ich kann es natürlich nicht mit Gewißheit sagen. Aber ich vermute, daß das Geheimnis von Belowodje Sie nicht mehr los läßt. So geht es allen, die damit in Berührung gekommen sind.«

»Sie haben recht. Genau aus diesem Grund bin ich hier. Ihr Protokoll interessiert mich sehr.«

»Hier ist es.« Dmitrijew reichte mir ein Heft in einer braunen Ledermappe. »Ich glaube, am bequemsten ist es, wenn Sie die Notizen in der Spiegelröhre lesen.«

Er deutete auf die inzwischen vertraute Metallröhre. »Ich lasse Sie jetzt hier allein, aber ich bin im Nebenraum. Wenn Sie fertig sind, lassen Sie es mich wissen.« Eilig verließ der Wissenschaftler den Raum, noch bevor ich etwas sagen konnte, so, als befürchtete er, daß ich es mir anders überlegen würde.

Die Tür schloß sich, und ich war allein. Das Labor war gegen Außengeräusche völlig abgeschirmt, ich befand mich also in einem absolut stillen Raum, umgeben von Schreibtischen, auf denen sich Bücher, wissenschaftliche Aufsätze und Forschungsberichte stapelten. Ich wußte nicht, was ich jetzt tun sollte, meine Unentschlossenheit umgab mich wie Nebel.

Die Spiegelröhre wirkte plötzlich einschüchternd. Sie sah wie ein kleines Raumschiff aus, bereit, mich in eine Zeit und an einen Ort zu transportieren, die von meiner gegenwärtigen Existenz weit entfernt waren. Oder war diese Röhre eine Art merkwürdiger, mechanischer Mutterleib, der darauf wartete, meinen Körper wieder aufzunehmen und an meinen Geburtsort zurückzubringen?

In jedem Fall erschien mir die Röhre keineswegs als bequemer Platz für die Lektüre von Dmitrijews Aufzeichnungen. Reglos stand ich davor, bis mein Verstand schließlich den Sieg über meine Einbildungskraft davontrug. Dmitrijew mußte einen Grund für seinen Vorschlag gehabt haben, also stieg ich mit dem Notizbuch in die Spiegelröhre. Ich rollte mich wie ein Embryo zusammen, nahm die gleiche Haltung ein, die ich beim erstenmal gewählt hatte. Durch die offenen Enden der Röhre fiel genug Licht, so daß ich Dmitrijews Aufzeichnungen ohne Schwierigkeiten lesen konnte.

Ich schlug die erste Seite auf. Dmitrijews Handschrift hatte ich noch nie gesehen. Er schrieb mit großen, runden, leserlichen Buchstaben.

›Es ist Freitag, acht Uhr abends. Ich habe soeben mein Experiment in der Röhre beendet. Es hat eine Stunde und fünfzehn Minuten gedauert. Das folgende Protokoll verfasse ich im Präsens, um mir die Erinnerung zu erleichtern.

Ich steige in die Röhre und habe mir die Aufgabe gestellt, Olgas Weg zu finden, ihm zu folgen und soviel zu lernen, wie ich kann, um ihre Entdeckungen zu ergänzen. Ich sitze in meiner üblichen Haltung, mit gekreuzten Beinen. Ich muß die Techniken zur Beeinflussung der Zeit anwenden, die ich gelernt habe, um genau den gleichen Wahrnehmungskanal zu finden, den Olga benutzt hat.

Ich schließe die Augen und stelle mir die Gestalt meines Doppelgängers vor. Er sitzt in derselben Haltung wie ich, aber mit dem Kopf nach unten genau über mir und blickt in die entgegengesetzte Richtung. Unsere Köpfe berühren sich leicht. Ich verteile meine Aufmerksamkeit gleichmäßig auf beide Gestalten und fülle den Doppelgänger mit der gleichen Energie und dem gleichen Bewußtsein wie mein gewohntes Selbst. Bald beginnen unsere zusammengefügten Gestalten, um das Kugelgelenk zwischen unseren Köpfen zu rotieren. Von der Position meines eigentlichen Körpers aus gesehen

drehen wir uns im Uhrzeigersinn. Von der Seite sehen unsere miteinander verbundenen Gestalten aus wie eine sich drehende Swastika. Ich kreise immer schneller.
Die Zeit, in der ich mich befinde, verändert sich, wird zurückgedreht. Meine Aufgabe besteht nicht darin, Olga auf ihrem Weg zu folgen, ich muß nur die gleiche Schwingungsebene finden, die sie entdeckt hat, und dann sehen, wohin sie mich führt. Meine innere Uhr weiß intuitiv, wo sie mich anhalten muß, damit ich diese Ebene erreiche, und ich vertraue darauf, daß sie funktioniert. Ich konzentriere meine ganze Aufmerksamkeit darauf, daß meine rotierende Doppelgestalt nicht auseinanderfällt.
Irgendwann spüre ich, wie die Bewegung aufhört. Eine Reihe von Energiewellen durchströmt verschiedene Bereiche meines Körpers, bis eine von ihnen mein Herz erreicht. Ich spüre einen Schock, so, als hätte ich einen Schlag bekommen. Ein Satz aus einem alten koptischen Evangelium fällt mir ein: ›Du mußt mir deine Aufmerksamkeit schenken, um mich zu sehen‹, und ich weiß, daß ich jetzt meine gesamte Aufmerksamkeit auf ein mir bestimmtes Schwingungstor richten muß. Ich muß mich konzentrieren und darf mich keinen Moment ablenken lassen.
Ich habe die vertraute Empfindung, daß eine neue Wirklichkeit in meiner Wahrnehmung auftaucht. So, wie die Konturen einer Fotografie im Entwicklungsbad nach und nach erkennbar werden, zeigen sich in meinem Gesichtsfeld nach und nach Umrisse und Bilder. Zuerst sehe ich nur Bäume, deren Blätter sich leise im Wind wiegen. Dann tut sich ein großer Innenhof vor mir auf, der auf allen vier Seiten von niedrigen Gebäuden aus rötlichbraunem Stein umgeben ist. Ich stehe mitten im

Hof, neben einem großen, sternförmig angelegten Blumenbeet voller roter und weißer Blumen.
Außer mir scheint niemand im Hof zu sein. Ich spüre, daß die Gebäude voller Menschen sind und daß diese Menschen hart daran arbeiten, etwas sehr Bedeutsames zu schaffen. Jetzt erst bemerke ich rechts von mir einen Mann. Er sitzt auf einer Bank und zeichnet mit einem langen, dünnen Stock etwas auf den Boden.
Der Mann sieht aus wie ein Zeitgenosse. Sein Gesicht kommt mir bekannt vor, aber ich kann mich nicht erinnern, wo ich ihn schon einmal gesehen habe. Aus Erfahrung weiß ich, daß ich mich nicht von Kleinigkeiten ablenken lassen darf, ich darf mich nicht damit beschäftigen, woher ich ihn kenne. Ich muß mich auf die Erfahrung des Augenblicks konzentrieren.
Ich gehe auf den Mann zu. Lächelnd begrüßt er mich, indem er die Hand hebt. Er verhält sich, als wüßte er, wer ich bin, und bedeutet mir, mich neben ihn auf die Bank zu setzen. Ich weiß, daß ich mit meiner Energie sehr sparsam umgehen muß, um mich an diesem Ort halten zu können, daher vermeide ich es zu sprechen und übermittle ihm statt dessen meine Gedanken, indem ich ihm direkt ins Gesicht sehe.
Mein erster Gedanke ist eine Frage, und der Mann neben mir nickt zustimmend. Dann beginnt er zu sprechen. Ich vernehme seine Sprache als fließendes Russisch. ›Du möchtest die Geschichte einer Legende hören‹, sagt er.
Ich bestätige ihm das mental.
›Nun, zuerst solltest du über den Begriff der Legende nachdenken und versuchen, die Frage zu beantworten, was eine Legende von der Realität trennt. Gibt es eigentlich einen Unterschied zwischen beidem? Natürlich,

ich weiß, daß du im Gegensatz zu früher viel eher bereit bist, über eine derartige Frage nachzudenken. Aber wenn du deine wissenschaftliche Forschung als Legende betrachten sollst, die von anderen erzählt wird, bist du immer noch sehr unbeweglich.‹
In Gedanken widerspreche ich heftig, denn ich fühle mich ganz frei von jeglicher Bindung an meine Position als Forscher. Der Mann schenkt meinen Gedanken jedoch keine Beachtung und fährt fort: ›Jetzt erzähle ich dir die Legende von Belowodje, nur werde ich sie dir nicht in Form einer archetypischen Phantasie erzählen, sondern als wahre Geschichte. Du kannst selbst wählen, als was du sie betrachten willst. Aber was ich dir nun berichte, ist die Wahrheit.‹
Während er spricht, beugt er sich vor und ergänzt das Muster, das er auf den Boden gezeichnet hat, mit ein oder zwei kleinen Symbolen.
›Vor langer Zeit, vor so langer Zeit, daß es gar keinen Sinn hätte, den Zeitpunkt genauer festzulegen, erschütterte eine Katastrophe den großen Kontinent, der jetzt als Eurasien bezeichnet wird. Diese Katastrophe war von dem elitären inneren Kreis einer kultivierten Zivilisation, die zu jener Zeit in Nordsibirien existierte, vorhergesehen worden. Das Klima in jener Gegend war damals sehr mild, ganz anders als heutzutage. Die dort entstandene Zivilisation war hochentwickelt. Ihre Errungenschaften wurden später zum Teil von eurer Kultur kopiert, aber ihre Fähigkeiten und Kenntnisse waren von euren so sehr verschieden, daß du es dir gar nicht vorstellen kannst.
Als unmittelbare Folge der Katastrophe trat ein vollständiger Klimaumschwung ein. Statt des warmen, günstigen Klimas kam Frost über das Land. Bald war die

ganze Gegend mit Eis bedeckt, und es wurde unmöglich für die Zivilisation, dort zu überleben. Doch auch nach dem Zusammenbruch setzte die führende Elite alles daran, ihr Wissen zu bewahren.

Im Gegensatz zu der euren war diese Kultur nicht von technologischen Entdeckungen geprägt. Ihre größten Errungenschaften hatte sie in der kontinuierlichen Entwicklung der inneren Dimensionen des Geistes erzielt. Vor der Katastrophe war ihr ganzes soziales System von einer starken Spiritualität durchdrungen, wie sie in eurer materialistischen Kultur nur wenigen bekannt ist. Diese Menschen besaßen ein ungeheures psychologisches Wissen. Sie konnten ihr persönliches Zeiterleben selbst bestimmen, und sie hatten gelernt, auf telepathischem Weg über große Entfernungen zu kommunizieren. Sie besaßen die Fähigkeit, die Zukunft vorauszuplanen, und ihr soziales Gefüge war das effektivste, das je existiert hat.

Nach der Katastrophe wurde für diejenigen, die physisch dazu in der Lage waren, die Auswanderung in den fernen Süden organisiert. Die spirituelle Elite beschloß zurückzubleiben. Diese Männer und Frauen durchlebten eine Reihe heftiger Transformationen. Von deinem Standpunkt aus gesehen fanden sie den Tod. Aber sie bildeten weiterhin einen kollektiven Kern konzentrierter Energie, der mit dem Rest des Volkes, der sich auf dem Weg nach Süden befand, Verbindung hielt.

Die Menschen, die fortgegangen waren, verstanden das zwar nicht ganz, wußten aber, daß die Ältesten und die Führer ihres Volkes weiterhin irgendwo im Norden lebten und auf ihr Leben und ihre Rituale dadurch Einfluß nahmen, daß sie mit ihren Priestern in spiritueller Verbindung standen.

Mit den Jahren wurde das neue Leben der Ausgewanderten schließlich ganz vom Kampf ums Überleben in Anspruch genommen. Die Erinnerung an ihre Vergangenheit verblaßte allmählich. Da die kollektive Aufmerksamkeit auf die dringenden Bedürfnisse ihrer täglichen, materiellen Existenz gerichtet war, schlug ihre Kultur schließlich eine ganz andere Richtung ein. Aber der Faden, der sie mit dem Wissen und der Macht ihrer spirituellen Elite verband, ist nie gerissen.
Diese Verbindung besteht auch heute noch. Doch im Lauf so vieler Jahrtausende geriet sie mehr und mehr in Vergessenheit. Selbst für die Mehrzahl der Priester offenbart sich die Erinnerung an den spirituellen Ursprung hauptsächlich in Legenden und Mythen. Heute gibt man dem Ort, an dem das heilige Wissen aufbewahrt wird, verschiedene Namen. Einer davon lautet Belowodje.
Seit Beginn der Völkerwanderung bestand das Ziel der spirituellen Elite in der Bewahrung ihres spirituellen Wissens. Deshalb blieb sie zurück. Doch damit dieses Wissen wahrhaft lebendig bleibt, muß es natürlich immer wieder in das gesellschaftliche Leben neu entstehender Kulturen integriert werden. Und so geschah es auch lange Zeit.
Die Wanderung der Ureinwohner, von der ich dir erzählt habe, war die erste von vielen. Seitdem sind zahlreiche Gruppen nach Sibirien eingewandert und haben sich von den mystischen Kräften der verschwundenen Zivilisation bereichern lassen. Das Altaigebiet wurde zu einem brodelnden Kessel, in dem ständig neue Kulturen entstanden. Ströme der Menschheit lösten sich von dort und zogen in viele verschiedene Richtungen.
Einer von ihnen erreichte das Gebiet des heutigen Iran,

wo sich das spirituelle Wissen, das sie mit sich führten, in der Entstehung des Zoroastrismus manifestierte. Später gab diese Gruppe einen großen Teil ihrer Weisheit an das Christentum weiter. Eine weitere Gruppe, die nach Hindustan gelangte und dort eine Gesellschaft gründete, schuf den reichen Schatz der wedischen Tradition. Der tantrische Buddhismus, der den Ort des ursprünglichen Wissens Shambala nannte, stand jahrhundertelang in direkter Verbindung mit dieser Tradition. Die Menschen, die nach Westen zogen, nannte man später Kelten; sie hielten die Verbindung zu dem gemeinsamen Ursprung über die Zeremonien der Druiden aufrecht. Auf diese Weise wurde das mystische Erbe dieser uralten Zivilisation im Altaigebiet zur Quelle für viele der großen Religionen der Welt.
Es hat innerhalb dieser verschiedenen Traditionen immer Menschen gegeben, die direkten Kontakt zu Belowodje hatten. Von Zeit zu Zeit wurde Wissen von dort auch deiner eigenen Zivilisation offenbart. Das geschah in Phasen, in denen die Menschheit ernsthaft bedroht war, unter anderem auch während der Weltkriege. Zur Zeit wird euch das Wissen wieder zugänglich gemacht, denn die Macht und die Energie, die ihr angesammelt habt, sind ein Potential, das viele Katastrophen herbeiführen kann. Belowodje öffnet sich eurem Bewußtsein, um euch zu schützen. Es zeigt andere Daseinsweisen, die euch erlauben, euer Leben neu zu gestalten.‹
Dann schweigt der Mann und beginnt, auf den Erdboden zu seinen Füßen geometrische Figuren zu zeichnen. Meine Wahrnehmung ist durch die vielen überraschenden Zusammenhänge, die das Gesagte enthielt, so überlastet, daß meine Konzentration kaum dazu aus-

reicht, mein Bewußtsein an diesem Ort festzuhalten. Ich kämpfe gegen mein beinahe überwältigendes Verlangen an, mich in eine Diskussion mit ihm zu stürzen und über alles, was ich gehört habe, mit ihm zu sprechen, Hunderte von Argumenten dagegen vorzubringen. Statt dessen versuche ich, mich mit meinem ganzen Wesen auf den Ort zu konzentrieren, an dem ich mich befinde.

Seinem Gesichtsausdruck kann ich entnehmen, daß er sehr wohl um den Kampf, der in mir tobt, weiß.

Wieder spricht er, diesmal ganz langsam:

›Du triffst die endgültige Entscheidung darüber, ob das, was ich gesagt habe, Legende oder Wirklichkeit ist. Aber eigentlich gibt es gar keine andere Möglichkeit, als diese Geschichte als die Wahrheit anzusehen, die sie darstellt. Sie ist eine Blume, die ihre Blütenblätter eins nach dem anderen enthüllt hat und so den wunderbaren Reichtum der menschlichen Spiritualität auf der ganzen Erde ermöglicht und unterstützt hat.

Diese Blume steht kurz vor ihrer vollen Entfaltung. Sie will jetzt als die Blüte allen Wissens wahrgenommen und verstanden werden. Das wird sehr bald geschehen. Ihr könnt darauf reagieren, wie es euch gefällt. Ihr könnt euch entscheiden, gegen die Wahrheit anzukämpfen, oder ihr entschließt euch dazu, ihr göttliches Wesen und ihre lebendige Schönheit anzunehmen.‹

Hier endete Dmitrijews Handschrift, und es folgten nur noch einige merkwürdige geometrische Muster, die unbeholfen unten auf die Seite skizziert worden waren. Die Aufzeichnungen sagten nichts darüber, wie Dmitrijew von seiner Reise zurückgekehrt und wie er sie später empfunden hatte. Der Text brach einfach ab. Erstaunt und überwältigt fand ich mich zwischen den Spiegeln wieder. Nun verstand ich, warum Dmitrijew gewollt hatte, daß ich bei der Lektüre seiner Notizen in der Spiegelröhre saß. In dem Apparat war mir Dmitrijews Erlebnis so lebendig und eindrucksvoll erschienen, als hätte ich die Reise mit ihm zusammen gemacht.

Langsam ging ich in das Zimmer, in dem er auf mich wartete. Er saß an seinem Schreibtisch und las in einem umfangreichen Band über Physik. Als ich eintrat, stand er auf und ging mit mir zurück in den vertrauten Raum, in dem die Spiegelröhre stand.

»Na, was meinen Sie dazu?« fragte er. Er wirkte aufgeregt und nervös.

»Ich bin überwältigt. Ich weiß nicht, was ich sagen soll. Ihr Material hat mein Bedürfnis, heute selbst in der Röhre zu arbeiten, völlig gestillt. Ihre Aufzeichnungen haben alle meine Fragen, die der Grund meines Besuches waren, beantwortet. Sie haben recht gehabt.«

Dmitrijew holte tief Atem. »Wissen Sie«, sagte er dann, »ich habe wirklich heftig dagegen angekämpft, dieses Erlebnis als Wahrheit anzusehen. Ich habe nicht einmal meine Reaktion darauf niedergeschrieben, denn dazu war ich einfach zu verwirrt und zu überwältigt. Zuerst habe ich versucht, damit fertigzuwerden, indem ich mir einredete, es sei belanglos. Ich habe mir gesagt, es sei nichts weiter als eine rein psychologisch erklärbare Schöpfung meines Unterbewußtseins. Aber das hat mich nicht überzeugt. Dann habe ich versucht, eine intellektuelle Argumentation gegen das ganze Konzept aufzubauen, und dabei sämtliche Informationen benutzt, die mir aus der modernen Forschung zur Verfügung standen.

Ich bin natürlich weder Historiker noch Anthropologe, aber ich habe viele Freunde in diesen Fachgebieten.

Ich dachte, ich wüßte genug, um die These, Sibirien sei die Heimat einer lange vergessenen, fortgeschrittenen esoterischen Zivilisation, widerlegen zu können. Ich habe sogar selbst Untersuchungen dazu angestellt und viele Bücher und Aufsätze gelesen.

Und wissen Sie, zu welchem Ergebnis ich gekommen bin? Ich habe keinen schlüssigen Beweis dafür gefunden, daß sich das alles jemals ereignet hat, aber es gab auch keinen Beweis des Gegenteils. Schließlich endete meine Suche in der Feststellung, daß die These nur mittels eines Zirkelschlusses widerlegbar ist, daß es nur dann nicht wahr sein konnte, wenn es nicht wahr war. Das ist alles.

Gleichzeitig gibt es viele Hinweise darauf, daß Belowodje tatsächlich existiert und daß das, was ich in meiner Vision erfuhr, stimmt. Da ist die erwiesene Tatsache, daß die Spuren von menschlichem Leben, die in der Denissow-Höhle im Altai gefunden wurden, in die Zeit zirka dreihunderttausend vor Christus einzuordnen sind. Dann fielen mir die erstaunlichen Arbeiten ein, die die wedische Tradition mit dem Heidentum der alten slawischen Kultur vergleichen. Unter anderem hatten die Götter beider Kulturen die gleichen Namen und bekleideten ähnliche Funktionen.

Auch Kleinigkeiten fielen mir auf, zum Beispiel, daß die typische Haartracht der alten ukrainischen Kosaken genauso aussah wie die der heutigen Anhänger der Religion Krishnas, die aus Indien kommt. In beiden Fällen wird fast der ganze Kopf rasiert, nur eine lange Strähne oben auf dem Kopf bleibt stehen. Die Anhänger Krishnas glauben, daß ihr Gott sie an dieser Strähne aus der Sünde herausziehen wird. Einer meiner Freunde, ein Anthropologe, hat mir neulich erzählt, daß in Japan Expeditionen ausgerüstet wurden, die das Gebiet um den Altai herum erkunden sollen, weil man die Frage überprüfen will, ob der Ursprung der Nation vielleicht dort zu finden ist.

Besonders faszinierend war es, den Zusammenhang zwischen dem Namen der obersten Göttin des Altai, Umaj, und den Namen anderer Gottheiten aufzuspüren, wie etwa der indischen Kali und der Tara im Buddhismus. Ich bin zu dem Schluß gekommen, daß sie alle ein und dieselbe sind. Umaj wurde von Uma verkörpert, die alte weibliche Gottheit der Inder, die als Shakti des Shiva ›die Kraft des Lichtes ist, das die Wahrnehmung ermöglicht‹. Im Kalawada-System und im Kalachakra-Tantra erscheint Uma als Kali.

In beiden Systemen kennt man den Glauben an ein Rad der Zeit. Das heiligste Element ihrer Rituale war die Errichtung zeremonieller Pforten, die den Ursprung der Zeit auftaten. Durch sie konnten die Initiierten Shambala oder Belowodje erreichen und mit dem Geheimnis der Unsterblichkeit in Berührung kommen. Außerdem gibt es erstaunliche Ähnlichkeiten zwischen der Zervanit-Tradition des alten Persien, in der die Fähigkeit, die Zeit zu verstehen und sie zu manipulieren, den Kern der spirituellen Praxis bildete.

Die gleichen faszinierenden Parallelen finden wir im Sufismus. Seit vielen Jahren leitet Herr Wassiljew, ein guter Freund von mir, eine Gruppe von Gelehrten, die die Arbeit Gurdjieffs und seiner Vorgänger studieren. Erst kürzlich hat mein Freund mir erzählt, daß er in dem Teil von Gurdjieffs Werk, der sich mit den Sufi-Meistern beschäftigt, ebenfalls die Vorstellung von einem Rad der Zeit gefunden hat. Der Mensch kann sich in das Rad hineinbegeben und es als Durchgang zu dem mystischen Tor benutzen, hinter dem das heilige Land Hurqalya liegt. Hurqalya ist das Äquivalent des Sufismus zu Belowodje.

Wassiljew behauptet, daß laut Gurdjieff die Sufi-Meister wußten, daß das Rad der Zeit ein unumstößliches Urgesetz ist, das durch viele verschiedene Wahrnehmungsweisen erfaßt und verstanden werden kann. Ein Praktizierender, der mit diesem Gesetz durch Meditation über Mandalas in Berührung kommt, ›öffnet die Augen seines Herzens‹ mit Hilfe seines Gesichtssinnes. Derjenige, der der Musik der Kreise lauscht, vor allem in der Art, wie Gurdjieff es gelehrt hat, gelangt über seinen Gehörsinn zur gleichen mystischen Erfahrung. Dieser Zustand läßt sich auch durch den Tanz erreichen, bei dem der ganze Körper des Suchenden zu dem Werkzeug wird, das zu den heiligen Pforten führt.

Die Gruppe von Gurdjieffs Schülern, die in Rußland blieb, ging dieser Vorstellung weiter nach. Die Schüler bestätigten, daß jede dieser Techniken bei korrekter Anwendung das Rad der Zeit in Bewegung setzt. Und es bringt uns unweigerlich zu unserem letztendlichen Bestimmungsort, dem mystischen Land Belowodje. Das ist alles hochinteressant, nicht wahr?

Aber wenn es wirklich irgendwo in Nordsibirien eine alte, hochentwickelte Zivilisation gegeben hat, warum haben wir die materiellen Überreste dann noch nicht entdeckt? Ganz gleich, vor wie langer Zeit sie existiert haben mag, warum bleibt sie uns immer noch auf so rätselhafte Weise verborgen? Die Antwort auf diese Frage ist vielleicht in den Theorien des bedeutenden Historikers und Ethnologen Lew Gumiljow zu finden, dessen Mutter, Anna Achmatowa, ich für die größte Dichterin halte, die Rußland jemals hervorgebracht hat.

Während Gumiljow als politischer Gefangener im Gulag inhaftiert war, studierte er, welche Wirkung die kosmischen Gesetze der Energietransformation auf die Evolution von Kulturen haben. Eines der vielen Konzeptionen, die er vorstellte, war, daß jede Zivilisation durch die verschiedenen Materialien charakterisiert wird, die sie als Grundstoffe ihrer Existenz verwendet – Holz, Leder, Tuch, Metall, Knochen, Stein und so weiter. Aus der großen Bandbreite an Materialien und den klimatisch unterschiedlichen Lebensräumen schloß Gumiljow, daß die Überreste verschiedener Zivilisationen unterschiedlich gut erhalten sein müssen.

Demzufolge würden mit Stein und Metallen arbeitende Zivilisationen in Gebieten mit heißem, trockenen Klima künftigen Archäologen viele Ruinen und Artefakte hinterlassen. Man sollte sogar häufig guterhaltene, auf natürliche Weise mumifizierte menschliche Überreste finden, wie etwa in Teilen Afrikas, Südamerikas und im Südwesten der Vereinigten Staaten.

Kulturen jedoch, die vor allem vergängliche Materialien wie Holz, Leder und Tuch verwendeten, die dann viele tausend Jahre einem kalten, feuchten Klima wie dem Sibiriens ausgesetzt waren, würden kaum Spuren hinterlassen. Wenn solche Zivilisationen noch dazu außergewöhnlich lange zurückliegen, vielleicht nicht Zehntausende, sondern Hunderttausende von Jahren, ist kaum zu erwarten, daß wir viele materielle Beweisstücke für ihre Existenz finden.

Während ich also noch nichts absolut Schlüssiges vorweisen kann, gibt es doch viele deutliche Hinweise darauf, daß das ursprüngliche Mutterland der indoeuropäischen Urkultur nicht auf das Gebiet um das Schwarze Meer herum beschränkt war, wie viele Wissenschaftler annehmen, sondern daß es möglicherweise auch die Altairegion umfaßte.

Sehen Sie, Olga, all das zusammen hat bewirkt, daß sich die Skepsis verringert hat, mit der ich als Wissenschaftler neuen Theorien gegenübertrete, die anerkannten Überzeugungen widersprechen und auf den ersten Blick unkonventionell wirken. Ich halte es historisch gesehen nicht länger für unmöglich, daß Belowodje einst existierte und daß es auf uns unbekannte Weise weiterhin existiert und unsere Kulturen informiert.

Vielleicht werden wir eines Tages gesicherte Fakten haben, die unserem praktischen, logischen, wissenschaftlichen Denken die Existenz Belowodjes zweifelsfrei beweisen. Mir persönlich allerdings reicht meine Intuition. Ich bin im Herzen so glücklich und zufrieden mit den Informationen, die ich erhalten habe, daß ich bereit bin, mich davon überzeugen zu lassen. Soweit bin ich im Moment. Als Sie fragten, ob Sie noch einmal herkommen könnten, habe ich zum Teil auch deswegen zugestimmt, weil ich hoffte, daß mein Erlebnis Ihnen bei Ihrer eigenen Suche weiterhelfen wird.«

Glücklicherweise war ich selbst nicht so einseitig erzogen worden, nur empirischen, wissenschaftlichen Beweisen Glauben zu schenken, wie das bei Dmitrijew anscheinend der Fall gewesen war, und viele meiner Klischees von der sogenannten ›realen Welt‹ waren bereits bei meinen Erlebnissen im Altai zerstört worden. Mir fiel es deshalb leicht, und ich fand es plausibel, Belowodje aus der Perspektive zu sehen, die Dmitrijews Erlebnis nahelegte. Tatsächlich faszinierte mich der Gedanke sogar. Mir war, als hätte man mir endlich ein lange erwartetes Versprechen gegeben, beschützt und unterstützt zu werden.

Ich bedankte mich sehr herzlich bei Dmitrijew und

verließ das Institut zufrieden und in Hochstimmung. Ich hatte alles bekommen, was ich mir von meinem Besuch erhofft hatte. Auf der Fahrt nach Hause dachte ich kaum über das nach, was mir Dmitrijew erzählt hatte. Diese Informationen waren für eine rationale Analyse nicht geeignet. Sie ›paßten‹ einfach als intuitives Konzept, das viele meiner früheren Konflikte augenblicklich löste und mir ein Gefühl von spiritueller Unbeschwertheit gab.

Wieder einmal war es spät, als ich nach Hause kam, aber ich entschloß mich, wenigstens so lange aufzubleiben, bis ich alles aufgeschrieben hatte, was ich im Institut für Kernphysik erfahren hatte, denn jetzt war die Erinnerung daran noch frisch. Als ich meine Aufzeichnungen beendet hatte, war ich mir mehr denn je darüber im klaren, daß meine Erfahrungen eine neue Identität formten. Diese Identität wuchs in mir und wurde sich ihrer selbst immer stärker bewußt. Ich wußte, daß sie mit meinem inneren Zwilling zusammenhing und daß ich dabei war, mein wahres Selbst zu finden.

Mir war, als hätte ich endlich einen sehr wichtigen Kreis in meinem Leben geschlossen. Später sollte ich lernen, daß die Suche nach Erkenntnis tatsächlich einer Reihe von Kreisen folgt, die in Form einer aufsteigenden Spirale miteinander verbunden sind. Sobald wir einen Kreis vollendet haben und er sich in uns geschlossen hat und damit ein integraler Bestandteil unserer Erfahrung geworden ist, stoßen wir sofort auf die äußere Grenze des nächsten Kreises. Dann sind wir bereit, der Spirale auf die nächste Ebene zu folgen.

Damals wußte ich das noch nicht und war völlig unvorbereitet, als mein Telefon klingelte. Meine Gedanken wurden von einer tiefen, heiseren Männerstimme unterbrochen, die in ziemlich schroffem Ton sagte: »Ich möchte Olga sprechen. Sind Sie das?«

»Ja«, antwortete ich, »wer spricht denn da?« Ich versuchte, anhand des barschen Tonfalls herauszufinden, wer mich so spät noch anrief, aber ich kannte diese Stimme nicht.

Der Mann sprach genauso unhöflich und herablassend weiter und verhielt sich, als hätte er mich gar nicht gehört. »Man hat mir gesagt, daß Sie eine recht interessante junge Frau sind und recht interessante Sachen machen. Stimmt das?«

Dann stellte er sich als Michail Smirnow vor, allerdings in einem Ton, der deutlich machte, daß ich eigentlich sofort hätte wissen müssen, wer er war. Der Name sagte mir überhaupt nichts, doch bald sollte ich erfahren, daß Michail Smirnow ein umstrittener, hochgebildeter Mann war, der als Dissident im Gefängnis gesessen hatte und jetzt, so hieß es, bei allen esoterischen und spirituellen Untergrundaktivitäten in Nowosibirsk Pate stand. Er hatte sogar ein internationales Netzwerk von Korrespondenten geschaffen, die ihm von allen Enden der Welt die jüngsten Forschungsergebnisse über das menschliche Bewußtsein zuschickten.

Smirnows Anruf erwies sich als der Beginn meines nächsten Kreises. Er sollte mich zurück in den Altai und weiter nach Usbekistan und Kasachstan führen und so eine Schleife in meiner Spirale bilden, die viele neue Prüfungen, Versuchungen und Geschenke brachte. Manchen Menschen sollte dieser neue Kreis ihre geistige Gesundheit rauben, und einige kostete er sogar das Leben. Anderen brachte er große Liebe und Frieden. Was mich anging, so sollte er weiteres Licht auf die spannenden Rätsel der Zeitspiralen und der menschlichen Evolutionsschienen werfen, auf die Bedeutung der alten Gräber mit ihren ›scheinbar toten Bewohnern mit Absichten, die das Leben betreffen‹ und auf die zentrale Stellung des Altai in dem alten Gewebe mystischer Glaubensvorstellungen, das so viele Religionen schuf und auch heute noch miteinander verbindet. All dieses Wissen sollte mich auf meiner Suche nach Belowodje weiterbringen.

Epilog

Der Nachthimmel sah wieder aus wie immer, aber der Wind und die feuchte Luft waren so erfrischend, daß ich noch lange auf meinem Balkon stehenblieb und die Bilder meiner Vision, den Kreis der tanzenden Männer und Umajs Augen vor mir sah; ich blickte zu den Sternen empor und dachte über die Ereignisse im Altai nach, die mein Leben in so vieler Hinsicht verändert hatten.

Mehr als ein Jahr war vergangen, seit ich Umaj in Kubija kennengelernt hatte. Ich war in der Zwischenzeit auf der Suche nach neuem Wissen viel in Zentralasien herumgereist und hatte dabei auch andere Lehrer getroffen. Trotzdem waren die Erinnerungen an die Begegnung mit Umaj immer noch lebendig, und der Gedanke an sie erfüllte mich mit freudiger Erregung. Vielleicht lag das daran, daß diese Erinnerungen mehr waren als die fernen, verschwommenen Bilder, die wir normalerweise als Protokoll unserer Erlebnisse mit uns herumtragen. Sie waren der Grundstein für die Wandlung, die in meinem Inneren vor sich gegangen war.

Als ich begann, das Manuskript zu diesem Buch zu schreiben, beschloß ich, in den Altai zu fahren und Umaj zu besuchen, um sie um Erlaubnis und um Rat zu bitten.

Am Ende unseres Treffens umarmte Umaj mich zum erstenmal. Dann schenkte sie mir Tabak und sagte unvermittelt, der altaische Name für den Großen Geist sei Ülgen, abgeleitet von Ulkar, dem altaischen Wort für das Sternbild der Plejaden. Als ich Umaj fragte, warum sie mir das sage, erwiderte sie, sie würde mir dazu keine Erklärung geben. »Denke selbst darüber nach«, war alles was ich ihr entlocken konnte.

Vor der Veröffentlichung meines Buches besuchte ich auch meine neuen Lehrer in Usbekistan und Kasachstan. Einer von ihnen wurde ›Meister der klaren Träume‹ genannt. Er wartete in einem kleinen Haus auf mich, in dem wir uns schon früher getroffen hatten.

Der Raum, in dem wir uns niederließen, war mit weichen, wollenen Matten mit rot-weißen usbekischen Mustern ausgelegt. Ich fühlte mich dort sehr wohl, und als mein Lehrer sagte, ich solle mich auf eine Reise vorbereiten, setzte ich mich in der Haltung, die er mich gelehrt hatte, still in die Nähe der Wand und schloß die Augen.

Die Reise ist kurz und beginnt damit, daß er mit seiner tiefen, hypnotisierenden Stimme sagt: »Ich werde dich etwas Wichtiges über dein Buch lehren.«

Sofort spüre ich, daß er mir ein unangenehm kühles, glattes, schlankes, sich windendes Objekt in die rechte Hand gegeben hat. Ich möchte die Hand öffnen, um es fortzuschleudern, aber er hält mich davon ab.

»Halte sie fest!« sagt er. »Öffne die Augen nicht! Du hältst eine Schlange in der Hand.«

Was auch immer ich in der Hand halte, es windet sich heftig. Ich bin fast gelähmt vor Angst und kann mich nur schwer beherrschen, nicht zu schreien. Ich möchte immer noch loslassen, aber ich habe Angst, daß die Schlange giftig ist und daß sie mich beißt, wenn ich das tue.

»Spüre die Schlange in deiner Hand«, sagt mein Lehrer. »Sie ist eine Kraft. Spüre sie und präge dir gut ein, wie es sich anfühlt, sie zu halten. Du mußt das Gleichgewicht zwischen dir und dieser Kraft, die du innehast, finden. Wenn du zu fest zudrückst, wirst du die Schlange verletzen, und dann beißt sie dich vielleicht. Wenn du sie nicht fest genug hältst, entschlüpft sie dir, und du verlierst sie. Du mußt das richtige Gleichgewicht finden und halten.«

Ich habe mich bemüht, diese Lehre beim Schreiben dieses Buches zu beherzigen. Viele Menschen suchen nach Macht; sie wollen neue Eigenschaften in sich entwickeln und streben danach, ihre eigenen magischen Kräfte zu erschließen. Einige werden lernen, mit ihrer inneren Kraft in Verbindung zu treten, oftmals auch sehr erfolgreich. Aber weil ihnen das Wissen fehlt, das nötig ist, um diese Kraft zu steuern und zu beherrschen, werden sie zu stark an ihr festhalten, und sie wird ihnen schaden. Ihre Kraft wird über sie herrschen, und statt über die Kraft zu gebieten, werden die Betroffenen ihre Diener.

Wer in das Gegenteil verfällt, wird zwar vielleicht in der Lage sein, seine Kraft eine Weile zu nutzen, aber er kann diese Kraft nicht halten, und sie wird ihm wieder entschlüpfen. Wenn es mir gelungen ist, den Lesern dieses Buches ein Verständnis vom richtigen Gleichgewicht zu vermitteln, dann ist eine meiner Aufgaben erfüllt.

Bald werde ich meine nächste Reise antreten. Sie wird mich vom Altai nach Zentralasien führen und dann weiter nach Nordamerika. Es wird der gleiche Weg sein, auf dem vor langer Zeit Menschen wanderten, die das Feuer der Wahrheit und des Lichtes überall dort verbreiteten, wo sie hinkamen. Diese Wahrheit und dieses Licht kehren jetzt in die Gedanken und Erinnerungen der Menschen unserer Zeit zurück.

Nachbemerkung

Ich möchte mich bei allen jenen Menschen bedanken, die meine Arbeit unterstützt haben und an der Entstehung meines Buches mitgewirkt haben, jeder von ihnen auf seine eigene Weise. Mein Dank gilt Andrey Kogumayan, William H. Whitson, Marion Weber, Paula Gunn Allen, Maki Erdely, Wendy Gilliam, Dee Pye, Ansley, Kathy Sparkes, Rebecca Latimer, Winston O. Franklin, Barbara McNeil, Carol Rachbari, Elisabeth Hebron, JaneAnn Dow, Douglas Price-Williams, Carol Guion und vielen anderen, die an dem Erscheinen des Buches beteiligt waren.

Meine besondere Anerkennung möchte ich an dieser Stelle meinem Lektor Douglas H. Latimer aussprechen, der es meisterhaft und mit einem unübertroffenen Sinn für Humor verstand, den Dialog zwischen Autor und Lektor, der viele von uns auf eine harte Probe stellt, in eine Quelle inspirierender Kreativität zu verwandeln.

Meiner ganzen Familie in Liebe und tiefer Dankbarkeit

Olga Kharitidi

Manchmal ist es besser, die Vergangenheit hinter sich zu lassen...

Angst und Schmerz zu vergessen und an die Zukunft zu glauben. In dem Haus der Tremains an der Küste von Cornwall haben drei Generationen gelebt: Fred mit seiner Frau Martha – die an Alzheimer erkrankt ist – und ihre Kinder Anna und Barney. Heute geht ihre Enkelin Lucy in dem Haus ein und aus. Sie liebt ihre Großeltern über alles. Und sie ist es, die eines Tages auf dem Dachboden ein Geheimnis entdeckt: alte Papiere und das Tagebuch ihrer Großmutter. Plötzlich führen alle Fragen zurück in die Vergangenheit. Welchen Preis muss man für die Liebe zahlen, um den Schrecken zu vergessen? Ein wunderschöner und berührender Roman um Liebe und Krieg, Vertrauen und Enttäuschung, gestern wie heute.

ISBN3-404-15211-5

BASTEI
LÜBBE

Der große Schicksalsroman über Liebe und Verrat – und den Zauber der schottischen Highlands

Lord Lindsay war Annies große Liebe und er ist der Vater ihres Sohnes. Eine Heirat war jedoch nie möglich gewesen. Jetzt, nach Lindsays Tod ist Annies Zukunft ungewisser denn je. Als Lord Rory, Lindsays Bruder und Rivale, aus dem Krieg zurückkehrt, hält er um Annies Hand an und will mit ihr auf den Familiensitz Glengarth in den schottischen Highlands zurückkehren. Nur zögernd stimmt sie zu. Unter der Bedingung, dass Jamie als legitimer Sohn akzeptiert und nicht als Bastard in die schottische Aristokratie eingeführt wird ...

ISBN 3-404-15202-6

Ein fesselnder Australienschmöker für alle, die vom Fünften Kontinent fasziniert sind

London 1954: Als Estella von ihrem Mann James wegen der reichen Witwe Davinia verlassen wird, kehrt sie England den Rücken. Sie beschließt, in Australien eine Stelle als Tierärztin anzunehmen. Doch das Leben im australischen Busch ist hart für eine junge Städterin, und Estella hat nach ihrem Studium nie als Tierärztin praktiziert. Um weitere Vorurteile zu umgehen, verschweigt sie, dass sie gerade geschieden wird. Als die Farmer und Dorfbewohner beginnen, sie zu akzeptieren, holt ihre Vergangenheit sie ein: James hat inzwischen erfahren, dass Estella sein Kind erwartet und Davinia keine Kinder bekommen kann, ihre Erbschaft jedoch an Nachkommen gebunden ist ...

ISBN 3-404-15159-3

BASTEI LÜBBE

Nr. 92163

Eugene McEldowney

BIE BALLADE VOM FALLORIE MAN

Sarah sah mich an.
»Martin«, sagte sie. »Ich habe es bisher noch nicht erzählt, aber jetzt bist du alt genug. Du hast Geschwister.« »Und wo sind sie?« »Sie sind im Himmel. Sie sind deine kleinen Schutzengel.«
Ich schaute Sarah an und sah die Tränen. Egal, was es war, es machte sie traurig, und das wollte ich nicht, deshalb gab ich ihr einen Kuss auf die Wange.
»Das sind ja tolle Neuigkeiten, Mama«, sagte ich.

»Bedeutend lebendiger geschrieben als Frank McCourts *Die Asche meiner Mutter.*«
The Sunday Independent

Mirjam Wilhelm

DER MANN, MIT
DEM ICH FORTGING

Eigentlich hält sich die Psychologin Lisa für eine glückliche Frau. Interessanter Beruf, netter Mann. Dass ihr Leben eine sinnentleerte Hülle ist, wird ihr schlagartig klar, als sie auf einem Kongress dem Israeli Daniel begegnet, der in ihr die widersprüchlichsten Gefühle auslöst. Mit Staunen und Zittern folgt sie dem geheimnisvollen Fremden in ein unbekanntes Land – und macht eine Endeckung, die alles verändert.

Nr. 92158